Analyse des crises financières de grande ampleur

Étude économétrique de contagion

Collection « L'esprit économique »

fondée par Sophie Boutillier et Dimitri Uzunidis en 1996
dirigée par Sophie Boutillier, Blandine Laperche, Dimitri Uzunidis

Si l'apparence des choses se confondait avec leur réalité, toute réflexion, toute Science, toute recherche serait superflue. La collection « L'esprit économique » soulève le débat, textes et images à l'appui, sur la face cachée économique des faits sociaux : rapports de pouvoir, de production et d'échange, innovations organisationnelles, technologiques et financières, espaces globaux et microéconomiques de valorisation et de profit, pensées critiques et novatrices sur le monde en mouvement...
Ces ouvrages s'adressent aux étudiants, aux enseignants, aux chercheurs en sciences économiques, politiques, sociales, juridiques et de gestion, ainsi qu'aux experts d'entreprise et d'administration des institutions.

La collection est divisée en six séries :

Dans la série *Economie et Innovation* sont publiés des ouvrages d'économie industrielle, financière et du travail et de sociologie économique qui mettent l'accent sur les transformations économiques et sociales suite à l'introduction de nouvelles techniques et méthodes de production. L'innovation se confond avec la nouveauté marchande et touche le cœur même des rapports sociaux et de leurs représentations institutionnelles.

La série *Economie formelle* a pour objectif de promouvoir l'analyse des faits économiques contemporains en s'appuyant sur les approches critiques de l'économie telle qu'elle est enseignée et normalisée mondialement. Elle comprend des livres qui s'interrogent sur les choix des acteurs économiques dans une perspective macroéconomique, historique et prospective.

Dans la série *Le Monde en Question* sont publiés des ouvrages d'économie politique traitant des problèmes internationaux. Les économies nationales, le développement, les espaces élargis, ainsi que l'étude des ressorts fondamentaux de l'économie mondiale sont les sujets de prédilection dans le choix des publications.

La série *Krisis* a été créée pour faciliter la lecture historique des problèmes économiques et sociaux d'aujourd'hui liés aux métamorphoses de l'organisation industrielle et du travail. Elle comprend la réédition d'ouvrages anciens, de compilations de textes autour des mêmes questions et des ouvrages d'histoire de la pensée et des faits économiques.

La série *Clichés* a été créée pour fixer les impressions du monde économique. Les ouvrages contiennent photos et texte pour faire ressortir les caractéristiques d'une situation donnée. Le premier thème directeur est : mémoire et actualité du travail et de l'industrie ; le second : histoire et impacts économiques et sociaux des innovations.

La série *Cours Principaux* comprend des ouvrages simples, fondamentaux et/ou spécialisés qui s'adressent aux étudiants en licence et en master en économie, sociologie, droit, et gestion. Son principe de base est l'application du vieil adage chinois : « le plus long voyage commence par le premier pas ».

Abdessamad Ouchen

Analyse des crises financières de grande ampleur

Étude économétrique de contagion

L'Harmattan

5-7, rue de l'École-Polytechnique, 75005 Paris

http://www.editions-harmattan.fr

ISBN : 978-2-336-53835-8
EAN : 9782336538358

Sommaire

Liste des abréviations et des sigles

ACP	: Autorité du contrôle prudentiel
ADF	: Le test de Dickey-Fuller augmenté
ALL	: Le cours de l'indice boursier de l'Allemagne
AUTR	: Le cours de l'indice boursier de l'Autriche
BCE	: La Banque centrale européenne
BFI	: La Banque de financement et d'investissement
BRES	: Le cours de l'indice boursier du Brésil
CAC	: Le cours du Cac 40 de Paris
CAE	: Le Conseil d'analyse économique
CDO	: Collateralised Debt Obligations
CEO'S	: Chief Executive Officers
CHIL	: Le cours de l'indice boursier du Chili
CLO	: Collateralised Loan Obligations
CMBS	: Commercial Mortgage Backed Securities
DAX	: Le cours du Dax de Francfort
DCC	: Determinant of the Change in the Covariance
DCC-GARCH	: Dynamic Conditional Correlation Generalized Autoregressive Conditional Heteroskedasticity
DF	: Le test de Dickey-Fuller
DJI	: Le Dow Jones de New York
DP	: Différence première
ECM	: Le modèle à correction d'erreur
FED	: La Réserve fédérale américaine
FSA	: Financial Services Authority
FTSE	: Le cours du Ftse 100 de Londres
HANGSENG	: Le cours de l'indice boursier du Hong Kong
HONG	: Le cours de l'indice boursier de la Hongrie
IAS/IFRS	: International Accouting Standards/International Financial Reporting Standards
KLCI	: Le cours de l'indice boursier de la Malaisie
KOSPI	: Le cours de l'indice boursier de la Corée
KPSS	: Le test de Kwiatkowski, Phillips, Schmidt et Shin
LTCM	: Long-term capital management
M2	: L'agrégat monétaire M2
MCO	: La méthode des moindres carrés ordinaires
MASI	: Le cours du Masi de Casablanca
MEX	: Le cours de l'indice boursier du Mexique
NIKKEI	: Le cours du Nikkei 225 de Tokyo
POL	: Le cours de l'indice boursier de la Pologne
RALL	: Le rendement de l'indice boursier de l'Allemagne
RAUTR	: Le rendement de l'indice boursier de l'Autriche
RBRES	: Le rendement de l'indice boursier du Brésil
RCAC	: Le rendement du Cac 40 de Paris
RCHIL	: Le rendement de l'indice boursier du Chili
RDAX	: Le rendement du Dax de Francfort
RDJI	: Le rendement du Dow Jones de New York
RFTSE	: Le rendement du Ftse 100 de Londres
RHANGSENG	: Le rendement de l'indice boursier du Hong Kong
RHONG	: Le rendement de l'indice boursier de la Hongrie
RKLCI	: Le rendement de l'indice boursier de la Malaisie
RKOSPI	: Le rendement de l'indice boursier de la Corée
RMASI	: Le rendement du Masi de Casablanca
RMBS	: Residential Mortgage Backed Securities
RMEX	: Le rendement de l'indice boursier du Mexique
RNIKKEI	: Le rendement du Nikkei 225 de Tokyo
RSET	: Le rendement de l'indice boursier de la Thaïlande
SEC	: Securities and Exchange Commission
SET	: Le cours de l'indice boursier de la Thaïlande
TMT	: Technologie médias télécommunications
VAR	: Le Vecteur autorégressif
VECM	: Le modèle vectoriel à correction d'erreur

Lexique des principaux termes utilisés dans l'ouvrage

Aléa moral : Corollaire de l'asymétrie d'information (voir *infra* ***Asymétrie d'information***), l'aléa moral existe lorsqu'une personne prend une décision relative à l'importance du risque futur sachant qu'une autre en supportera le coût en cas d'échec.

Antisélection (ou **Sélection adverse**) : Corollaire de l'asymétrie d'information (voir *infra* ***Asymétrie d'information***), l'antisélection (ou sélection adverse) signifie qu'au-delà d'un certain niveau de taux d'intérêt, les bons emprunteurs quittent le marché, jugeant que de tels taux accroissent les risques de défaut de façon trop importante, alors que les mauvais emprunteurs subsistent. La crise mexicaine de 1994, celle argentine de 2001 et celle des *subprimes* de 2007 constituent une illustration du phénomène d'antisélection.

Appel de marge : Lorsqu'un investisseur anticipe la hausse des prix de certaines actions, il pourra les acheter à travers un emprunt, contre intérêt, à son courtier des sommes correspondant à son achat. Puisqu'il ne paie qu'une partie (appelée « marge ») de son acquisition en liquide, il laisse ainsi ses actions en nantissement à son courtier. En cas de baisse des cours, les actions laissées en nantissement deviennent insuffisantes et le courtier adresse ainsi à son client un « appel de marge » pour obtenir de celui-ci des liquidités supplémentaires. Faute de les obtenir, il vend une partie des actions laissées en garantie, approfondissant ainsi la dévalorisation de ces titres.

Asset Backed Securities (ABS) : Asset Backed Securities (ABS) désignent des « titres garantis par des actifs » ou « titres adossés à des actifs ». Il s'agit de titres indexés sur la valeur d'un actif sous-jacent (voir *infra* ***Sous-jacent***) ou d'un portefeuille d'actifs similaires non négociables sur les marchés de capitaux, par exemple, des crédits immobiliers ou des créances commerciales. La dénomination des ABS dépend de la nature des actifs sous-jacents. En effet, on distingue Mortgage Backed Securities (MBS) pour la titrisation de crédits hypothécaires, particulièrement Residential Mortgage Backed Securities (RMBS) pour la titrisation des crédits immobiliers résidentiels, ou de Commercial Mortgage Backed Securities (CMBS) pour la titrisation de crédits immobiliers commerciaux.

Asymétrie d'information : Selon l'hypothèse de perfection de l'information, les dirigeants, les créanciers et les actionnaires partagent la même information sur l'état de santé financière de l'entreprise. Par conséquent, le marché évalue correctement les titres émis par cette entreprise. Toutefois, cette hypothèse de perfection de l'information n'est pas vérifiée dans la réalité. En effet, les dirigeants disposent de meilleure information relative à l'entreprise par rapport aux investisseurs externes. En conséquence, il y a une asymétrie d'information. Les problèmes d'asymétrie d'information sur les marchés de capitaux impliquent des phénomènes d'antisélection (ou sélection adverse) (voir *supra* ***Antisélection***) et d'aléa moral (voir *supra* ***Aléa moral***).

Bid-ask spread **ou Fourchette de prix (pour le teneur de marché) :** La fourchette de prix ou *bid-ask spread* représente la rémunération du teneur de marché (*market maker*) – l'intermédiaire qui organise les transactions au sein d'un marché dirigé par les prix tels que la bourse de New York – est la différence entre le prix auquel le teneur de marché accepte de vendre à un investisseur (l'*ask*) et celui auquel il accepte d'acheter (le *bid*).

Choc commun : Le choc commun peut prendre la forme d'une augmentation des taux d'intérêt internationaux, telle que la hausse du taux d'intérêt américain lors de la crise mexicaine de 1994-1995, qui peut provoquer des changements brutaux dans les flux de capitaux internationaux en direction des pays émergents et rendre ainsi ces pays davantage vulnérables à des attaques spéculatives. Par ailleurs, les taux de change entre les principales monnaies ont un impact sur les économies émergentes qui pratiquent une politique d'ancrage de leurs monnaies à une devise de référence. En témoigne la forte appréciation du dollar par rapport au yen de 1995-1996 qui a eu un effet négatif sur la compétitivité des produits asiatiques, dont les monnaies étaient pour la plupart ancrées au dollar, et, par conséquent, le creusement des déficits courants et la diminution des réserves de change. Résultat, l'augmentation de la vulnérabilité de ces économies à une attaque spéculative.

Choc de liquidité : Dans un contexte d'asymétrie d'information, un choc de liquidité se produit quand une crise dans un pays réduit la liquidité des participants du marché, à cause des agents informés qui vendent des actifs émergents pour répondre aux appels de marge. Dans cette situation, les agents non informés ne peuvent pas faire la distinction entre les appels de marge auxquels font face les agents informés et un mauvais signal témoignant d'une dégradation des fondamentaux des pays concernés par les ventes d'actifs et vendent ainsi leurs participations dans des actifs de pays qui n'étaient pas touchés par le choc initial et qui présentent des fondamentaux solides.

***Collateral* :** *Collateral* est un terme de langue anglaise qui désigne dans les garanties, quelle qu'en soit la forme (nantissement, gage, espèces, appels de marge…), attachées à une opération financière. On parle ainsi de *collateral* titres ou de *collateral* espèces.

Collateralized Debt Obligations* (CDO) :** Les CDO sont des *Asset Backed Securities* (ABS) (voir *supra* ***Asset Backed Securities) dont les sous-jacents sont eux-mêmes des ABS. C'est une illustration de la titrisation au carré.

Contagion pure (ou Contagion) : La contagion pure des crises financières est définie comme « *une augmentation significative des liens entre les marchés après la réalisation d'un choc à un pays ou un groupe de pays* » (Forbes et Rigobon, 2002 : p. 2223). En d'autres termes, la contagion pure correspond au cas d'une augmentation significative des liens entre ces deux marchés durant la période de crise par rapport à celle de stabilité.

Contagion fondamentale : La contagion fondamentale se caractérise par un degré élevé de co-mouvements, aussi bien en période de stabilité qu'en celle de crise, entre deux marchés. Elle constitue ainsi une continuité des interdépendances et non pas une contagion pure.

Crédits *subprime* : Les crédits *subprime* sont des crédits immobiliers qui n'exigent pas les garanties financières nécessaires pour accéder aux emprunts « normaux » dits *prime*.

DCCC-GARCH : Le modèle DCC-GARCH (*Dynamic Conditional Correlation Generalized Autoregressive Conditional Heteroskedasticity*) est une méthode économétrique susceptible de supputer les contagions des crises financières. Considérée comme une extension du modèle des corrélations conditionnelles constantes proposé par Bollerslev (1990), la spécification des corrélations conditionnelles dynamiques développée par Engle (2002) s'effectue en deux étapes. En premier lieu, des spécifications GARCH univariées sont estimées pour chaque série séparément. En second lieu, les corrélations dynamiques sont estimées à partir des résidus standardisés issus de la première étape.

Efficience de marché : Un marché est efficient lorsque les prix incorporent de façon continue toute l'information pertinente et disponible.

Euronext : Créée en 2000, Euronext est la principale entreprise de marché de la zone euro. Elle est le fruit du regroupement des Bourses d'Amsterdam, de Bruxelles, de Paris et de Lisbonne ainsi que du marché LIFFE (voir *infra **LIFFE***). Elle est un marché électronique dirigé par les ordres (order-driven market). Communiqués par téléphone ou via des réseaux informatiques, les ordres d'achat ou de vente sont centralisés et accumulés dans un carnet d'ordre (order book) électronique.

Fannie Mae et Freddie Mac : Crées respectivement en 1938 et 1970, Fannie Mae et Freddie Mac sont deux entités hybrides, parapubliques à capitaux privés ou paraprivés, constituant le bras armé de toutes les administrations gouvernementales américaines en vue de garantir et développer les prêts immobiliers. Dans leur rôle d'achat de leurs crédits à ceux qui les ont consentis, les crédits achetés sont soit conservés dans leur bilan soit titrisés et vendus avec une garantie plus ou moins implicite à d'autres investisseurs. Ces deux entités étaient au centre de la crise des *subprimes* en 2008.

Finance comportementale (*Behavioral finance*) : La finance comportementale est une discipline qui oppose le comportement réel des personnes au comportement rationnel devant le risque.

Hedge funds* :** Le premier *hedge funds* ou fonds alternatif fut créé en 1949 par Alfred Winslow Jones aux États-Unis. Un *hedge funds* est une association privée d'investissement qui utilise les produits dérivés et pratique la vente à découvert (voir *infra **Vente à découvert). Les *hedge funds* proposent aux investisseurs des contrats qui se caractérisent par la recherche d'une performance absolue et non relative par rapport à un benchmark (c'est-à-dire une performance décorrélée du marché), une faible réglementation par les autorités de marché parce qu'ils ne font pas appel public à l'épargne, le fort effet de levier en général, la liberté d'investir dans n'importe quelle classe d'actifs cotés ou non cotés et de vendre à découvert, l'allocation de la liquidité aux clients seulement à des dates données (c'est-à-dire une liquidité réduite due à la clause *lock-up period* – une période de quelques mois à quelques années pendant laquelle l'investisseur ne peut pas retirer son argent ou pourra le faire mais avec des frais dissuasifs –), afin de donner à leurs stratégies d'investissement le temps nécessaire pour produire leurs effets, ainsi que la rémunération élevée. Selon le « *Preqin Global Hedge funds Report* » (2021), on ne compte pas moins de 18 000 *hedge funds* dans le monde qui gèrent plus de 3 800 milliards de dollars.

Investisseurs ignorants (Théorie d'efficience de marché versus approche de la finance comportementale) : D'un côté, selon la théorie de l'efficience des marchés, la présence de ces investisseurs ignorants n'a pas d'impact sur les prix d'actifs, car les investisseurs rationnels arbitrent lorsqu'ils observent le moindre écart entre le prix observé et la valeur fondamentale, c'est-à-dire, ils vendent les titres surévalués et ils achètent ceux sous-évalués. D'un autre, d'après le courant de la finance comportementale (voir *supra* ***Finance comportementale***), l'arbitrage des investisseurs rationnels, qui reste risqué et limité, ne peut pas ramener les cours jusqu'à leur valeur fondamentale et l'irrationalité des investisseurs ignorants peut ainsi avoir un impact substantiel et durable sur les cours. Afin d'éclaircir cette conclusion, l'approche de la finance comportementale avance quatre raisons, à savoir : 1) l'arbitrage s'avère risqué quand il n'existe pas de substitut proche au titre mal valorisé ou lorsque tout le marché est mal valorisé ; 2) des achats massifs des investisseurs ignorants peuvent accroitre à court terme la surévaluation ; 3) l'arbitrage peut induire certains coûts de transactions substantiels tels que les commissions, les *spreads bid-ask* (voir *supra* ***Spread bid-ask***) ou le coût lié à la recherche d'informations sur la valorisation des sociétés ; et 4) les investisseurs rationnels trouvent des difficultés à synchroniser leurs actions pour éliminer la surévaluation.

Krach boursier (*Stock market crash*) : Ce mot est issu de l'allemand *Krach* qui signifie « craquement ». Utilisée depuis l'effondrement de la Bourse de Vienne en 1873, l'expression « Krach boursier » (*Stock market crash*) désigne l'effondrement des cours de la Bourse, généralement supérieur à 10 %. L'histoire de la finance est jalonnée par plusieurs krachs, tels que : le krach du 29 octobre 1929 et celui du 19 octobre 1987 à New York. Similairement, le mot « Krach » est aussi utilisé pour désigner faillite, banqueroute, ruine et débâcle financière.

***London International Financial Futures and Options Exchange* (LIFFE) :** Le marché LIFFE est un marché à terme britannique destiné au traitement des contrats à terme standardisé.

London Stock Exchange* (LSE) ou Bourse de Londres :** Créée en 1565, la Bourse de Londres était appelée le Royal Exchange. Elle a été rebaptisée le London Stock Exchange (LES) en 1773. À l'instar de NASDAQ (voir *infra* ***NASDAQ), elle est aussi un marché dirigé par les prix, avec des teneurs de marché qui sont en situation de concurrence. Elle est caractérisée par une grande ouverture à l'international et constitue ainsi un centre financier mondial se basant sur des banques anglaises et internationales.

Mécanisme d'équilibres multiples : Dans un contexte d'asymétrie d'information, ce mécanisme se produit lorsque l'avènement d'une crise dans un pays, ou simplement son anticipation, peut coordonner les anticipations des investisseurs qui font passer une autre économie d'un bon équilibre à un mauvais équilibre de crise, tel que : une dévaluation (crise de change), une chute des prix des actifs financiers, des sorties de capitaux ou un défaut sur la dette.

Modèle à correction d'erreur (ECM) non linéaire : Le modèle à correction d'erreur non linéaire est une méthode économétrique susceptible de supputer les contagions des crises financières. Dans l'approche de ce modèle, on vérifie, dans un premier temps, la stationnarité des séries ainsi que leurs ordres d'intégration. Dans un deuxième temps, on introduit la théorie de la cointégration qui permet d'estimer le modèle à correction d'erreur linéaire. Dans un dernier temps, on en déduit le modèle à correction d'erreur non linéaire. Selon Granger et Lee (1989) ainsi qu'Escribano et Pfann (1998), l'ECM linéaire, qui se base sur l'hypothèse de l'unicité de l'équilibre de long terme ainsi que sur celle de la symétrie de l'ajustement par rapport à l'équilibre, n'est pas conforme à la réalité économique caractérisée par l'existence de situations asymétriques, telles que : la stabilité et la crise, voire une multiplicité des équilibres. Afin de modéliser cette réalité, l'ECM non linéaire scinde le terme de « correction d'erreur » de l'ECM linéaire en deux éléments, un représente le régime de crise et l'autre représente celui de stabilité.

New York Stock Exchange (NYSE) ou Bourse de New York : Créée en 1792, NYSE est de loin la principale bourse mondiale. Elle se trouve à Wall Street, Manhattan. À l'inverse de Euronext (voir *supra* ***Euronext***), elle est un marché dirigé par les prix (*quote-driven market*). En d'autres termes, il existe un intermédiaire appelé « le teneur du marché » (*market maker*) qui organise les transactions. Le principal indice de la NYSE est Dow Jones Industrial Average ou « Dow Jones ».

OPCVM : Un organisme de Placement collectif en valeurs mobilières (OPCVM) est un fonds d'investissement qui permet à tout investisseur d'accéder au marché des capitaux, à savoir : le marché monétaire, celui des actions, celui des obligations, etc. Il prend généralement l'une des deux formes suivantes : la Société d'investissement à capital variable (SICAV), qui est une société anonyme à capital variable émettant des actions, et le Fonds commun de placement (FCP), qui est une copropriété d'instruments financiers émettant des parts.

Péché original : Le péché original signifie l'incapacité des pays en voie de développement à emprunter dans leur propre monnaie. À titre d'exemple, le secteur privé thaïlandais s'endettait, en monnaie étrangère et à court terme, vis-à-vis de l'étranger entre 1993 et 1996. Avec cet argent, les banques thaïlandaises ainsi que les autres banques locales asiatiques participent au financement de la bulle spéculative sur le marché immobilier, voire à un investissement à long terme dans l'immobilier, au lieu de sélectionner les projets d'investissement susceptibles d'être financés. En effet, l'éclatement de cette bulle a engendré une spirale déflationniste, des faillites bancaires et, par conséquent, une vague de spéculation massive sur le baht thaïlandais en 1997. Résultat, l'occurrence de la crise jumelle, bancaire et de change asiatique de 1997-1998.

Quantitative easing[1] **:** Étant une mesure de la politique monétaire, *quantitative easing* est une *« politique de gonflement volontaire des bilans des Banques centrales par rachat d'actifs aux banques ou même, plus directement, au secteur non financier »* (Jacquillat et Lévy-Garboua, 2011 : p. 90). Il s'agit d'un processus de refinancement illimité, des banques commerciales par la banque centrale, à un taux fixé. En effet, la Banque centrale européenne a financé, en juin 2009, à 1 %, plus de 442 milliards d'euros en un an. De même, la FED (voir *infra* ***Réserve fédérale américaine***) a racheté, pour plus de 1 000 milliards de dollars, des billets de trésorerie d'entreprise, des crédits hypothécaires des

[1] Non traduit en français.

« agences » (Fannie Mae et Freddie Mac) (voir *supra* ***Fannie Mae et Freddie Mac***) et un ensemble d'ABS (voir *supra* ***Asset Backed Securities***) plus ou moins toxiques. Résultat, le gel des crédits interbancaires a été contourné et, par conséquent, la crise de liquidité a été évitée.

Quotation System* (NASDAQ (*National Association of Securities Dealers Automated Quotations*)) :** Créé en 1971 par la *National Association of Securities Dealers* (NASD), le NASDAQ est une bourse américaine électronique consacrée aux actions des sociétés technologiques à fort potentiel de croissance, notamment aux valeurs technologiques non traitées sur le NYSE (voir *supra* ***NYSE), telles que celles de Microsoft et Apple. Il est le deuxième marché de valeurs mobilières aux États-Unis. Certes, il est aussi un marché dirigé par les prix (*quote-driven market*) comme NYSE. Néanmoins, il n'a pas un seul teneur de marché comme NYSE mais des teneurs de marché qui sont en situation de concurrence.

Réserve fédérale américaine (ou ***Federal Reserve System* (FED)) :** La Réserve fédérale américaine (FED) est un organisme chargé d'élaborer la politique monétaire des États-Unis et de surveiller les établissements bancaires. Créée en 1913, la FED avait comme objectif d'assurer la croissance optimale sur le long terme et le maintien du plein-emploi. Face à la période de grande inflation aux États-Unis dans les années 1970, la loi Humphrey-Hawkins de 1978 a accordé à la FED l'objectif de la stabilité des prix. Après l'avènement de la crise des *subprimes* en 2007-2008, la FED a utilisé des outils non conventionnels de politique monétaire, dénommés *Quantitative Easing* (voir *supra* ***Quantitative easing***) sous la forme de financement d'abord des banques commerciales en difficulté, puis en 2010 et 2011 de l'État fédéral américain avec les programmes de rachat d'obligations du Trésor à hauteur de 600 milliards de dollars.

Sous-jacent : Créé en 1812, le mot « sous-jacent » tire son origine du latin *subjacere* qui signifie subjacent. Il a le sens de quelque chose « qui s'étend au-dessous » ainsi que le sens figuré de quelque chose « caché et implicite ». En finance, le sous-jacent représente un actif sur lequel repose la performance d'un autre actif.

Théories contingentes aux crises (la contagion pure) : Les théories contingentes aux crises (la contagion pure) expliquent le changement des mécanismes de transmission en période de crise par rapport à celle de stabilité et, par conséquent, l'augmentation des liens à travers le marché après un choc. Elles présentent différents canaux de la contagion pure, à savoir : les équilibres multiples (voir *supra* ***Mécanisme d'équilibres multiples***), les chocs de liquidité endogène (voir *supra* ***Choc de liquidité***) ainsi que le rôle de l'asymétrie d'information (voir *supra* ***Asymétrie d'information***) et des problèmes de coordination.

Théories non contingentes aux crises (la contagion fondamentale) : Les théories non contingentes aux crises (la contagion fondamentale) affirment que les mécanismes de transmission sont les mêmes, tant en période de crise qu'en celle de stabilité, et, par conséquent, les liens à travers le marché n'augmentent pas après un choc. Autrement dit, elles affirment que les mécanismes de transmission des crises après un choc initial ne sont pas significativement différents de ceux qui existent avant la crise. Dans le cadre de ces théories non contingentes, on distingue deux canaux de transmission de crises, à savoir : les chocs communs (voir *supra* ***Choc commun***) ainsi que l'interdépendance réelle et financière entre pays.

Vente à découvert : Cette technique consiste à vendre aujourd'hui, au cours de la conclusion du contrat qui est le cours d'aujourd'hui, un titre qu'un investisseur ne possède pas à travers son achat – et son paiement – à terme (par exemple, dans un mois), à un cours qu'il espère inférieur à celui de la conclusion du contrat. En effet, celui qui pratique la vente à découvert parie sur la baisse du prix du titre au moment de l'échéance du contrat. Si l'anticipation de baisse est partagée par un grand nombre d'investisseurs, la vente à découvert leur offrira la possibilité de vendre massivement et de contribuer ainsi à la baisse qu'ils appellent de leurs vœux. En témoigne la chute des cours due aux ventes à découvert de Lehman Brothers, Morgan Stanley et Goldman Sachs lors de la crise financière en 2007.

Introduction générale

Depuis la fin des années 80, on ne compte pas moins de dix crises financières : la crise japonaise de la fin des années 1980, celle des *savings and loans* américaines en 1990, la faillite de la banque Barings en 1995, la crise mexicaine en 1994-1995, la crise thaïlandaise puis celle de l'ensemble des pays du Sud-Est asiatique en 1997-1998, la crise russe en 1998, la quasi-faillite de LTCM (*Long-term capital management*) en 1998, l'éclatement de la bulle Internet et des valeurs TMT (Technologie médias télécommunications) en 2000-2001, la crise argentine en 2001-2002, la crise financière en 2007-2008, la crise des dettes souveraines dans la zone euro amorcée à la fin de l'année 2009, la crise chinoise en 2015 et la crise de Covid-19 en 2020. Cette litanie de crises financières illustre bel et bien que nos univers sont devenus turbulents et marqués par « l'impensable »[2].

Dès lors, l'étude des crises financières est un champ d'analyse fécond, car le monde de la crise n'est plus celui de l'exception mais celui du « normal »[3]. Il y a donc urgence de savoir opérer dans ce monde de crises profondément instable, sujet aux incertitudes et à de grandes surprises, pour ne pas être la première victime de la dynamique de crise. Par conséquent, tout pays désirant éviter la contagion ou même réduire sa vulnérabilité aux chocs externes est appelé à mobiliser ses responsables politiques ainsi que ses élites intellectuelles pour l'étude des crises financières et du phénomène de leurs contagions. À ce titre, la Corée du Sud constitue la meilleure illustration

---

[2] Cf. Lagadec (Patrick), « Enseigner la question des crises : enjeux, obstacles, initiatives », janvier 2007, École polytechnique (centre national de la recherche scientifique), Laboratoire d'économétrie, 1, rue Descartes F – 75005 Paris, (33) 155558215, http://ceco.polytechnique.fr, mailto : lyza.racon@shs.polytechnique.fr. p. 5.

[3] *Ibid.*

de l'urgence de l'appréhension de ce phénomène. En effet, ce pays a été affecté par la crise asiatique de 1997-1998 alors qu'il avait des liens limités avec les autres pays touchés par cette crise.

Les crises financières sont des phénomènes récurrents mais ne se ressemblent pas. À titre d'exemple, la crise asiatique de 1997-1998 est une crise monétaire et la crise de 2007-2008 est une crise bancaire et boursière. Certes, la crise asiatique de 1997-1998, qui a touché des pays émergents, n'a affecté que marginalement l'économie mondiale. Néanmoins, la crise financière de 2007-2008 a présenté un risque systémique et a été la plus grave de toutes celles qui ont jalonné l'histoire du capitalisme. En effet, la contagion des crises financières est encouragée par la globalisation financière qui se caractérise par les trois « D » : la désintermédiation, le décloisonnement et la déréglementation.

Par ailleurs, d'après Kristin Forbes et Roberto Rigobon (2002)[4], la contagion pure des crises financières est définie comme « *une augmentation significative des liens entre les marchés après la réalisation d'un choc à un pays ou un groupe de pays* ». En effet, un degré élevé de co-mouvements, aussi bien en période de stabilité qu'en période de crise, entre deux marchés, reflète plutôt une contagion fondamentale c'est-à-dire une continuité des interdépendances et non pas une contagion pure. En revanche, la contagion pure correspond au cas d'une augmentation significative des liens entre ces deux marchés durant la période de crise par rapport à celle de stabilité. En outre, K. Forbes et R. Rigobon[5] distinguent deux catégories

---

[4] Cf. Forbes (Kristin J.) et Rigobon (Roberto), "No contagion, only interdependence: Measuring stock markets comovement", *The Journal of finance*, 57 (5), October 2002, p. 223.

[5] Cf. Forbes (Kristin J.), Massachusetts Institute of Technology and NBER, and Rigobon (Roberto), Massachusetts Institute of Technology

de théories relatives à l'explication de la propagation internationale des chocs, à savoir : les théories contingentes aux crises (la contagion pure) et celles non contingentes aux crises (la contagion fondamentale).

Les premières expliquent le changement des mécanismes dc transmission en période de crise et, par conséquent, l'augmentation des liens à travers le marché après un choc. Elles présentent différents canaux de la contagion pure, à savoir : les équilibres multiples, les chocs de liquidité endogène ainsi que le rôle de l'asymétrie d'information et des problèmes de coordination[6]. En effet, le mécanisme d'équilibres multiples, apparu avec le développement des modèles des crises monétaires autoréalisatrices de la seconde génération, se produit lorsque l'avènement d'une crise dans un pays, ou simplement son anticipation, peut coordonner les anticipations des investisseurs qui font passer une autre économie d'un bon équilibre à un mauvais équilibre de crise, tel que : une dévaluation (crise de change), une chute du prix des actifs financiers, des sorties de capitaux ou un défaut sur la dette. De plus, dans un contexte d'asymétrie d'information entre agents et devant un choc de liquidité, qui se produit quand une crise dans un pays réduit la liquidité des participants du marché, à cause des agents informés qui vendent des actifs émergents pour répondre

---

and NBER, "Chapter 3: MEASURING CONTAGION: conceptual and Empirical Issues", in *International Financial Contagion, Classens et Forbes (eds), Kluwer Academic Publishers*, Norwell, MA, p. 43-66. Disponible sur : http://web.mit.edu/kjforbes/www/Papers/MesuringContagion.pdf.

[6] Cf. Marais (Elise), « Chocs communs, interdépendance et contagion lors de la crise asiatique », septembre 2004. Cet article a fait l'objet de présentation lors des journées du GDR Économie Monétaire et Financière : les crises financières internationales, 6 et 7 mai 2004, Orléans et lors du LIIIe congrès de l'AFSE, la Sorbonne, 16 et 17 septembre 2004.

aux appels de marge, les agents non informés ne peuvent pas faire la distinction entre les appels de marge auxquels font face les agents informés et un mauvais signal témoignant d'une dégradation des fondamentaux des pays concernés par les ventes d'actifs et vendent ainsi leurs participations dans des actifs de pays qui n'étaient pas touchés par le choc initial et qui présentent des fondamentaux solides.

Les secondes affirment que les mécanismes de transmission sont les mêmes, tant en période de crise qu'en celle de stabilité, et, par conséquent, les liens à travers le marché n'augmentent pas après un choc. Autrement dit, elles affirment que les mécanismes de transmission des crises après un choc initial ne sont pas significativement différents de ceux qui existent avant la crise. En outre, dans le cadre de ces théories non contingentes, on distingue deux canaux de transmission de crises[7], à savoir : les chocs communs ainsi que l'interdépendance réelle et financière entre pays. En effet, le choc commun peut prendre la forme d'une augmentation des taux d'intérêt internationaux, telle que la hausse du taux d'intérêt américain lors de la crise mexicaine de 1994-1995, qui peut provoquer des changements brutaux dans les flux de capitaux internationaux en direction des pays émergents et rendre ainsi ces pays davantage vulnérables à des attaques spéculatives. Par ailleurs, les taux de change entre les principales monnaies ont un impact sur les économies émergentes qui pratiquent une politique d'ancrage de leurs monnaies à une devise de référence. En témoigne, la forte appréciation du dollar par rapport au yen de 1995-1996 qui a eu un effet négatif sur la compétitivité des produits asiatiques, dont les monnaies étaient pour la plupart ancrées au dollar, et, par conséquent, le creusement des déficits courants et la diminution des réserves de change. Résultat,

---

[7] Cf. Marais (Elise), *op. cit.*

l'augmentation de la vulnérabilité de ces économies à une attaque spéculative.

À la lumière des premières études empiriques se rapportant au phénomène de la contagion lors de la crise asiatique, à savoir : Baig et Goldfajn (1998, 2000), Edwards (1998), Kaminsky et Reinhart (1999, 2000), Caramazza, Ricci et Salgado (2004), Forbes et Rigobon (2002), Billio et Pellizzon (2003), etc. [8], ainsi qu'à celles liées à l'identification des causes des crises financières, à titre d'exemple : Frankel et Rose (1996), Sachs, Tornell et Velasco (1996), Kaminsky, Lizondo et Reinhart (1999, 2000), Stone et Weeks (2001), Borio et Lowe (2002), Kaminsky (2006), Reinhart et Rogoff (2008), etc., et sur la base d'un échantillon de trois crises financières de grande ampleur, à savoir : la crise mexicaine de 1994-1995, la crise asiatique de 1997-1998 et la crise financière de 2007-2008, quelles sont les différentes classes des crises financières ? Existe-t-il une explication commune à leurs déroulements ? Quels sont les principaux acteurs des crises financières de grande ampleur ? La propagation des crises financières est-elle due à une contagion fondamentale ou à une contagion pure ? Quels sont les facteurs de contagion des crises entre les économies du monde ? Quelles sont les thérapeutiques des crises financières ?

Pour essayer d'apporter quelques éléments de réponses à ces questions, le présent ouvrage se compose de quatre chapitres. En son premier chapitre, nous présentons un bref aperçu des crises financières de grande ampleur, le cycle

---

[8] Cf. Brana (Sophie) et Lahet (Delphine), « Les facteurs de propagation des crises financières : la crise asiatique a-t-elle été discriminante ? », *LAREFI*, Université Montesquieu Bordeaux IV, Version d'étape, mars 2004.
Cf. Abaoub (Ezzeddine) et Guirat (Fériel), « La modélisation de la contagion via les dynamiques linéaires et non linéaires », La faculté des sciences économiques et de gestion de Tunis.

financier, l'hypothèse de l'instabilité financière ainsi que la théorie des bulles spéculatives. En son second chapitre, nous mettons l'accent sur les principaux acteurs des crises financières de grande ampleur, les facteurs de leurs contagions ainsi que leurs thérapeutiques. En son troisième chapitre, nous présentons les méthodes économétriques nécessaires pour mener à bon escient l'étude empirique de la contagion des crises financières. Nous exposons alors le modèle à correction d'erreur non linéaire, le coefficient de corrélation ajustée et le modèle DCC-GARCH. Dans son quatrième chapitre, nous menons l'analyse économétrique de la contagion de trois crises financières de grande ampleur, à savoir : la crise mexicaine de 1994-1995, la crise asiatique de 1997-1998 et la crise financière de 2007-2008. Nous appliquons ainsi le modèle à correction d'erreur non linéaire, le coefficient de corrélation ajustée ainsi que le modèle DCC-GARCH, afin de supputer les ampleurs de leurs contagions.

CHAPITRE 1. Instabilité financière : bref aperçu des crises financières de grande ampleur, cycle financier et hypothèse de l'instabilité financière

Introduction du chapitre 1

Les crises financières sont des événements majeurs qui, d'une part, provoquent une panne de la croissance et une montée du chômage ; et, d'autre part, remettent en cause les conceptions majoritaires, telles que : l'efficacité de l'innovation financière et de la libéralisation. Afin de déterminer leurs causes, de comprendre leurs déroulements et de suivre l'évolution des réponses coordonnées au niveau international lors de leurs avènements, il est indispensable de passer en revue les crises de grande ampleur. Il y a en effet celles d'avant la Seconde Guerre mondiale, qui vont de la crise des tulipes en 1637 à la crise de 1929, et celles contemporaines, qui vont du krach d'octobre 1987 à la crise des dettes souveraines amorcée en 2010.

Les crises financières peuvent prendre l'une des formes suivantes : crise de solvabilité et/ou de liquidité bancaire, crise de la dette privée et/ou publique, crise de change, crise boursière, etc. Étant donné que les crises ne se ressemblent pas, il est donc question d'appréhender leur nature protéiforme et de savoir leurs différentes classes. Toutefois, est-ce qu'il n'est pas possible de leur donner une explication commune, voire un cycle financier qui tient en considération leurs caractéristiques communes, voire leurs signaux d'alerte, tels que : la phase d'euphorie ou de bulle, la période de crédit facile, etc. (p. ex. le cycle de Charles Kindleberger (1996)). En effet, si on veut remettre en cause la logique des marchés financiers, nous considérerons le marché comme sujet à des phases d'emballement et de déprime. Autrement dit, les caractéristiques de la formation des prix sur les marchés financiers mènent forcément à des phases d'emballement puis de dépression.

Portant les causes des crises financières, leurs déroulements, le cycle financier et l'hypothèse d'instabilité financière, le présent chapitre se compose ainsi de deux sections. La première section est consacrée à un bref aperçu des crises financières de grande ampleur. La seconde section est focalisée sur l'approche du cycle financier ainsi que sur l'hypothèse de l'instabilité financière.

1. Un bref aperçu des crises financières de grande ampleur

Dans le but de mettre l'accent tantôt sur les causes des crises, tantôt sur leur déroulement, ou leur impact, Olivier Lacoste (2009) distingue deux catégories de crises financières. D'une part, la première catégorie comporte les crises financières qui remontent avant la Seconde Guerre mondiale dont la plus célèbre est la crise de 1929[9]. D'autre part, la seconde contient celles contemporaines consécutives aux Trente Glorieuses.

1.1 La crise de 1929

L'ouvrage *Les Grandes Crises* (Marcel et Taîeb)[10] indique qu'entre 1921 et 1929, l'indice du cours des actions à la bourse américaine a été multiplié par quatre. Toutefois, un retournement de la situation surgit, sans savoir très bien le facteur déclenchant (hausse du taux d'escompte au Royaume-Uni ? faillite de l'homme d'affaires londonien Clarence Hatry ?), et l'euphorie connait un terme le jeudi 24 octobre 1929 (le « Jeudi noir »). Par conséquent, le volume des actions mises en vente explose, de nombreuses banques font faillite et les épargnants rationnent leur consommation et provoquent ainsi un manque de

[9] Outre cette crise, il y avait aussi celle des tulipes en 1637, l'éclatement de la bulle de la Compagnie des mers du Sud en 1720 et l'écroulement du système de John Law en mars 1720.
« Law » se prononce « Lass ». Cf. Lacoste (Olivier), *Comprendre les crises financières*, © Groupe Eyrolles, 2009, *op. cit.*, p. 30.
[10] *Ibid.*, p. 33.

débouchés pour les entreprises. Résultat, entre 1929 et 1932, la production industrielle américaine diminue de près de la moitié et le chômage explose en atteignant un quart de la main-d'œuvre disponible et sans travail en 1933. D'après Olivier Lacoste (2009), deux caractéristiques de la crise de 1929 doivent encore être notées pour être comparées avec la période contemporaine. Primo, si la crise a une diffusion internationale, elle ne provoque pas de réponse coordonnée au niveau international et chaque État réagit seul à la crise. Secundo, dans le pays épicentre de la crise, les États-Unis, la réaction initiale est hésitante et ce n'est qu'avec le New Deal de Roosevelt que la relance est plus déterminée.

1.2 Le Krach d'octobre 1987

Depuis le deuxième trimestre de 1982, l'indice Dow Jones a triplé. Cependant, à partir du 25 août 1987, un retournement de la situation s'installe à cause d'une hausse des taux de la Bundesbank ainsi que de la publication d'un déficit commercial américain plus important que prévu qui donne l'impression que les États-Unis ne vont plus pouvoir continuer très longtemps à vivre au-dessus de leurs moyens. En conséquence, la bourse devient plus volatile et les cours connaissent une baisse. Résultat, l'indice Dow Jones des valeurs industrielles subit une baisse de 22.6 % le 19 octobre 1987. Le record de baisse journalière précédemment enregistré en 1929 est ainsi enfoncé[11].

1.3 La crise japonaise de la fin des années 1980

Dans les années 1980, le Japon est considéré comme l'économie qui va conquérir la planète. En témoigne sa politique monétaire très accommodante qui permet une croissance annuelle à deux chiffres du crédit. En conséquence, d'après Olivier Lacoste (2009), l'indice Nikkei passe, en trois ans, de 13 000 à plus de 39 000 fin 1989 et les prix de l'immobilier grimpent en flèche. Ce

---

[11] « Le lundi 28 octobre, l'indice boursier chute de 12.9 % ». Cf. Lacoste (Olivier), *op. cit.*, p. 34.

dernier résultat incite certaines banques à prêter pour des opérations immobilières sans le moindre contrôle. Toutefois, à la fin des années 1980, l'inflation refait son apparition et la Banque du Japon monte ses taux. De ce fait, le crédit se grippe et le prix des actifs, notamment celui de l'immobilier, va s'effondrer. Résultat, d'un sommet à 39 000 environ fin 1989, l'indice Nikkei tombe à environ 14 300 en août 1992.

1.4 La crise mexicaine de 1994-1995

Le Mexique met en place en 1987, lors du mandat du Président Salinas et sous l'égide du FMI, un large programme de stabilisation et de réformes. D'après Mathilde Lemoine, Philippe Madiès et Thierry Madiès (2007)[12]. Ce programme d'inspiration libérale se fixe comme objectifs : la maîtrise de l'inflation, l'ouverture sur l'extérieur et la suppression du contrôle des changes. Pour atteindre le premier objectif, le gouvernement supprime l'indexation des salaires sur les prix, réduit les déficits publics et accorde à la Banque centrale mexicaine son indépendance. Quant au second objectif, le pays s'engage concrètement sur la voie de la libéralisation commerciale en adhérant au GATT en 1987. Il rejoint ensuite l'OCDE et signe, en 1994, l'accord de libre-échange nord-américain (ALENA). Concernant le troisième objectif, il fixe son taux de change à l'égard du dollar en 1987, adopte un régime de *crawling peg*[13] en 1989, puis un régime de *crawling peg* avec bande de fluctuation en 1991.

---

[12] Cf. Lemoine (Mathilde), Madiès (Philippe) et Madiès (Thierry), *Les grandes questions d'économie et finance internationales, décoder l'actualité*, © Groupe De Boeck s.a., 2007.

[13] La parité glissante (ou *crawling peg*) : dans ce régime intermédiaire de change, le taux de change est en principe fixe, mais la parité de référence est modifiée régulièrement selon des paramètres prédéterminés (*crawling peg* au sens propre) ou de manière plus discrétionnaire *(adjustable peg)* afin de compenser partiellement au moins les écarts d'inflation avec le pays d'ancrage. Cf. Lahrèche-Revil

En raison de la forte augmentation de la consommation des ménages, de plus en plus satisfaite par des importations, le déficit courant s'aggrave largement entre 1987-1988, situation de quasi-équilibre, et 1994 où il atteint 8 % du PIB. En effet, le taux de change réel du peso s'apprécie de 76 % entre fin 1987 et fin 1993. Afin de surmonter le problème de compétitivité des exportations, qui résulte de cette appréciation et qui est clairement posé, le peso mexicain est dévalué de 15 % en décembre 1994. La monnaie mexicaine est alors attaquée par les spéculateurs et les autorités décident de laisser le peso flotter. La panique des investisseurs étrangers accroit la dépréciation et le Mexique ne peut plus désormais emprunter, sauf à des taux d'intérêt très élevés et sur la base d'émissions de titres de plus en plus courts[14]. Le financement à court terme de la dette est tout d'abord assuré par les *cetes* (d'échéance 1 à 3 mois), titres très attractifs pour les investisseurs étrangers dans la mesure où ils servent des taux d'intérêt élevés et, en particulier, largement supérieurs aux taux américains[15].

Mais en 1994, la hausse des taux d'intérêt étrangers, surtout américains, rend moins attractifs les placements au Mexique et en particulier les titres de sa dette publique. Le peso commence à être malmené sur le marché des changes. En réponse, le gouvernement décide de remplacer une partie des *cetes* par des *tesobonos*. Il s'agit de passer d'une

---

(Amina), *Les régimes de change*, © Éditions La Découverte, Collection « Repères », Paris, 1999. p. 2.

[14] *« Le raccourcissement de la maturité de la dette était flagrant depuis 1992. En effet, l'échéance moyenne de l'encours des obligations publiques passe de 400 jours en 1992 à 300 jours en 1993 et 200 jours fin 1994 »*. Cf. Lemoine (Mathilde), Madiès (Philippe) et Madiès (Thierry), *op. cit.*, p. 439.

[15] *« Sur la période qui va de décembre 1991 à décembre 1993, le montant des* cetes *détenus par les investisseurs étrangers est passé de 9,1 milliards de pesos (3 milliards de dollars) à 47,7 milliards (environ 15,5 milliards de dollars) »*. *Ibid.*, p. 439.

dette à court terme libellée en monnaie nationale à une dette indexée sur le dollar[16].

En décembre 1994, après le flottement libre du peso, la monnaie mexicaine perd 40 % de sa valeur et le gouvernement doit rembourser 28 milliards de *tesobonos*[17]. Le Mexique se retrouve en situation de défaut au début de 1995. De plus, afin d'endiguer cette dépréciation du peso, la banque centrale mexicaine mène une politique de hausse des taux d'intérêt avec comme conséquence directe une hausse du coût de financement des banques. Il s'ensuit un renchérissement du crédit et un étranglement de nombreuses entreprises. En conséquence, le secteur bancaire est conduit à un risque de système pour l'instant interne au Mexique.

Rapidement, par un phénomène de contagion systémique internationale, cette crise, qui vient de tenir un des joyaux des marchés émergents, se propage par un effet *tequila* à des pays d'Amérique latine (Argentine, Brésil et, dans une moindre mesure, le Chili) mais aussi à l'Asie du Sud-Est (en particulier les Philippines) et à l'Europe centrale. Le défaut est alors évité grâce à une aide sous forme de prêts d'urgence de 50 milliards de dollars, orchestrée par le Trésor américain et le FMI.

1.5 La crise asiatique de 1997-1998

Les pays d'Asie du Sud-Est connaissent une croissance exceptionnelle depuis les années 60. D'après Krugman et Obstfeld (2009), on peut distinguer un premier groupe de pays, avec Hong Kong, Taïwan et Singapour, qui commence à croitre rapidement au début des années 60. Le

---

[16] « *L'avantage d'une telle mesure pour le Mexique est de faire chuter le taux d'intérêt servi et donc la charge de sa dette car le risque de change est transféré des investisseurs internationaux vers le gouvernement mexicain* ». Cf. Lemoine (Mathilde), Madiès (Philippe) et Madiès (Thierry), *op. cit.*, p. 440.

[17] Cf. Le Page (Jean-Marie), *Crises financières internationales et risques systématiques*, De Boeck & Larcier s.a., 2003. p. 51.

cercle s'élargit ensuite au cours des années 1970 et 1980 à la Malaisie, la Thaïlande, l'Indonésie et aussi la Chine. Jusqu'en 1997, ces pays d'Asie du Sud-Est font figure d'exemples et ils apparaissent comme les nouveaux champions de l'économie : on parle alors de « miracle asiatique »[18]. Dans ces conditions, les capitaux affluent vers ces pays. En Thaïlande, le secteur privé s'endette, en monnaie étrangère et à court terme, vis-à-vis de l'étranger[19]. D'après Krugman et Obstfeld (2009), on parle ici du « péché original » qui, selon Eichengreen, Hausmann et Panizza (2003), signifie l'incapacité des PED à emprunter dans leur propre monnaie. Avec cet argent, les banques thaïlandaises ainsi que les autres banques locales asiatiques participent au financement de la bulle spéculative sur le marché immobilier, voire à un investissement à long terme dans l'immobilier[20], au lieu de sélectionner les projets d'investissement susceptibles d'être financés. On parle alors ici de la crise d'un modèle de croissance[21], car les flux de capitaux étrangers servent essentiellement à financier des investissements privés qui constituent les moteurs de la croissance. D'après Mathilde Lemoine, Philippe Madiès et Thierry Madiès (2007), outre la mauvaise allocation de ces ressources extérieures, un déficit de contrôle à tous les niveaux, à savoir : apporteurs de fonds obnubilés par des

[18] Cf. Lacoste (Olivier), *op. cit.*, p. 42.

[19] *« En effet, comme le remarque la Société financière internationale dans sa note d'information du 29 janvier 1998, la dette bancaire à court terme des 5 pays asiatiques (Thaïlande, Malaisie, Indonésie, Corée du Sud et Philippines) est passée de 82 milliards de dollars en 1993 à 152 milliards en 1996 ».* Cf. Lemoine (Mathilde), Madiès (Philippe) et Madiès (Thierry), *op. cit.*, p. 448.

[20] *« L'éclatement de cette bulle s'est inévitablement traduit par une spirale déflationniste et des faillites bancaires ».* Cf. Krugman (Paul) et Obstfeld (Maurice), *Économie internationale,* 8e Édition Nouveaux Horizons, 2009, p. 682.

[21] *Ibid.*, p. 449.

rendements à court terme élevés, modèles de gestion interne du risque inexistants, actionnariat ne jouant pas son rôle de contrôle de la direction des banques, surveillance trop faible par les autorités de tutelle et liens trop étroits avec les milieux politiques, contribue à l'accroissement des créances douteuses dans les bilans bancaires, voire à la fragilisation financière des économies asiatiques.

Aussitôt, la crise de solvabilité bancaire provoque des attaques spéculatives qui entrainent une dépréciation des devises asiatiques. En retour, cette dépréciation dégrade les bilans bancaires. Résultat, la crise asiatique de 1997-1998 correspond à une crise jumelle : crise de change et crise bancaire[22]. En effet, les spéculations sur une possible dévaluation du baht thaïlandais entrainent un épuisement des réserves de change et le pays tente une dévaluation contrôlée de 15 % le 2 juillet 1997.

Le baht subit une rapide chute semblable à celle du Mexique en 1994 à cause d'une vague de spéculation massive. Selon Mathilde Lemoine, Philippe Madiès et Thierry Madiès (2007), ce sont, tout d'abord, les tigres asiatiques qui sont affectés. Le 4 juillet, la banque centrale de Malaisie est contrainte de laisser flotter le ringgit. Il en va de même pour le peso philippin (le 11 juillet) et la roupie indonésienne (le 14 août). Entre le 1er juillet 1997 et la mi-octobre 1997, ces monnaies chutent de 30 à 50 % et les cours boursiers de 20 à 30 %. Ensuite, le cercle de la contagion s'élargit aux nouveaux pays industrialisés, à savoir : Singapour, Taïwan, Hong Kong et Corée du Sud. Enfin, c'est au tour des principales places financières d'Europe et d'Amérique du Nord d'être affectées.

1.6 La crise russe de 1998

En 1998, la Russie se trouve très endettée. D'une part, le délitement de l'État ainsi que son incapacité à recouvrir ses

---

[22] Cf. Lemoine (Mathilde), Madiès (Philippe) et Madiès (Thierry), *op. cit.*, p. 449.

recettes fiscales causent un déficit public très important. D'autre part, la faiblesse des cours des matières premières à l'époque et, par conséquent, l'insuffisance des réserves de change ne permettent pas à la Russie de rembourser ses dettes en monnaies étrangères et rendent les comptes extérieurs très dégradés. Du coup, l'État prend l'habitude d'émettre de nouveaux titres « GKO »[23], qui offrent des taux d'intérêt très élevés, afin de financer les dettes qui arrivent à l'échéance. Toutefois, d'après Olivier Lacoste (2009), les GKO représentent 3.5 % du PIB russe en 1995, à la fin de 1997, ils en représentent 14.4 %. Résultat, la Russie confesse, en mi-août 1998, qu'elle ne peut plus honorer les emprunts qu'elle a contractés à l'étranger.

1.7 L'éclatement de la bulle Internet et des valeurs TMT (Technologie médias télécommunications) en 2000-2001

À la fin des années 1990, les valeurs Internet alias les valeurs DotCom, cotées au Nasdaq, connaissent un véritable engouement, voire une phase d'euphorie semblable à celle des tulipes. Toutefois, à partir de mars 2000[24], et pendant une période d'environ deux ans, la bourse américaine part à une baisse consécutive à celle du Nasdaq et attire vers le bas les Bourses européennes. Résultat, d'après Olivier Lacoste (2009), les Bourses, qu'elles concernent la nouvelle ou la vieille économie, perdent, durant cette période de deux ans, environ la moitié de leur valeur[25].

1.8 La crise financière argentine de 2001-2002

D'après Mathilde Lemoine, Philippe Madiès et Thierry Madiès (2007), le régime de caisse d'émission (*currency Board*), adopté par le gouvernement argentin en avril 1991,

---

[23] « Gosudarstvennoe Krathosrotchnoe Obyazatelsvo ». Cf. *Problèmes économiques* n° 2958, 12 novembre 2008, p. 9.

[24] Cf. Lacoste (Olivier), *op. cit.*, p. 47-48.

[25] *Ibid.*, p. 48.

s'effondre le 11 janvier 2002. Ces auteurs avancent trois explications majeures à cette crise financière. En premier lieu, les chocs extérieurs à travers une rupture dans les volumes d'entrée de capitaux extérieurs à partir du quatrième trimestre 1999, due aux deux crises russe d'août 1998 et brésilienne de janvier 1999. En second lieu, la dollarisation de l'économie qui provoque le creusement, à compter de 2000, de l'écart de rémunération entre les dépôts, les prêts et les actifs financiers libellés en peso et ceux libellés en dollar. En troisième lieu, les déséquilibres budgétaires dus à une gestion irresponsable des dépenses publiques à travers l'adoption d'un régime de change qui n'est pas en mesure d'apporter une stabilité budgétaire.

D'après Mathilde Lemoine, Philippe Madiès et Thierry Madiès (2007), c'est l'incapacité du remboursement de la dette publique en dollar ainsi que l'effondrement du peso qui expliquent la crise bancaire argentine. Cette dernière se caractérise par les ruées de déposants auprès des guichets de leurs banques qui se transforment en véritable panique bancaire en novembre 2001 et qui sont suivies du gel des dépôts bancaires (le *corralito*) au début de décembre et de la mise en place d'un contrôle des changes très restrictif. Ce blocage du système de paiement se répercute alors négativement sur la sphère réelle et, par conséquent, sur les taux du chômage et de la pauvreté[26]. De même, la crise de change est un corollaire de cette crise bancaire, car les déposants se débarrassent de la monnaie locale pour se procurer du dollar. Afin de sortir de l'ornière de cette crise, l'Argentine adopte la pésification graduelle avec le maintien de contrôles forts bancaires et des changes. Une reprise économique s'engage à compter de 2003.

[26] Cf. Lemoine (Mathilde), Madiès (Philippe) et Madiès (Thierry), *op. cit.*, p. 452-453.

1.9 La crise financière de 2007-2008

La crise commence sur le marché américain des prêts immobiliers dits *subprimes*. Ce sont des crédits accordés aux ménages présentant de trop faibles garanties pour accéder aux emprunts normaux dits *primes*, soit parce qu'ils ont déjà eu des difficultés financières par le passé, soit que la faiblesse de leurs revenus limite par trop leur capacité de remboursement. Ce type de crédit se développe fortement aux États-Unis, à partir de la fin de la récession en 2001. Résultat, au moment où les taux d'intérêt commencent à remonter à partir de 2004, c'est donc une clientèle moins solvable qui va être courtisée par le business du crédit immobilier pour continuer de faire des affaires[27].

Dès la fin de l'année 2006, il apparait qu'un nombre croissant de ménages ne peut faire face à leurs remboursements. Les taux de défauts sur les prêts *subprimes* commencent à augmenter dans des proportions inquiétantes. Après les ménages forcés de vendre leur maison sur un marché immobilier désormais complètement déprimé, c'est au tour des établissements spécialisés qui leur prêtent d'être touchés. Les premières faillites des prêteurs font la une de l'actualité américaine au premier trimestre de l'année 2007[28].

Au cours de l'été 2007, la crise des *subprimes* prend en effet une nouvelle dimension. Les dégâts s'étendent aux investisseurs dont le portefeuille se révèle un peu trop chargé de titres adossés à des crédits *subprimes*. Fin juillet 2007, deux fonds spéculatifs des *hedge funds* de la grande banque d'investissement américaine Bear Stern en font les frais les premiers[29].

---

27 Cf. Moatti (Sandra), « La mécanique de la crise », *Alternatives économiques* n° 261, septembre 2007.

28 *Ibid.*

29 Cf. Moatti (Sandra), *op. cit.*

La crise ne tarde pas à traverser l'océan. Bien qu'il n'y ait pas en Europe d'équivalent au marché *subprime* américain, ni de titrisation des prêts hypothécaires d'une telle ampleur, les banques ou des organismes de placement européens se sont amplement fournis en titres adossés à du *subprime* auprès des banques américaines. C'est ce qui place, en particulier, la banque allemande IKB, spécialisée dans le crédit aux petites et moyennes entreprises, au bord de la faillite. En France, plusieurs gestionnaires de fonds sont aussi touchés, tels que : AXAIM ou Oddo. Au total, la mondialisation des échanges ainsi que la libéralisation financière transposent les effets de la crise, commencée aux États-Unis, dans la zone euro et aux marchés asiatiques. Apparus dans les places boursières, ces effets ne tardent pas ensuite à toucher l'économie réelle.

1.10 La crise des dettes souveraines en 2010-2011

Après la crise économique mondiale de 2007-2009, la crise des dettes souveraines affecte depuis le début de l'année 2010 les économies de l'Union européenne, en particulier les économies les plus fragiles dans la zone euro, c'est-à-dire les pays périphériques ou les PIGS, à savoir : Portugal, Irlande, Grèce et Espagne auxquels on pourrait rajouter l'Italie. À la fin de l'année 2009, la Grèce est reconnue comme le pays épicentre de cette crise de la dette souveraine.

En effet, depuis la faillite de Lehman Brothers en septembre 2008, les responsables du monde entier adoptent, en réponse à la crise financière et à la récession mondiale, un Policy mix. Il y a, d'une part, l'emploi du budget de l'État comme stabilisateur automatique sur le plan budgétaire ; et, d'autre part, la mise en œuvre d'une politique accommodante sur le plan monétaire. En particulier, l'endettement public des pays de la zone euro, qui n'ont pas réussi avant 2008 à respecter les règles du Pacte de stabilité et de croissance, atteint un niveau critique suscitant une grave crise de confiance à l'égard de la périphérie de la zone. D'ailleurs, la Grèce a creusé des déficits avant même l'occurrence de la crise des *subprimes* en 2007, mais qui ont été dissimulés tant que la croissance était élevée et permettait de les financer. Toutefois, ce n'est qu'avec la crise économique de 2008 que tout se retourne, voire qu'avec la déclaration du nouveau Premier ministre, Georges Papandréou, en octobre 2009, qui révèle que le gouvernement précédent a caché la gravité de la situation des finances publiques, avec une dette grecque de 115 % du PIB et un déficit supérieur à 10 %[30]. De ce fait, les marchés financiers s'inquiètent d'une éventuelle faillite de la Grèce et les agences de notation baissent alors la note du pays. Des investisseurs décident ainsi de spéculer sur l'hypothèse d'un défaut de la dette grecque à travers l'achat des instruments financiers, appelés CDS (*Credit Default Swaps*)[31], sur la Grèce. Par ailleurs, la crainte d'un effet domino sème le doute parmi les autres pays européens en difficulté budgétaire. En conséquence, cette crise s'étend à l'automne 2010 avec la crise de la dette publique de l'Irlande, provoquée par le sauvetage des banques nationales rendu nécessaire par les excès antérieurs de la dette privée. Le sauvetage de ces banques, qui avaient alimenté une énorme bulle de crédits immobiliers, fait

---

[30] Cf. De La Brosse (Julie), « Des subprimes à la dette souveraine, autopsie des crises », *L'express*, 16 juillet 2010. Cf. http://lexpansion.lexpress.fr

[31] En français, on parle de « couverture de défaillances ». Lorsqu'une banque ou un investisseur veut prêter de l'argent à un État souverain, en achetant, par exemple, des obligations, il paie en même temps une sorte d'assurance, qui lui permettra de récupérer une partie de sa mise, en cas de défaillance de l'État concerné. Ces dernières années, les CDS sont devenus des produits de pure spéculation, achetés et revendus sans aucune régulation. Cf. Berber (Myriam), « Zone euro : les clés pour comprendre la crise de la dette souveraine », *Economie-RFI*, 13 juillet 2011. Cf. http: //www.rfi.fr

passer la dette publique de ce pays de 25 % en 2007 à 110 % fin 2011[32]. Reinhart et Rogoff montrent dans leur histoire des crises financières que de 1970 à 2000 plus de 60 % des crises de la dette souveraine ont été associées à des crises bancaires[33]. Cette interdépendance est alors particulièrement nette dans cette crise de la zone euro. Ces deux économistes américains rappellent dans *This Time is Different. Eight Centuries of Financial Folly*[34], que depuis son indépendance, en 1829, la Grèce a déjà fait défaut cinq fois, passant la moitié de son temps à restructurer sa dette. En retour, la crise de la dette publique se répercute négativement sur le système bancaire. Détenant des titres de dette grecque, les banques grecques exigent un sauvetage d'urgence lors du défaut de l'État grec que ce dernier n'est pas capable de le financer.

Pour pallier la crise grecque, la Commission de Bruxelles et la BCE élaborent, en mai 2010, un plan de sauvetage de 110 milliards d'euros, dont 80 milliards sont accordés par les États de la zone euro et 30 milliards par le FMI. De même, selon Élie Cohen (2012)[35], une action combinée du Président Barack Obama, du directeur du FMI, du président de la BCE et du Président Nicolas Sarkozy, les 8 et 9 mai 2010, consiste à créer un fonds européen de stabilité financière (FESF) de 750 milliards d'euros et de racheter, si nécessaire et en quantités limitées, des dettes souveraines par la BCE, en vue d'éviter que la crise grecque ne s'étende au Portugal, en Espagne et en Italie. Outre cette action, un deuxième plan d'aide à la

---

[32] Cf. De La Brosse (Julie), *op. cit.*.

[33] *Ibid.*

[34] *Cette fois, c'est différent. Huit siècles de folie financière*, Édition Pearson, 2010. Cf. Gatinois (Claire), « Le cas grec n'a rien de singulier », *Le Mensuel* n° 18, jeudi 24 mars 2011, p. 27.

[35] Cf. Cohen (Élie), Directeur de recherche au Centre national de la recherche scientifique (CNRS), « L'euro à l'épreuve de la crise des dettes souveraines », *Politique étrangère 1 : 2012*, p. 25.

Grèce d'un montant de 109 milliards d'euros est adopté le 21 juillet 2011, un programme de rachat des obligations grecques sur le marché secondaire est lancé et un nouvel abaissement des taux d'intérêt sur les prêts consentis à la Grèce est décidé. Toutefois, des grandes banques européennes s'effondrent en août 2011, et la défaillance à l'égard des dettes souveraines italiennes et espagnoles s'étend. De ce fait, le 23 octobre 2011, les dirigeants européens décident de créer un fonds sous la forme d'un FESF au potentiel d'intervention sensiblement accru. Ils décident aussi l'amélioration du plan de sauvetage de la Grèce à travers l'augmentation de 20 % à 50 % l'abandon de créances consenti volontairement par les investisseurs privés.

Selon Élie Cohen (2012), la crise européenne est alors due à trois défaillances. En premier lieu, la défaillance des marchés, des agences de notation ainsi que des investisseurs qui ont prêté sans compter et qui ont considéré la dette du Nord comme égale à celle du Sud[36]. En second lieu, celle des politiques, des régulateurs et des superviseurs qui ont laissé se former la bulle des dettes souveraines comme l'endettement privé. En dernier lieu, celle de la théorie qui, au dire d'Élie Cohen (2012), « *n'a jamais su traiter cette construction hybride qu'est la zone euro : mi-fédération monétaire, mi-collection de 17 États souverains en matière budgétaire ; ni, a fortiori, l'UE, à la fois organisation supranationale, fédération d'États-nations en formation et structure intergouvernementale* »[37].

Il convient de signaler également que pour faire face à cette crise inédite, les gouvernants européens adoptent

---

[36] Le pouvoir des agences de notation, des hedge funds, voire des banques, doit être bridé : message martelé par Merkozy (le couple « Merkozy » : Angela Merkel et Nicolas Sarkozy) depuis 2008. Cf. Cohen (Élie), *op. cit.*, p. 28.
[37] *Ibid.*, p. 29-30.

depuis mai 2010, après d'innombrables sommets, un dispositif qui aboutit à un traité. Ce dernier ambitionne la mise en place des mesures budgétaires et fiscales à effet immédiat, le renforcement de la manœuvrabilité du FESF ainsi que l'autorisation des interventions préventives. Il vise aussi à l'appel des banques à la consolidation de leurs fonds propres pour les rendre aptes à absorber les pertes liées à la dévalorisation des dettes souveraines européennes qu'elles détiennent.

Par ailleurs, en cas d'échec de ce traité ou toute autre action visant à éviter l'éclatement de la zone euro, Élie Cohen (2012) cite, sur la base des études publiées sur l'éclatement de la zone euro, quatre scénarios. En premier lieu, celui de la sortie des pays en difficulté, tels que la Grèce. En second lieu, celui de la sortie des pays les plus prospères, tels que l'Allemagne. En troisième lieu, celui d'un démantèlement ordonné avec ou sans reconstitution du « serpent monétaire ». En dernier lieu, celui de la constitution de deux zones euro, à savoir : euro nord et euro sud. Toutefois, aucune Constitution européenne n'a intérêt d'adopter un de ces scénarios.

Après avoir avancé ce bref aperçu des crises financières de grande ampleur, on va essayer d'expliquer, d'une part, en une seule combinaison le déclenchement de ces crises, voire les phases du cycle financier ; et, d'autre part, le développement de chacune de ces phases à travers l'hypothèse de l'instabilité financière, la théorie *debt deflation* d'Irving Fisher (1933), la contribution d'Hyman Minsky (1975) et l'apport de Keynes (1936).

2. Le cycle financier et l'hypothèse de l'instabilité financière

2.1 La nature protéiforme des crises financières

Les crises bancaires et financières sont des phénomènes récurrents et aussi vieux que le système financier lui-même.

D'après Christophe Boucher et Hélène Raymond (2009)[38], une crise financière peut se définir comme une hausse importante et soudaine du coût de financement liée à une raréfaction de l'offre de capitaux. En effet, lorsque le système financier, constitué d'institutions et de marchés qui organisent les transferts d'épargne des agents à capacité de financement vers ceux à besoin de financement, ne fonctionne plus bien, ce dysfonctionnement peut prendre l'une des formes suivantes : crise de solvabilité et/ou de liquidité bancaire, crise de la dette privée et/ou publique, crise de change, crise boursière, etc. Au paroxysme de chacune de ces crises, on peut être devant une crise systémique qui met en cause la solvabilité du système financier global.

D'un côté, selon Anna Schwartz (1986), il existe deux types de crises. D'une part, les « crises réelles », qui sont des phénomènes d'ampleur macroéconomique susceptibles de conduire à une panique bancaire ou de menacer le système de paiements, nécessitent l'intervention des autorités monétaires en tant que prêteurs en dernier ressort. D'autre part, les « pseudo-crises » circonstancielles et localisées, telles que : krach boursier, chute des prix des matières premières…, qui entrainent uniquement des pertes de richesses et qui n'exigent une intervention des autorités monétaires que lorsqu'elles peuvent dégénérer en « crise réelle » comme en 1987.

D'un autre, Kaminsky (2006)[39] a mis en évidence six classes de crises (voir *infra* section 1 du chapitre 2).

---

[38] Cf. Boucher (Christophe) et Raymond (Hélène), *Les crises bancaires et financières*. Sous la direction de De Boissieu (Christian), *Les systèmes financiers : mutations, crises et régulation.* 3e Édition-Economica, 2009.

[39] Cf. Kaminsky (Graciela L.), "Currency crises: Are they all the same?", *Journal of International Money and Finance*, vol. 25, n° 3, p. 503-527, 2006, Cf. Boucher (Christophe) et Raymond (Hélène), *op. cit.*

1 – Les crises relatives à des problèmes de balance courante. Dans ce cas, les vulnérabilités sont liées à une perte de compétitivité et ainsi à une appréciation du taux de change réel.

2 – Les crises liées à des excès financiers. Elles sont particulièrement précédées par une accélération de la croissance du crédit domestique et d'autres agrégats monétaires. Dans ce cas, les fragilités reposent sur une croissance démesurée des prix d'actifs.

3 – Les crises attachées à la dette souveraine. En l'occurrence, les fragilités sont associées à une dette étrangère « insoutenable ».

4 – Les crises de déficit budgétaire. Les vulnérabilités sont liées à une politique budgétaire monétisée.

5 – Les crises de reflux des capitaux. Il s'agit d'un renversement des flux de capitaux, à cause d'une hausse soudaine des taux d'intérêt mondiaux et non plus d'une fragilité économique du pays domestique.

6 – Les crises autoréalisatrices qui ne sont liées à aucune vulnérabilité.

En dépit de la délicatesse de concocter un modèle théorique ou un autre empirique qui peuvent expliquer en une seule combinaison le déclenchement des crises financières, à cause de l'hétérogénéité de ces crises, les analyses historiques signalent la similitude des processus qui précèdent les crises : accélération de la hausse des prix des actifs avec emballement du crédit et retournement plus ou moins violent avec durcissement des conditions monétaires (voir *infra* le paragraphe 2-2). D'après Charles Kindleberger, l'aveuglement pour le risque et les espoirs de profit, qui accompagnent l'accélération de la hausse des prix des actifs, sont liés au « déplacement », c'est-à-dire un événement exogène, à titre d'exemple : une innovation financière (voir *infra* paragraphe 2-7) ou un choc technologique, qui modifie le contexte et les perspectives du marché. Ce déplacement provoque une incertitude, sur les perspectives du profit et l'évaluation des risques, qui complique la tâche des instances de régulation.

En s'inspirant de l'historien Ernest Labrousse, Robert Boyer (1988) conclut ainsi que : *« les crises se suivent mais ne se ressemblent pas »*. En effet, la nature des risques sous-estimés, les acteurs, les canaux de contagion et les failles des instances de régulation sont différents d'une crise à l'autre. En dépit de cette ambivalence des crises financières, il est crucial de passer en revue les mécanismes récurrents qui se retrouvent au cœur de ces crises.

2.2 Les phases du cycle financier

D'après le grand historien Charles Kindleberger (1996)[40], les cycles financiers se caractérisent généralement par l'enchainement de cinq phases.

L'essor : Succédant à une récession ou un ralentissement conjoncturel, cette phase de croissance est due à un investissement réel financé par une expansion du crédit parallèle à une progression des revenus. Cette dernière crée des anticipations optimistes et entraine, par conséquent, la hausse des prix d'actifs.

L'euphorie : Si les mouvements de capitaux sont libres, le phénomène de l'emballement du crédit par rapport aux revenus et de l'accélération de hausse des prix des actifs se transmettra entre les pays. Résultat, un surendettement par rapport au service de la dette ainsi qu'une sous-évaluation du risque.

Le paroxysme et le retournement : Dans la mesure où les valeurs prises pour garantie connaissent une hausse spéculative, les leviers d'endettement s'accroissent et, par conséquent, les bilans se fragilisent. À l'approche du paroxysme, un événement catalytique fortuit peut retourner les anticipations.

---

[40] Cf. Aglietta (Michel) et Rigot (Sandra), *Crise et rénovation de la finance*, Odile Jacob, mars 2009, p. 22.

Le reflux et l'instauration du pessimisme : L'obsession de la liquidité chez les agents endettés ainsi que la montée de l'aversion pour le risque chez les pourvoyeurs de liquidités, entrainent la finance dans la crise. De même, lorsque le stress atteint les banques, le crédit crunch, un étranglement de l'offre de crédit, est probable.

La déflation de la dette et la restructuration des bilans : Le désendettement devient difficile par la baisse rapide de la valeur des collatéraux[41] qui laisse des pertes plus ou moins grandes. En outre, la contraction de la dépense privée rogne les revenus nécessaires pour couvrir les pertes. Les faillites parsèment ainsi la remise en ordre des bilans.

D'après Michel Aglietta et Sandra Rigot (2009), ces faits stylisés posent plusieurs questions. Au dire de ces deux auteurs : « *Pourquoi l'emballement ? Pourquoi la fragilité financière se développe-t-elle en pleine croissance ? Pourquoi est-elle dissimulée aux marchés et aux autorités monétaires ? Tenter d'y répondre est l'enjeu de l'hypothèse d'instabilité financière* »[42].

2.3 L'hypothèse de l'instabilité financière

La phase d'essor et celle d'euphorie sont respectivement des sources de comportement qui fragilisent le système financier et de la dissimulation de la détérioration des conditions du crédit.

---

[41] « Collateral » est un terme de langue anglaise qui désigne dans les garanties, quelle qu'en soit la forme (nantissement, gage, espèces, appels de marges…), attachées à une opération financière. On parle ainsi de collateral titres ou de collateral espèces. Cf. Sousi-Roubi (Blanche), avec la collaboration de Dussart (Sébastien) et Marmoz (Frank), *Lexique de la banque et des marchés financiers*, 6e Édition Dunod, 2009, p. 67.

[42] Cf. Aglietta (Michel) et Rigot (Sandra), *op. cit.*, p. 23.

D'une part, les emprunteurs, qui recourent au levier d'endettement pour maximiser leurs gains en capital[43] sur les actifs, comptent pour honorer leurs dettes sur l'accroissement des prix de ces actifs et, par conséquent, de leurs revenus et richesses.

D'autre part, les prêteurs, qui sont mystifiés par la tendance haussière des marchés d'actifs, pensent que la valeur de ces actifs, qui constituent les collatéraux[44] de leurs prêts, va s'apprécier et garantir ainsi leurs créances. La concurrence des prêteurs, pour démarcher les emprunteurs potentiels, pousse le crédit de plus en plus à la hausse.

En effet, il existe une interdépendance étroite entre les marchés d'actifs et les marchés du crédit. La progression de l'offre, induite par l'augmentation de la valeur de la garantie, voire du prix des actifs, et celle de la demande du crédit, stimulée par l'anticipation de la hausse de ce prix, augmentent le volume du crédit qui, en accroissant le nombre d'acheteurs ou les montants d'achats, engendre encore une hausse du prix des actifs, et cette hausse entraine l'économie dans un cercle où toutes les interactions se renforcent. Il y a donc une boucle d'induction à la hausse entre les deux marchés, et vice versa à la baisse.

À l'inverse des marchés des biens ordinaires, où le déplacement de l'une des courbes de l'offre et de la demande est résorbé par une variation du prix qui rétablit l'équilibre, l'offre et la demande sont des fonctions

---

[43] Le gain en capital est le montant que rapporte une augmentation de la valeur monétaire d'une immobilisation. Plus concrètement, c'est le profit réalisé à la revente d'une action, d'une obligation, d'un terrain, d'une antiquité ou d'un autre actif. Par exemple, la personne, qui achète une action à 26 dollars et la revend à 30 dollars, réalise un gain en capital de 4 dollars. Source : Département des finances du Canada. Cf.www.service.com.

[44] Il convient de noter que le collatéral est à la fois un élément de richesse de l'emprunteur et une assurance pour le prêteur. Cf. Aglietta (Michel) et Rigot (Sandra), *op. cit.*, p. 23.

croissantes du revenu et du prix dans les marchés d'actifs, et non plus du coût du crédit, voire du taux d'intérêt. Exerçant une influence macroéconomique par le multiplicateur, le revenu entraine donc un déplacement dans le même sens des courbes de l'offre et de la demande de crédit. En effet, le déplacement vers la droite de la fonction de la demande, engendré par l'anticipation de la hausse des prix d'actifs, se répercute sur l'offre, qui a la même perception optimiste du marché d'actifs, dans le même sens, tout en gardant stable le taux d'intérêt[45].

Figure 1.1 Interdépendance de l'offre et de la demande de crédit (Aglietta et Rigot, 2009)[46]

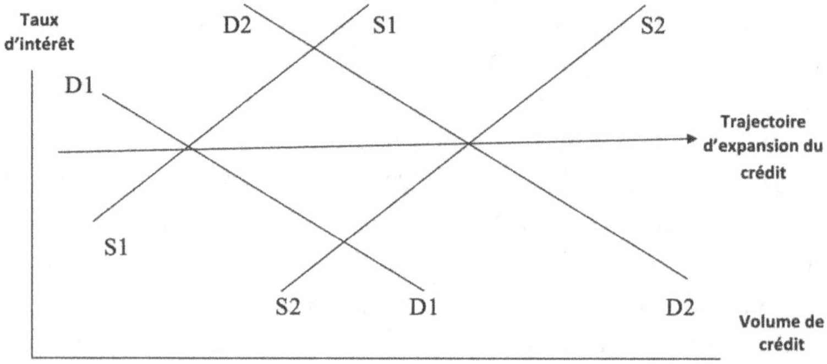

D1D1 et S1S1 : demande et offre de crédit pour un prix d'actif P1

D2D2 et S2S2 : demande et offre de crédit pour un prix d'actif P2, avec P2 > P1.

Toutefois, au paroxysme de la phase euphorique, un retournement de l'ascension des prix d'actifs, voire de l'éclatement de la bulle spéculative, accroit le ratio dette/valeur du collatéral. En conséquence, le surendettement, le surinvestissement dans les actifs spéculatifs ainsi que la concentration des risques dans les

---

[45] L'accroissement simultané de l'offre et de la demande de crédit empêche le taux d'intérêt de monter. Cf. Aglietta (Michel) et Rigot (Sandra), *op. cit.*, p. 25 et 26.

[46] *Ibid.*, p. 26.

bilans des banques prêteuses mettent en évidence la fragilité financière.

Dans cette phase du retournement, le ratio dette/valeur de marché des actifs influence sur la solvabilité des dettes émises antérieurement. En effet, lorsque ce ratio augmente, la probabilité de défaut s'accroit dans tous les modèles d'évaluation du risque de crédit qui dépendent de la valeur de marché des collatéraux.

Devenue donc le fruit de la nécessité, la restructuration des bilans bancaires induit la hausse du coût du crédit et le rationnement de son volume. D'après Michel Aglietta et Sandra Rigot (2009), ce phénomène a été la cause majeure, d'une part, de la profondeur de la Grande Dépression de 1929 ; et, d'autre part, de la longue déflation japonaise des années 1990 jusqu'en 2003.

Afin de reconstituer leur capital à partir de leurs profits et améliorer ainsi leurs bilans, les entreprises ont estompé leurs investissements. En effet, pour diminuer le levier d'endettement dans les bilans (ratios d'encours), il faut inverser durablement l'écart de flux entre l'investissement et le profit non distribué, c'est-à-dire accroitre l'autofinancement. Toutefois, outre l'exigence de taux de distribution de dividendes plus élevés par les actionnaires[47] ainsi que l'augmentation des provisions pour pertes, la hausse des provisions pour dépréciation du capital par rapport à l'excédent brut d'exploitation[48] engendre aussi une baisse du profit non distribué, voire de l'autofinancement. Par ailleurs, adoptée simultanément par plusieurs entreprises, la mesure d'accroitre

[47] Qui sont frustrés par la dévalorisation de leurs patrimoines. Cf. Aglietta (Michel) et Rigot (Sandra), *op. cit.*, p. 28.

[48] Cette hausse est due à l'amortissement réalisé à l'époque du crédit facile et peu couteux. *Ibid.*, p. 28.

l'autofinancement prolonge ou amplifie les difficultés financières de ces entreprises (Koo, 2004)[49].

En l'absence d'une politique de relance de la demande, la baisse des investissements réduit les productions et, par conséquent, les revenus des entreprises. En outre, afin de faire face au service de la dette et d'empêcher donc le ratio dette/revenu de continuer à augmenter, le besoin du désendettement pousse les entreprises à diminuer leurs dépenses. Résultat, une baisse continuelle de la croissance qui conduit alors à des pressions déflationnistes (Leijonhufvud, 2008)[50].

Dans une telle situation, une politique monétaire accommodante ne peut pas réduire directement la dette des entreprises, mais indirectement en incitant d'autres agents privés à dépenser ou en faisant baisser le taux de change, alors qu'une politique budgétaire s'avère plus efficace parce qu'elle permet à l'État de dépenser de manière à compenser le fléchissement de la dépense privée. Ces interdépendances entre les marchés du crédit et les marchés d'actifs expliquent bel et bien la grande crise qui a éclaté à l'été 2007 après un endettement des ménages. Aussi, les innovations financières, qui ont affecté la distribution du crédit, ont été la cause de l'ampleur de cette crise.

2.4 L'apport d'Irving Fisher

Dans son célèbre article *The Debt Deflation Theory of Great Depressions* (1933), l'économiste américain Irving Fisher propose une des premières contributions à la compréhension des crises financières. Il considère la dette et l'évolution des prix comme des facteurs clefs de la gravité ainsi que de la durée des crises.

En s'inspirant de l'approche des cycles de Schumpeter, qui impute l'origine de la phase ascendante du cycle à des innovations, Fisher explique la montée de l'endettement par

[49] Cf. Aglietta (Michel) et Rigot (Sandra), *op. cit.*

[50] *Ibid.*

des perspectives de profits élevés liées à : « *de nouvelles inventions, de nouvelles industries, le développement de nouvelles ressources, l'accessibilité de nouveaux terrains ou de nouveaux marchés* »[51]. Le mouvement d'endettement initial s'accentue tant que les investisseurs ont pris psychologiquement l'habitude d'attendre des rendements élevés.

Avec le surendettement des investisseurs, la défaillance d'un ou plusieurs d'entre eux annonce le retournement des anticipations de profit à la baisse. En conséquence, l'offre de crédits bancaires chute et produit donc la déflation. Cette dernière conduit à une réduction de la valeur des entreprises qui, ne pouvant renouveler leurs crédits, se précipitent ainsi à brader leurs actifs afin d'honorer leurs dettes et les prix baissent encore. Résultat, l'économie entre dans une spirale déflationniste où la valeur réelle des dettes s'accroit, à cause d'une augmentation plus que proportionnelle des taux d'intérêt réels (taux nominal – inflation) par rapport à la baisse du taux d'intérêt nominal, et conduit à l'assèchement de l'offre de liquidités et à un ralentissement plus fort de la vitesse de circulation de la monnaie qui accentue la baisse générale des prix et la récession. Touchées par des faillites d'emprunteurs et confrontées à la défiance des déposants qui retirent en masse leurs dépôts, les banques désorganisent le système monétaire et financier.

Par ailleurs, Irving Fisher préconise une politique économique qui vise à remonter le niveau général des prix afin d'atténuer et de raccourcir la récession. En témoigne sa défense, dans son article de 1933, de la relance par des dépenses publiques par Roosevelt comme le remède approprié qui va permettre aux États-Unis de sortir de la crise.

---

[51] Cf. Fisher (Irving), "Debt Deflation Theory of Great Depressions", *Econometrica*, 1933. Cf. Boucher (Christophe) et Raymond (Hélène), *op. cit.*, p. 93.

En résumé, les cruciaux éléments de la théorie du *debt deflation* sont les ventes successives d'actifs qui alourdissent la dette, au lieu de l'alléger, l'importance accordée au niveau général des prix : la déflation et le lien direct entre la contraction de la monnaie et l'activité réelle.

Il convient de signaler que cette théorie a été complétée par les travaux de Minsky, Kindleberger, Tobin et Bernanke.

2.5 L'apport de Minsky

À partir du milieu des années 1970, la théorie de la déflation par la dette de Fisher, oubliée durant les années de la forte croissance des Trente Glorieuses, a été remise à l'honneur par le macroéconomiste américain Hyman Minsky.

En analysant la finance « à la Ponzi », il a mis en exergue l'endettement pour faire face aux engagements sur la dette antérieure. Selon lui, le célèbre spéculateur italien Charles Ponzi pouvait, en offrant des rendements élevés sur des dépôts, attirer un large volume de tels dépôts. Toutefois, il ne pouvait plus, dès que ses dépôts ont commencé à croître plus lentement que ses obligations de payer des intérêts, faire face à ses engagements. Ainsi, le schéma « à la Ponzi » finit par s'effondrer.

De même, en décembre 2008, Bernard Madoff a réalisé, « à la Ponzi », la plus grande escroquerie financière de l'histoire avec plus de 50 milliards de dollars partis en fumée.

En effet, la finance « à la Ponzi » parie sur des projets d'investissement qui ont un rendement attendu élevé mais à une date éloignée et qui, entre-temps, ne génèrent pas des revenus suffisants pour couvrir les intérêts de l'emprunt, surtout en cas de hausse des taux d'intérêt ou de profit final plus faible que prévu.

Outre la finance « à la Ponzi », Minsky distingue aussi bien la finance de couverture (*hedge finance*), où les revenus attendus de l'investissement (*cash-flows*) permettent de couvrir la charge de l'emprunt et l'ensemble des besoins de trésorerie à chaque période ; que la finance spéculative (*speculative finance*), où la somme actualisée des revenus attendus de l'investissement permet de couvrir les intérêts de la dette, mais les remboursements du capital ne peuvent être honorés qu'à partir d'un horizon assez éloigné. Cette dernière finance et celle « à la Ponzi » sont des caractéristiques des périodes d'euphorie et sont, d'une part, viables tant que les taux sont bas et l'actualisation des cash-flows futurs est suffisamment rassurante sur la capacité à rembourser ; et, d'autre part, battues en brèche lorsque les taux s'élèvent et que les primes de risque augmentent.

Dans ce second cas, la crise financière se développe, à partir du moment où la défiance se généralise et le besoin accru de liquidités ne peut être satisfait, et n'épargne plus la finance prudente, à cause de la diminution de ses revenus avec la disparition de firmes clientes et, dans un contexte d'information imparfaite, du rationnement du crédit.

2.6 L'apport de Keynes

D'après Bertrand Jacquillat et Vivien Lévy-Garboua (2011), Keynes, dans sa *Théorie générale de l'emploi, de l'intérêt et de la monnaie* (1936), envisage le cas où la préférence pour la liquidité ne répond plus aux variations de taux d'intérêt. En effet, en dépit de la baisse des taux d'intérêt durant une période de crise, les détenteurs de monnaie préfèrent thésauriser que de prendre des risques. Aussitôt, toute liquidité injectée, au lieu d'être réinvestie dans l'économie, est immédiatement thésaurisée et n'a aucun impact sur l'économie réelle. Ainsi, on est dans une trappe de liquidité (*liquidity trap*).

En témoigne la crise de liquidité de 2007-2009 durant laquelle les banques ont préféré la conservation de leurs dépôts plutôt que de les reprêter à leurs concurrents ou de les réinvestir et les replacer à la banque centrale. De même, les bons du Trésor ont constitué, pour les particuliers et les entreprises, les seuls actifs sûrs, voire refuges.

Dans le but de ne pas rester bloqués dans une trappe de liquidité, comme le Japon l'avait été dans les années 1990, les États européens ont accordé des financements aux banques, en les obligeant de développer des crédits au secteur privé et aux collectivités locales à un taux de croissance minimum.

2.7 L'incertitude des innovations financières

Étant un facteur du développement des économies, les innovations financières prennent la forme *in fine* de titres de produits financiers, échangés sur des marchés de gré à gré, en général entre institutions financières et entreprises industrielles ou commerciales. Outre la globalisation et la volatilité des principales grandeurs macrofinancières (taux d'intérêt, taux de change, indices boursiers), la déréglementation et les progrès de la théorie financière, permettant de valoriser des produits de plus en plus complexes, ont contribué à la prolifération des innovations financières depuis plus de trente ans. Ces innovations financières ont donné naissance, d'une part, à des produits dérivés de la première génération, à savoir : les contrats à terme de type forward ou futurs, les swaps ou les options[52] ; et, d'autre part, à des produits dérivés de la seconde génération comprenant des produits structurés, tels que : les

---

[52] *« Les sous-jacents sont très souvent des actifs négociés sur le marché au comptant : actions, devises, matières premières, obligations, bons du Trésor, mais pas toujours : indice boursier ou indice de prix des matières premières. Parfois encore, le sous-jacent est lui-même un produit dérivé ; sont alors négociés des produits dérivés "au carré" : option sur contrat futur, option sur swap, option sur option. Sont apparus plus récemment de nouveaux sous-jacents : matière première non stockable (électricité), crédit, indice climatique, taux d'inflation, indice économique ».* Cf. Jacquillat (Bertrand) et Lévy-Garboua (Vivien), *Les 100 mots de la crise financière*, Que sais-je, 2011, p. 24.

RMBS (*Residential Mortgage Backed Securities*) relatives aux crédits hypothécaires résidentiels, les CMBS (*Commercial Mortgage Backed Securities*) liées aux crédits commerciaux, les CDO (*Collateralised Debt Obligations*) attachées aux dettes d'entreprises et les CLO (*Collateralised Loan Obligations*) relatives aux prêts bancaires, qui permettent une décomposition du risque global en une série de risques élémentaires[53].

D'après Caballero et Krishnamurthy (2008)[54], les innovations financières ne disposent pas de données historiques et sont ainsi accompagnées par l'incertitude qui se retrouve à l'origine de mouvements de défiance et peut conduire à une illiquidité du système financier.

En effet, en 1970, le défaut de Penn Central Raiload a conduit à une vague de défiance asséchant complètement la demande de l'innovation financière de l'époque, à savoir : le papier commercial. Il convient de noter que la technique de titrisation, qui a donné naissance aux produits structurés et qui consiste à transformer des crédits bancaires en titres financiers, n'a été développée que depuis le début des années 1980 par les banques d'investissement. En outre, lors du krach boursier d'octobre 1987, les stratégies d'assurance de portefeuille et leurs options de vente ont accentué la baisse des cours qui s'est terminée par la chute de plus de 20 % de l'indice Dow Jones sur la journée du 19 octobre.

---

[53] Les produits dérivés de la seconde génération comprennent notamment les produits structurés qui émanent de la titrisation. Ils ont un sous-jacent constitué de toutes sortes de crédits (crédits hypothécaires, crédits à la consommation et cartes bancaires, crédits automobiles, etc). *Ibid.*, p. 24.

[54] Cf. Boucher (Christophe) et Raymond (Hélène), *op. cit.* p. 95.

D'ailleurs, lors des défaillances sur les prêts hypothécaires *subprimes* en 2007, il y avait une décote[55] de produits de crédit complexes. En conséquence, les marchés du crédit se sont affectés par un mouvement de défiance qui a entraîné leur illiquidité.

Bien que ces innovations soient un facteur du développement des économies, elles nécessitent des institutions et des règles pour en maîtriser les effets. Selon Christophe Boucher et Hélène Raymond (2009), la crise financière peut être considérée comme une phase d'apprentissage pour les investisseurs comme pour les régulateurs.

Par ailleurs, en vue d'appréhender plus les déroulements des crises financières, il est nécessaire de passer en revue leurs principaux acteurs, tels que : les banques centrales, les lois bipartisanes, les agences de notation, les opérateurs de marché, etc.

Conclusion du chapitre 1

Le bref aperçu des crises financières montre que, durant les crises financières antérieures aux Trente Glorieuses, il n'y avait pas, par rapport à celles récentes, de réponses coordonnées au niveau international et que les réactions des pays épicentres de ces crises antérieures étaient hésitantes.

Certes, selon Christophe Boucher et Hélène Raymond (2009), la crise financière est, en général, une hausse importante et soudaine du coût de financement liée à une raréfaction de l'offre de capitaux. Néanmoins, les crises financières se caractérisent par leur nature protéiforme et elles peuvent prendre l'une des formes suivantes : crise de solvabilité et/ou de liquidité bancaire, crise de la dette privée et/ou publique, crise de change, crise boursière, etc.

---

[55] Il y a décote sur un titre financier lorsque les marchés ne sont pas totalement efficients, c'est-à-dire lorsque la valeur de marché de ce titre est inférieure à sa valeur actuelle. Cf. www.Venimmen.net.

En s'inspirant de la classification de Kaminsky (2006), on peut imputer, d'une part, la crise mexicaine de 1994-1995 à des problèmes de balance courante, dont les vulnérabilités sont liées à une perte de compétitivité et donc à une appréciation du taux de change, et notamment à des excès financiers ; et, d'autre part, celle asiatique de 1997-1998 à la dette souveraine et aux fragilités associées à une dette étrangère insoutenable. Quant à la crise des *subprimes* en 2007, elle est relative à des excès financiers précédés par une accélération de la croissance du crédit domestique[56] qui provoque une croissance démesurée des prix d'actifs.

En dépit de la délicatesse de concocter un modèle théorique qui peut expliquer en une seule combinaison le déclenchement des crises financières, à cause de leur hétérogénéité car « *les crises se suivent mais ne se ressemblent pas* » dixit Robert Boyer (1988), Charles Kindleberger (1996) caractérise généralement le cycle financier par l'enchainement de cinq phases, à savoir : l'essor ; l'euphorie ; le paroxysme et le retournement ; le reflux et l'instauration du pessimisme ; la déflation de la dette et la restructuration des bilans.

Pour expliquer le développement de chacune de ces phases, nous devons faire appel, selon Michel Aglietta et Sandra Rigot (2009), à l'hypothèse de l'instabilité financière. En effet, il y a une interdépendance étroite entre les marchés du crédit et ceux d'actifs. Ce sont les interactions entre ces deux marchés qui peuvent expliquer l'enchainement des phases du cycle financier (le cas de la crise des *subprimes* en 2007). Une augmentation du prix des actifs induit une progression de l'offre du crédit et une anticipation de leur hausse stimule la demande du crédit. Par conséquent, le volume du crédit augmente. De ce fait, un retournement des marchés d'actifs engendre une hausse

[56] Toutefois, à l'inverse du secteur privé américain, celui asiatique s'est endetté, pour mémoire, en monnaies étrangères.

du ratio dette/valeur de marché d'actifs et influence alors sur la solvabilité des dettes émises antérieurement, voire met en évidence la fragilité financière. Quant à la théorie de *debt deflation* d'Irving Fisher (1933), le retournement des marchés d'actifs, après une phase de surendettement des investisseurs, diminue l'offre du crédit et produit donc la déflation ainsi que la récession. Cet économiste américain préconise une politique économique qui vise à remonter le niveau général des prix afin d'atténuer la récession. À partir du milieu des années 1970, Hyman Minsky remet à l'honneur la théorie de *debt deflation*, après son oubli durant les Trente Glorieuses. Il conclut que la finance « à la Ponzi » et la finance spéculative sont des caractéristiques des périodes d'euphorie et sont, d'une part, viables tant que les taux sont bas et l'actualisation des cash-flows futurs est suffisamment rassurante sur la capacité à rembourser ; et, d'autre part, battues en brèche lorsque les taux s'élèvent et que les primes de risque augmentent. De plus, Keynes (1936) met en exergue la trappe de liquidité durant la période de crise. En dépit de toute injection de liquidité ou baisse du taux d'intérêt durant cette période, les détenteurs de monnaie préfèrent thésauriser que de prendre des risques.

CHAPITRE 2 – Les crises financières : acteurs, facteurs de contagion et thérapeutiques

Introduction du chapitre 2

Tandis que le chapitre précédent précise que, si on veut remettre en cause la logique des marchés financiers, nous considérerons le marché comme sujet à des phases d'emballement et de dépression (i.e. l'hypothèse de l'instabilité financière et le cycle financier), le présent chapitre précise que, sinon, nous pourrons expliquer les avènements des crises financières soit par un défaut de l'information ou un défaut de compétence, soit par les comportements des autorités publiques, tels que : une politique monétaire trop accommodante, ou par les intervenants privés lorsqu'ils ne sont pas en phase avec l'évolution du cadre réglementaire (i.e. les acteurs des crises financières).

Par ailleurs, le spectre d'une crise systémique nécessite l'appréhension des différents facteurs de la contagion d'un certain choc financier afin d'en circonscrire l'impact. La globalisation financière accentue la propagation de tout choc financier du pays épicentre de la crise vers les autres économies du monde, à travers des liens financiers et commerciaux ou des facteurs psychologiques. En effet, la crise financière de 2007-2008, commencée aux États-Unis, a affecté la zone euro et les marchés asiatiques, voire l'économie mondiale. Il est donc nécessaire d'appréhender les différents facteurs de contagion des crises financières afin de gérer le risque systémique. Outre les enchainements sur les marchés financiers et la contagion par les banques, la propagation des chocs à l'économie réelle, les problèmes d'asymétrie d'information sur les marchés de capitaux, le développement de phénomènes de mimétisme ainsi que l'apparition de bulles financières constituent aussi des mécanismes de propagation des crises financières.

À l'avènement de la crise des *subprimes* en 2007, des dogmes de la finance, tels que les banques centrales doivent lutter uniquement contre l'inflation des prix des biens et des services ont été remis en cause. En effet, cet objectif a été appelé à s'étendre aussi à la lutte contre l'inflation des prix des actifs financiers. En outre, d'autres mesures relatives aux marchés financiers et à la gouvernance financière internationale, telles que l'instauration d'un système des chambres de compensation dans le marché de gré à gré et le renforcement du rôle du FMI dans le maintien de la stabilité financière, ont été à l'ordre du jour.

Mettant l'accent sur les principaux acteurs des crises financières de grande ampleur, les facteurs de leurs contagions, la formation et l'éclatement des bulles spéculatives ainsi que les thérapeutiques des crises financières, le présent chapitre se compose de quatre sections. Dans un premier temps, nous énumérons les principaux acteurs des crises financières de grande ampleur. Dans un second temps, nous passons en revue les facteurs de la contagion des crises financières. Dans un troisième temps, nous présentons les modèles explicatifs de la formation et l'éclatement des bulles spéculatives. Dans un dernier temps, nous présentons les thérapeutiques des crises financières.

1. Les principaux acteurs des crises financières

1.1 Les banques centrales

Dans un capitalisme globalisé et financiarisé, les banques centrales doivent ajouter à l'objectif de lutte contre l'inflation des biens et services celui de la surveillance des prix des actifs financiers. Toutefois, dans la mesure où les banques centrales répugnent à enrayer ex ante l'inflation des actifs financiers et casser les bulles qui se développent, mais volent au secours des marchés financiers lorsque ceux-ci se dégonflent, elles accordent aux opérateurs une option de vente gratuite (le fameux *Greenspan put*) et suscitent ainsi la crise financière.

Par ailleurs, l'addition de l'objectif de la stabilité financière aux banques centrales a une double implication. D'abord, la politique monétaire doit s'attacher à être proactive (agir avant) dans la prévention des bulles et non pas réactive (agir après). Ensuite, les banques centrales devront être beaucoup plus strictes dans leur fonction de surveillance, trop négligée, de l'ensemble du système financier.

1.2 La Réserve fédérale américaine (FED)

Créée en 1913, la Réserve fédérale américaine (FED) avait comme objectif d'assurer la croissance optimale sur le long terme et le maintien du plein-emploi. Toutefois, selon Bertrand Jacquillat et Vivien Lévy-Garboua (2011), la Grande Dépression, qui suivit la crise de 1929, a montré qu'elle ne savait pas alors comment inscrire cet objectif dans une politique monétaire appropriée.

En outre, face à la période de grande inflation aux États-Unis dans les années 1970, la loi Humphrey-Hawkins de 1978 a accordé à la FED l'objectif de la stabilité des prix qui permet au prédécesseur d'Alan Greenspan, Paul Volcker, d'entreprendre une lutte courageuse et efficace contre l'hydre de l'inflation à deux chiffres.

En l'occurrence de la crise financière de 2007-2008, la FED de Ben Bernanke a baissé, depuis le 16 décembre 2008, ses taux de base jusqu'à un niveau compris dans une fourchette de 0 à 0,25 %. De plus, au début d'octobre 2008, elle a décidé de faire directement crédit aux entreprises américaines et de contourner alors le système bancaire.

Par ailleurs et dès 2008, la FED a utilisé des outils non conventionnels de politique monétaire, dénommés *Quantitative Easing* (voir *infra* section 3 du chapitre 1 de la partie 2) sous la forme de financement d'abord des banques commerciales en difficulté[57], puis en 2010 et 2011 de l'État fédéral américain avec les programmes de rachat d'obligations du Trésor à hauteur de 600 milliards de dollars[58].

1.3 La Banque centrale européenne (BCE)

Fondée en 1999, au moment de la création de l'euro, la BCE a eu comme unique objectif la lutte contre l'inflation[59]. En effet, depuis sa création, elle a réussi parfaitement à atteindre ce but en empêchant la hausse des prix de dépasser le seuil de 2 %.

Toutefois, sous l'égide de son deuxième président, Jean-Claude Trichet, président aussi du conseil européen du risque systémique, et dans la crise des *subprimes*, elle est intervenue massivement pour répondre au besoin de liquidités du système bancaire. Aussitôt, elle a accompagné les restructurations des systèmes bancaires des pays de la zone euro, élargi la gamme des titres acceptés en garantie des prêts de la Banque centrale européenne et recherché la coordination avec la FED et les autres banques centrales. En outre, elle a eu aussi recours au *Quantitative easing* en rachetant des obligations souveraines d'États de la zone euro en difficulté.

1.4 Les régulateurs

Outre la protection des épargnants et le respect des règles de concurrence, la stabilité du système financier et la

---

[57] Appelé le « refinancement ». Il s'agit d'accroître le financement des banques commerciales par la Banque Centrale. Cf. Jacquillat (Bertrand) et Levy-Garboua (Vivien), *op. cit.*

[58] Appelé la « monétisation » des déficits publics. Il s'agit de financer l'État par la création monétaire.

[59] À l'inverse de la FED, la BCE n'a que ce but, la stabilité des prix, et ne tient compte que de manière secondaire de la croissance. Par conséquent, elle vise à maintenir un taux d'intérêt réel positif, condition d'une croissance durable et non inflationniste. Cf. Jacquillat (Bertrand) et Lévy-Garboua (Vivien), *op. cit.* p. 8.

prévention des risques systémiques sont aussi des objectifs de la régulation du système financier.

Toutefois, à part le Japon et la Grande-Bretagne, avec la FSA (*Financial Services Authority*), qui ont chacun un régulateur unique de son système financier, les États-Unis, avec plus de 50 organismes de surveillance qui contrôlent les sociétés d'assurances, et la France, avec cinq régulateurs (la Commission bancaire, le Comité des établissements de crédit et des entreprises d'investissement, le Comité consultatif de la législation et de la réglementation financière, l'Autorité de contrôle des assurances et des mutuelles ainsi que l'Autorité des marchés financiers), connaissent une fragmentation de la régulation financière. Cette dernière présente un danger de voir chaque régulateur poursuivre l'objectif de supprimer les risques de son domaine sans trop se soucier de qui va en supporter. D'ailleurs, au dire de Bertrand Jacquillat et Vivien Lévy-Garboua (2011) : « *Ce trop-plein institutionnel n'a pas été capable de prévenir la crise financière* ». En effet, la Commission des assurances de l'État de New York n'a pas empêché le géant de l'assurance AIG de construire en son sein un gigantesque *hedge funds* de CDS. De même, la *Securities and Exchange Commission* (SEC) n'a pas empêché les banques d'investissement de Wall Street d'opérer avec des leviers d'endettement plus de 30 ou 50.

Afin d'atteindre une plus grande efficacité de la surveillance des régulateurs, ces derniers tissaient des regroupements, d'une part, au niveau national. En France, les quatre premiers régulateurs évoqués ci-dessus sont réunis au sein de l'Autorité du contrôle prudentiel (ACP). D'autre part, ils coopéraient au niveau international. En 2011, il y avait le début d'un processus d'harmonisation européenne des autorités de régulation des pays de la zone euro, avec trois embryons d'autorités, pour les banques (*European Banking Authority*-EBA), pour les assurances

(*European Insurance and Occupational Pensions Authority*-EIOPA) et pour les marchés financiers (*European Securities and Markets Authority*-ESMA).

1.5 Les banques d'investissement

Ne recevant pas de dépôts et n'accordant pas de crédit aux particuliers, les banques d'investissement (*investment banks*) proposent aux grandes entreprises et aux institutions financières, leurs services en matière de conseil en opérations financières via leur département *Corporate Finance*, de gestion de portefeuille via leurs filiales d'*Asset Management*, de crédits aux *hedge funds* (voir *infra* le paragraphe 3-8) et au *Private equity* (voir *infra* le paragraphe 3-9) via leur département de Prime Brokerage, etc.

Outre l'imprudence des ratios d'endettement de ces banques ainsi que les rémunérations exagérées qu'elles prodiguaient, le modèle bancaire *Originate and distribute* (« origination » puis distribution)[60], qui déresponsabilisait le système financier, ainsi que le mauvais contrôle des risques étaient aussi des facteurs de leur défaillance, voire la faillite de quelques-unes parmi elles, lors de la crise financière de 2007-2008. En effet, *Bear Stearns* et *Merrill Lynch* ont été rachetées en 2008, alors que *Lehman Brothers*, tombée en faillite le 15 septembre 2008, a disparu. En outre, *Morgan Stanley* et *Goldman Sachs* sont

---

[60] Traditionnellement, les banques conservent les prêts qu'elles accordent à leurs clients et supportent donc le risque de crédit : c'est le modèle dit « originate and hold ». Toutefois, avec le développement de la titrisation, les banques ont de plus en plus cédé les prêts qu'elles avaient préalablement octroyés : c'est le modèle « originate and distribute ». Il convient de noter que l'origination est le fait d'accorder un prêt ou plus généralement de faire naitre une créance. Cf. Artus (Patrick), Betbèze (Jean-Paul), De Boissieu (Christian), Capelle-Blancard (Gunther), *De la crise des subprimes à la crise mondiale*, La documentation française, p. 158.

devenues des banques commerciales et placées ainsi sous la surveillance de la Réserve fédérale et non plus de la SEC.

1.6 Les lois bipartisanes

En l'occurrence d'une crise de grande ampleur, de nouvelles lois bipartisanes apparaissent. En témoigne le *Sarbanes-Oxley Act*[61], concocté en 2002, avait pour objet la réglementation du fonctionnement interne des sociétés et ainsi que l'empêchement à l'avenir des faillites frauduleuses d'entreprises (*Enron*, *Tyco*...) qui avaient enfreint les règles comptables à la légère.

De même, le *Glass-Steagall Act* de 1933, une réponse à la crise de 1929, avait pour objet, d'une part, la stricte séparation des activités de banque commerciale, régulées par la FED, des activités de banque d'investissement, régulées par la SEC, afin de protéger la partie commerciale de la banque et, par conséquent, les dépôts et les déposants ; et, d'autre part, l'assurance des dépôts, via la garantie apportée par l'État à hauteur d'un certain montant, afin de pallier la panique bancaire (*bank run*). Cependant, cette loi fut abrogée par le *Gramm-Leach-Bliley Act*, en 1999, instituant le *broad banking* qui a suscité des mouvements de concentration très importants, à savoir : la fusion

[61] *« Le 24 juillet 2002, les négociateurs de la Chambre des représentants et du Sénat se sont mis d'accord sur la mise œuvre d'une réforme de la gestion des entreprises américaines. La loi Sarbanes-Oxley votée à cette occasion et signée par le Président Bush le 30 juillet crée un nouveau comité de surveillance des pratiques comptables. Des restrictions sont imposées aux cabinets d'audit : neuf types de services leur sont interdits dont le conseil en management. Les plus graves fraudes financières pourront être désormais punies de peines de vingt-cinq ans de prison ferme. De plus, les comptes trimestriels et annuels communiqués à la SEC après le 29 août 2002 doivent désormais être accompagnés d'une forme de certification établie par le principal dirigeant de l'entreprise et le directeur financier. Elle atteste que les comptes sont exacts et complets ».* Cf. Le Page (Jean-Marie), *op. cit.*, p. 78.

J. P. Morgan-Chase, la constitution du groupe *Citigroupe*, etc.

En outre, le *Dodd-Frank Act* en 2010, une réponse aux limites de l'autorégulation durant la crise financière de 2007-2009, a réintroduit de nouvelles réglementations dans le système financier américain.

1.7 Les agences de notations

D'après Bertrand Jacquillat et Vivien Lévy-Garboua (2011), les agences de notation émettent régulièrement des opinions, sous forme de notation[62], sur la capacité d'un emprunteur à faire face à ses engagements. En outre, elles apprécient le risque des titres, les actifs financiers issus de la titrisation ainsi que les produits structurés, en fonction des modèles fondés sur l'historique des risques de défaut.

Autrefois, elles prenaient du retard dans les modifications, qui n'étaient pas toujours justifiées, du rating ; prenaient parfois des décisions brutales, et manquaient de moyens humains, voire de professionnalisme.

À l'approche de la crise des *subripmes*, elles présentaient, à cause de leur rémunération par les émetteurs et non par les investisseurs, un laxisme dans la notation des produits structurés, et par conséquent, l'encouragement de leur bulle spéculative. En l'occurrence, selon Bertrand Jacquillat et Vivien Lévy-Garboua (2011), les notations ne sont que des béquilles, quelquefois très imparfaites, qui ne sauraient se substituer à l'évaluation du risque de crédit et des titres financiers dans lesquels investissent les institutions financières.

---

[62] Il y a une échelle de notation. La plus élevée est AAA. La plus basse est, d'une part, D pour Standard and Poor's et Fitch Rating ; et, d'autre part, C pour Moody's. La note BBB marque le passage de investment grade à non-investment grade. Cf. Jacquillat (Bertrand) et Levy-Garboua (Vivien), *op. cit.*, p. 13.

Toutefois, avec l'explosion des volumes de prêts hypothécaires *subprimes* et leur extension à des emprunteurs de moins en moins solvables, la réalité des défauts est devenue beaucoup plus conséquente que leur historique. En effet, la crise des *subprimes* a révélé que ce sont les marchés qui donnent les valeurs des titres financiers et non les modèles d'évaluation des risques utilisés par les agences de notation. Ces dernières ont du mal à apprécier, à l'aide d'une méthodologie dérivée de leur métier traditionnel : la notation des obligations « classiques », des titres financiers complexes qui résultent de la structuration de plus de dix mille prêts différents.

Pour pallier ces insuffisances, il faut, d'une part, introduire davantage de concurrents dans cette profession et démanteler, par conséquent, l'oligopole[63] de trois grandes agences de notation, à savoir : *Standard and Poor's, Moody's Investor Service* et *Fitch Rating*, qui accaparent plus de 80 % du marché mondial du rating, et d'autre part, dissocier les fonctions de notation et de conseil des agences, à l'instar de ce qui a été fait avec les sociétés d'audit à travers la loi de *Sarbanes-Oxley*.

D'ailleurs, outre leurs notations par les agences de notation, les nouveaux titres financiers issus de la titrisation devraient aussi faire l'objet d'une évaluation par une population nombreuse d'analystes professionnels du crédit et feraient ressortir des prix de marché.

1.8 Les *Hedge funds*

Vus le jour en 1949, les *hedge funds* proposent aux investisseurs des contrats qui se caractérisent par : la recherche d'une performance absolue et non relative par rapport à un benchmark, l'absence de réglementation par une autorité de marché car ils ne font pas appel public à

[63] Selon Didier Migaud (2008), cette situation d'oligopole n'est pas saine. Cf. Migaud (Didier), *La crise financière : quelle analyse, quelles propositions ?*, Édition Jean-Jaurès Fondation, 2008, p. 46.

l'épargne, le fort effet de levier en général, la liberté d'investir dans n'importe quelle classe d'actifs cotés ou non cotés et de vendre à découvert, l'allocation de la liquidité aux clients seulement à des dates données, afin de donner à leurs stratégies d'investissement le temps nécessaire pour produire leurs effets, ainsi que la rémunération élevée.

Toutefois, ils sont souvent vilipendés, par les autorités de régulation, comme source du risque systémique. En témoigne l'exposition à ce risque à la suite des graves difficultés rencontrées par le *hedge fund* LTCM en 1998. En effet, la politique d'investissement de LTCM était fondée, dans un premier temps, sur l'arbitrage, qui consiste à réaliser un ensemble de transactions simultanées dont le risque global des positions ainsi constituées est quasiment nul ; et, dans un second temps, sur le quasi-arbitrage, le pari sur la convergence des taux des obligations d'État dans plusieurs pays d'Europe, dont la valeur représentait plus de 50 fois son capital. Cependant, avant la convergence effective des taux des obligations d'État, leur divergence a provoqué des pertes pour LTCM et a fait monter son levier d'endettement à plus de 100. Il y avait donc un risque de mettre LTCM en faillite ainsi que de faire perdre 13 banques, auprès desquelles le fonds s'était endetté, environ 300 milliards de dollars, voire d'une crise systémique. Sur l'injonction pressante du Federal Reserve de New York, chacune des banques concernées a apporté 350 millions de dollars pour éviter la faillite de LTCM. Résultat, le pari fait par LTCM s'avéra *in fine* gagnant et les banques purent être remboursées.

Avec la crise financière de 2007-2008, les autorités de régulation souhaitent encadrer davantage l'activité des *hedge funds* et ont d'ailleurs décidé de le faire au G20 de Londres en avril 2009. En effet, les ventes de leurs titres sur les marchés boursiers, provoquées par leurs clients qui demandaient le rachat de leurs parts[64] ainsi que leurs banques qui les forçaient au désendettement, ont accentué leur baisse et fait disparaître la masse des capitaux qu'ils gèrent. Cependant, d'après Bertrand Jacquillat et Vivien Lévy-Garboua (2011), il convient de signaler le rôle économique positif des *hedge funds*. En effet, ils apportent davantage de liquidités aux marchés et contribuent à ramener plus rapidement les prix des actifs financiers, sur lesquels ils interviennent, à leur niveau d'équilibre.

1.9 Le capital-investissement

D'après Bertrand Jacquillat et Vivien Lévy-Garboua (2011), le capital-investissement ou *private-equity* correspond à l'investissement dans des entreprises qui, en principe, ne sont pas cotées en Bourse. Les opérateurs de *private-equity* sont simultanément des apporteurs en capitaux propres, des arrangeurs en ingénierie financière pour trouver d'autres financements, des actionnaires impliqués et des conseilleurs aux équipes de direction des entreprises dans lesquelles ils ont investi.

Dans la phase d'euphorie, qui a précédé la crise financière de 2007-2008, le *private-equity* payait, pour acquérir des sociétés et avec des leviers d'endettement de plus en plus forts, des prix de plus en plus élevés. Les banques se battaient pour proposer aux entreprises acquises par des fonds *private-equity* des prêts *covenant lite*, c'est-à-dire des prêts avec des clauses contractuelles considérablement allégées[65]. En 2007, plusieurs fonds de *private-equity* ont décidé de se faire coter en Bourse.

---

[64] C'est le rachat de parts (redemption) ou actions d'un fonds commun de placement ou d'une SICAV par l'organisme de placement lui-même. Il s'agit de la revente de ces parts ou actions par l'investisseur qui retire ainsi son placement. Cf. www.mijwoordenboek.nl.

[65] Telles que l'augmentation de la quotité de crédit acceptée, une part plus importante des mensualités de crédit dans le revenu, la tolérance de scores plus faibles pour obtenir un prêt, etc. Cf. Jacquillat (Bertrand) et Lévy-Garboua (Vivien), *op. cit.*, p. 16 et 23.

Toutefois, des entreprises, qui envisageraient de retirer de la cote des sociétés industrielles ou de services, considéraient pour le moins cette mesure, leurs introductions en Bourse mais à leurs places, un acte de défiance vis-à-vis de leurs perspectives d'avenir.

1.10 Les opérateurs de marché

Exercé dans des *hedge funds* ou au sein du pôle de banque de financement et d'investissement (BFI)[66] d'une banque, le métier des opérateurs de marché[67] regroupe, d'une part, la gestion pour le propre compte de la banque (ou le *proprietary trading*) qui s'apparente à la gestion d'un *hedge fund* ; et, d'autre part, les opérations pour le compte de la clientèle qui nécessitent trois types d'opérateurs de marché : les vendeurs au contrat de la clientèle, les concepteurs et structureurs de produits qui répondent aux besoins de celle-ci ainsi que les traders qui exécutent les opérations concoctées par les précédents, soit de gré à gré, soit sur des marchés organisés.

Avec la crise financière de 2007-2008, il a été envisagé, au G20 du 2 avril 2009, de plafonner les rémunérations élevées des opérateurs de marché[68]. Il convient de noter également que les risques de position prise par ces opérateurs peuvent être considérables.

1.11 Les dirigeants des banques

La crise financière de 2007-2008 s'est accompagnée d'un changement sans précédent, voire d'une sanction, des équipes dirigeantes des banques ou des CEO'S (Chief Executive Officers) qui n'ont pas pu éviter la défaillance ou

---

[66] Son acronyme anglais est CIB pour Corporate and Investment Banking. Cf. Jacquillat (Bertrand) et Lévy-Garboua (Vivien), *op. cit.*, p. 16.

[67] L'activité des opérateurs de marché peut porter sur différents produits : taux, changes, actions, dérivés, produits structurés, etc. *Ibid.*, p. 16.

[68] *« Leurs rémunérations ont, certaines années, dépassé très largement celles du CEO (Chief Executive Officers) ». Ibid.*, p. 17.

la faillite de leurs établissements. Selon Bertrand Jacquillat et Vivien Lévy-Garboua (2012), la valse des dirigeants a commencé, dès le 29 octobre 2007, avec le départ de Stanley O'Neal de la présidence de Merrill Lynch. Le 4 novembre 2007, Charles Prince a été limogé de la tête de Citigroup. Le 8 janvier 2008, le PDG de Bear Stearns, Jimmy Cayne, a été destitué, car, au pic de la crise à l'été 2007, il était injoignable pendant plusieurs semaines pour cause de tournoi de bridge. Le 2 juin 2008, Ken Thompson a été limogé de la présidence de Wachovia, etc.

De même, à partir de 2008, les départs concernent aussi les banques européennes, RBS et HBOS en Angleterre, Bayerische Landesbank en Allemagne, UBS en Suisse, Dexia, les Caisses d'Épargne et la Société Générale en France, Fortis au Benelux, etc.

On reproche aux dirigeants de toutes ces banques, d'avoir laissé se développer des métiers à risque, d'avoir laissé filer leur contrôle interne et de s'être entourés de conseils d'administration incompétents quant à la culture de gestion du risque.

Après avoir présenté les crises financières de grande ampleur, leurs explications ainsi que leurs principaux acteurs, il est temps d'exposer les facteurs de leurs contagions, tels que les enchainements sur les marchés financiers et le phénomène du mimétisme, afin de gérer le risque systémique.

2. Les facteurs de la contagion des crises financières

Selon Olivier Lacoste (2009), les enchainements sur les marchés financiers, la contagion par les banques et la propagation des chocs à l'économie réelle sont au centre des mécanismes de propagation des crises financières. À ces facteurs macroéconomiques, il convient d'ajouter les problèmes d'asymétrie d'information sur les marchés de capitaux, qui impliquent les phénomènes d'anti-sélection et d'aléa moral. Outre ces facteurs, Jean-Marie Le Page

(2003) ajoute le développement des phénomènes de mimétisme et l'apparition de bulles financières. Au-delà de ces deux dernières théories, la théorie du mimétisme et celle de bulles financières, Masson (1998, 1999) fait le point sur « la contagion pure » à travers les modèles avec clause de sortie.

2.1 Les enchaînements propres aux marchés financiers

Dans cette veine, Olivier Lacoste (2009) distingue les mécanismes de propagation qui ne jouent qu'au sein d'un marché, de ceux qui en concernent plusieurs.

Au niveau des enchaînements au sein d'un même marché, la manière concrète dont se nouent les achats et les ventes sur le marché peut constituer une cause d'accélération des krachs. Cet effet peut jouer, que les transactions se fassent au comptant – les appels de marge[69] – ou qu'elles se fassent à terme, c'est-à-dire après un délai fixé par avance – la vente à découvert[70] –.

[69] Dans ce cas, un acheteur, qui entend spéculer à la hausse, peut acheter des actions en empruntant, contre intérêt, à son courtier les sommes correspondant à son achat. Cependant, il ne paie qu'une partie (appelée « marge ») de son acquisition en liquide. Pour le reste, il laisse ses actions en nantissement à son courtier. Toutefois, du fait de la baisse des cours, les actions laissées en nantissement deviennent insuffisantes. Les courtiers adressent donc aux clients un « appel de marge » pour obtenir de ceux-ci des liquidités supplémentaires. Faute de les obtenir, ils vendent une partie des actions laissées en garantie, approfondissant ainsi la dévalorisation des titres. Cf. Lacoste (Olivier), *op. cit.*, p. 88-89.

[70] Cette technique consiste à vendre aujourd'hui un titre qu'on ne possède pas en l'achetant – et en le payant – à terme (par exemple, dans un mois). Évidemment, celui qui procède à ce genre d'opération estime qu'il paiera moins cher son achat dans un mois que ce qu'il touche aujourd'hui de sa vente ; il anticipe une baisse. Si l'anticipation de baisse est partagée par un grand nombre d'investisseurs, la vente à découvert leur offre la possibilité de vendre massivement et de contribuer ainsi à la baisse qu'ils appellent de leurs vœux. En témoigne la chute des cours, due aux ventes à découvert, de Lehman Brothers,

Quant aux mécanismes de propagation entre marchés, Olivier Lacoste (2009) distingue deux types de contagion, à savoir : la contagion d'un marché financier à un autre et celle d'une zone du monde à une autre. La meilleure illustration du premier type est la chute des actions des pays asiatiques, en 1997, qui s'accompagnait de celle de leurs devises. Dans le second type, relatif à la contagion internationale et psychologique, l'exemple de la crise russe en 1998, avancé par le rapport n° 50 du CAE[71], est très signifiant. En effet, selon ce rapport, le décrochement brutal du rouble en 1998 a été suivi dans le mois suivant par une brutale chute, inexplicable par les fondamentaux, de 50 % de la bourse brésilienne alors que les liens entre le Brésil et la Russie sont capillaires et que les deux économies ont des structures économiques et financières très différentes. En outre, dans le but d'apporter plus d'éclaircissements à ce type de contagion, par exemple : si la bourse américaine baisse, on se dit que les entreprises françaises auront moins de débouchés aux États-Unis, ce qui justifie une baisse du CAC 40.

2.2 Le rôle majeur des banques dans la propagation de la crise

Nul n'ignore le rôle central du système bancaire dans la propagation et l'aggravation de la crise japonaise des années 1990, de la crise asiatique de 1997-1998 et de celle des *subprimes* en 2007-2008. En effet, lorsqu'une crise financière se déclenche, les banques fragilisées qui voient, à cause de l'effet « procyclique »[72] des normes comptables IAS/IFRS (International Accouting Standards/International

---

Morgan Stanley et Goldman Sachs lors de la crise financière en 2007. *Ibid.*, p. 89-90.

[71] Cf. Lacoste (Olivier), *op. cit.*, p. 91-92.

[72] Quand l'impact d'un mécanisme ou d'une politique est d'intensifier une évolution déjà en cours, les économistes parlent d'effet « procyclique ». Dans le cas contraire, il s'agit d'effet anticyclique. *Ibid.*, p. 96.

Financial Reporting Standards), leurs actifs se dévaloriser aussi vite que le marché, deviennent plus prudentes dans la distribution de leurs crédits et elles n'accordent presque plus de prêts : on parle alors de crédit crunch. De même, dans plusieurs des crises, les banques qui ne présentent que des problèmes de liquidité[73], comme les banques asiatiques lors de la crise de 1997 ou les banques en 2007-2008 qui n'arrivent plus à se refinancer, finissent par glisser vers l'insolvabilité[74]. En outre, quand chacun dans le public commence à se demander si sa banque ne va pas faire faillite avec l'avènement d'une crise financière et envisage de vider son compte bancaire, il contribue à la panique bancaire[75] en suscitant la suspicion sur tous les moyens de paiement et il risque, par conséquent, de faire voler en éclats tout le système.

2.3 Le rôle du commerce extérieur dans la contagion internationale

Un choc local, par exemple, une crise de change dans un pays, peut être transmis à d'autres pays à travers les liens commerciaux avec un marché tiers.

En effet, une dépréciation réelle dans le pays en crise accroit les importations et contracte les exportations de ses partenaires commerciaux à cause de la diminution des prix d'importation dans ces pays.

---

[73] L'illiquidité est le fait de ne pas avoir, à un moment donné, les fonds disponibles pour honorer un engagement. Cf. Lacoste (Olivier), *op. cit.*, p. 99.

[74] L'insolvabilité est le fait d'avoir trop de dettes par rapport à ses capacités de payer les créanciers. *Ibid.*, p. 99.

[75] *« Les ruées de déposants auprès du guichet de leur banque (en Argentine) se transforment en véritable panique bancaire en novembre 2001 et sont suivies du gel des dépôts bancaires (le corralito) au début de décembre et de la mise en place d'un contrôle des changes très restrictif. Le système de paiement est alors bloqué, ce qui a des conséquences immédiates sur la sphère réelle »*. Cf. Lemoine (Mathilde), Madiès (Philippe) et Madiès (Thierry), *op. cit.*, p. 452.

Résultat, la tendance vers l'épuisement des réserves des changes des pays partenaires peut alors engendrer une crise de change dans ces pays. En témoigne l'effet de la crise russe sur le Brésil, puis sur l'Argentine. On parle ici de l'« effet-prix » (ou « effet compétitivité prix »).

En outre, un « effet revenu négatif » dans les pays partenaires résulte de la contraction des débouchés vers le pays en crise. D'où un déficit commercial et une perte de réserve dans ces partenaires commerciaux qui peuvent être à l'origine du déclenchement d'attaques spéculatives dans ces pays. À titre d'exemple, le cas des pays asiatiques après la crise de 1997 illustre bel et bien cet « effet revenu négatif ».

2.4 Le rôle de l'asymétrie d'information

Les problèmes d'asymétrie d'information sur les marchés de capitaux impliquent des phénomènes d'anti-sélection et d'aléa moral. D'une part, le premier phénomène signifie qu'au-delà d'un certain niveau de taux d'intérêt, les bons emprunteurs quittent le marché, jugeant que de tels taux accroissent les risques de défaut de façon trop importante, alors que les mauvais emprunteurs subsistent[76]. D'autre part, selon Paul Krugman[77], le second phénomène existe lorsqu'une personne prend une décision relative à l'importance du risque futur sachant qu'une autre en supportera le coût en cas d'échec.

2.5 Le phénomène du mimétisme et l'éclatement des bulles financières

Selon Jean-Marie Le Page (2003), les crises financières de la fin du XXe siècle (en particulier la crise mexicaine, la

---

[76] *« Les crises mexicaine de 1994 et argentine de 2001 illustrent bien une telle situation »*. Cf. Lemoine (Mathilde), Madiès (Philippe) et Madiès (Thierry), *op. cit.*, p. 104.

[77] Cf. Krugman (Paul), *Pourquoi les crises reviennent toujours*, Les Éditions du Seuil, 2000, p. 90-95. Cf. Le Page (Jean-Marie), *op. cit.*, p. 105.

crise asiatique et même la crise turque) ont été marquées avant leur déclenchement par l'existence d'un engouement sur certains titres de pays émergents qui furent à l'origine d'entrées de capitaux massives dans ces pays. Puis à la suite d'un brutal retournement, ces économies ont été confrontées à des situations très défavorables sur les plans économique et financier. En effet, la théorie des bulles rationnelles ainsi que celle du mimétisme expliquent ces épisodes et montrent les mécanismes qui ont pu les engendrer. Cependant, les bulles rationnelles sont des explications de l'engouement pour un ou des titres ou encore pour des devises, alors que les modèles de mimétisme rendent compte aussi bien des phénomènes d'engouement (comme l'engouement pour les valeurs Internet avant le printemps 2000) que des vagues de pessimisme (comme la vague de pessimisme qui toucha les marchés financiers après la faillite du courtier en énergie Enron à la fin de l'année 2001 ou après le dépôt de bilan de l'entreprise de télécommunications Worldcom en juillet 2002)[78].

D'une part, les bulles rationnelles engendrées par l'existence temporaire d'écarts entre la valeur de marché d'un actif et sa valeur fondamentale[79], peuvent atteindre d'importantes proportions (voir *infra* section 5). Elles sont qualifiées de rationnelles car elles sont des solutions des équations qui déterminent les prix d'équilibre[80]. En effet, dans certaines circonstances, il peut être rationnel pour un agent d'acheter un actif à un prix supérieur à sa valeur

---

[78] Toutefois, la théorie du mimétisme se caractérise par son incapacité à déterminer la date d'éclatement d'une bulle financière. Cf. Le Page (Jean-Marie), *op. cit.*, p. 123-124.

[79] La valeur fondamentale d'un actif est égale à la somme actualisée des gains présents et futurs qu'il permet de réaliser. *Ibid.*, p. 113.

[80] Cf. Mignon (Valérie), *Marchés financiers et modélisations des rentabilités boursières*, Paris, Éditions Economica, 1998, p. 61. *Ibid.*, p. 113.

fondamentale s'il anticipe qu'il le revendra à un prix plus élevé à la période suivante. Il convient de noter également que les bulles rationnelles ne peuvent pas affecter n'importe quel type d'actif[81] (voir *infra* section 5 qui traite les conditions de leur existence).

D'autre part, les modèles de mimétisme mettent l'accent sur les comportements d'imitation qui peuvent caractériser les agents économiques sur les marchés financiers. Ils expliquent le comportement mimétique par quatre raisons[82] (voir aussi *infra* section 5). En premier lieu, l'agent imitateur non informé, cherchant à améliorer le taux de rendement de ses placements, a intérêt à imiter des investisseurs situés en amont et peut aller jusqu'à ignorer ses propres informations (c'est ce qu'on appelle dans la littérature un « modèle de cascades »). En second lieu, l'agent imitateur espère diminuer le risque associé à son intervention sur le marché. En troisième lieu, les gestionnaires de fonds sur les marchés financiers, ne pouvant afficher des résultats inférieurs à ceux de leurs concurrents, ont intérêt à suivre des décisions des autres pour pouvoir conserver leur part de marché et sauvegarder, par conséquent, leur niveau de rémunérations. En quatrième lieu, certaines pratiques des fonds spéculatifs institutionnalisent littéralement le mimétisme (par exemple : les *hedge funds* baptisés *« trend followers »*).

Dans le même ordre d'idées, les modèles d'attaques spéculatives auto-réalisatrices à l'Obstfeld (voir *infra* les modèles avec clause de sortie) imputent la multiplicité des équilibres à une perte de confiance des spéculateurs. Cette perte de confiance est véhiculée par une variable exogène dite « tache solaire » qui constitue une source de la

---

[81] *« Pour qu'une bulle spéculative puisse se développer, il faut donc que l'horizon de l'actif soit infini et sans condition terminale ».* Cf. Le Page (Jean-Marie), *op. cit.*, p. 113.
[82] *Ibid.*, p. 119-121.

coordination. Toutefois, une ambiguïté se manifeste sur la nature explicite de cette variable « tache solaire » et laisse indéterminé le véritable mécanisme qui conduit au déclenchement de l'attaque spéculative. Afin de surmonter cette indétermination, outre l'explication avancée par les modèles de mimétisme discutés ci-dessus dans un contexte d'asymétrie d'information[83], les modèles qui relient la variable « tache solaire » à un événement publiquement observable, voire à un élément endogène, cherchent à déterminer une complémentarité entre les fondamentaux et les « esprits animaux ». En effet, il existe une frange des variables macroéconomiques publiquement observables, qui coordonne les anticipations des acteurs en tant que variable « tache solaire », tandis que le saut de l'économie du bon équilibre (sans attaque spéculative) vers le mauvais équilibre (avec attaque spéculative) voire l'occurrence et le timing précis de la crise sont déterminés, selon Cornand (2005)[84], par les « esprits animaux ». De même, en utilisant un modèle non linéaire de bifurcation[85], Jeanne (1997) montre que dans les crises de change, les anticipations auto-

---

[83] D'après Calvo et Mendoza (1999), si les coûts de cette information excèdent les gains (une condition sur l'information disponible sur le marché), il est alors optimal que tous les investisseurs préfèrent le comportement moutonnier en imitant arbitrairement le sentiment du marché. Cf. Khallouli (Wajih), « La contagion des crises financières internationales : essais empiriques d'identification de la crise asiatique », Thèse de doctorat (NR) en sciences économiques, Spécialité : monnaie, finance et économie internationale, Université Lumière Lyon 2-CNRS-École normale supérieure LSH, présentée et soutenue publiquement le 2 mai 2007, p. 37.

[84] *Ibid.*, p. 38.

[85] *« En se référant à Azariadis (1993), Bratsioris et Robinson (2004) définissent la bifurcation par un État, dans un système caractérisé par les fondamentaux, où des petites perturbations engendrées par des valeurs critiques des paramètres affectant les fondamentaux, mènent à un changement dans le comportement dynamique du système ». Ibid.*, p. 38.

réalisatrices sont des résultats de la bifurcation dans les fondamentaux qui remplacent la variable « tache solaire » dans la coordination des anticipations des acteurs dans la polarisation sur l'équilibre d'attaque spéculative.

2.6 La contagion pure

Au-delà de la théorie des bulles rationnelles ainsi que celle du mimétisme, les modèles avec clause de sortie, dont le pionnier était Masson (1998, 1999), considèrent la contagion comme la conséquence d'une situation d'équilibres multiples. En effet, l'occurrence d'une crise dans un pays peut coordonner les anticipations des acteurs en les polarisant vers le mauvais équilibre avec attaques spéculatives. Masson qualifie cette crise auto-réalisatrice par la « contagion pure », car il s'agit d'une contagion qui n'est pas expliquée ni par des interdépendances avec le pays originaire de la crise, ni par des problèmes de fondamentaux du pays contaminé.

Masson (1999) avance trois explications de la contagion pure.

Primo, les modèles de « wake-up-call » montrent que l'occurrence d'une crise dans un ensemble de pays constitue un signal d'alarme (wake-up-call) qui incite les marchés financiers à réexaminer les données fondamentales des autres pays. En effet, cette crise provoque une prise soudaine et unanime de la mauvaise santé des fondamentaux des autres pays qui risquent alors de subir des effets de contagion. Dans le but d'illustrer ces modèles, on fait appel à la crise asiatique. À la veille de la crise, les investisseurs ne pensaient qu'au miracle asiatique. Toutefois, la crise en Thaïlande a été un signal d'alarme qui les a conduits à prendre conscience des faiblesses des systèmes financiers et bancaires du reste des pays de la région comme l'Indonésie, la Corée du Sud et la Malaisie. Cependant, il convient de signaler qu'en dépit de leurs sains fondamentaux, certains pays puissent être contaminés.

Ainsi, la similarité des fondamentaux ne constitue pas une explication convaincante de la contagion pure[86].

Secundo, en se basant sur la théorie du mimétisme, voire sur le rôle de l'asymétrie d'information et de l'hétérogénéité des investisseurs face à une crise dans le reste du monde, Masson (1999) met en évidence le mécanisme de la coordination des investisseurs qui mène à la contagion pure.

Tertio, le facteur risque joue un rôle important dans le rééquilibrage des portefeuilles des investisseurs. En effet, l'occurrence d'une crise dans un pays incite les investisseurs à se retirer d'un autre marché dont les actifs sont libellés en monnaie positivement corrélée avec la monnaie du pays originaire de la crise. Ce qui implique une augmentation de la prime du risque dans la fonction du rendement des actifs de ce marché et, par conséquent, un effet de contagion.

Étant donné que le phénomène du mimétisme et l'éclatement des bulles financières constituent des principaux facteurs de contagion des crises financières, il est bon d'expliquer la formation des bulles spéculatives dans un contexte d'asymétrie de l'information.

3. Les bulles spéculatives : formation, éclatement et modèles explicatifs

3.1 La définition de la bulle spéculative, sa formation et son éclatement

D'après Christophe Boucher et Hélène Raymond (2009), la bulle spéculative est un phénomène d'engouement spéculatif pour un actif, souvent, mais pas nécessairement, financier. Selon Jean-Marie Le Page (2003), Charles Kindleberger a proposé, dans son célèbre ouvrage intitulé

---

86 *« En particulier, lors de la crise mexicaine, la similarité des fondamentaux entre les principaux pays de la région (Mexique, l'Argentine et le Brésil) n'était pas vérifiée »*. Cf. Khallouli (Wajih), *op. cit.*, p. 54.

Manias, Panics and Crashes, une liste non exhaustive des actifs qui ont été au centre d'euphories spéculatives depuis 300 ans. Parmi ces actifs, on trouve l'or, l'immobilier (hôtels, condominiums, immeubles de bureau...), les terrains à construire, les devises, les nouvelles industries (aux États-Unis), les fusions et acquisitions d'entreprises, les investissements directs étrangers (par les entreprises américaines dans les années 1960 et par des entreprises américaines à partir de 1980), les placements à terme sur denrées et matières premières, les options d'achat et de vente, les sociétés entrant en Bourse. Par ailleurs, en s'inspirant de John Kenneth Galbraith[87], les célèbres épisodes spéculatifs sont : l'engouement pour les bulbes de tulipe en Hollande (1634-1637), la bulle sur les actions de la Compagnie du Mississippi (1720), celle sur les actions de la Compagnie des Mers du Sud (1720), celles sur les terres, l'immobilier et, plus tard, sur les chemins de fer (crise de 1873), l'engouement pour les valeurs des années folles (Radio Corporation of America, Ford...) qui a précédé le krach de 1929, la hausse de 243 % des valeurs cotées dans la Bourse de New York entre 1982 et 1987 ainsi que la bulle Internet de 1998-2000. Auxquels on ajoute la bulle immobilière de 1995-2006. Les bulles spéculatives ont pour objet une spéculation à la hausse du prix d'un actif, sur une phase d'appréciation suffisamment durable et déconnectée de l'économie réelle, dont la valeur constatée peut s'écarter à la hausse de celle fondamentale. Elles se caractérisent par une longue phase de hausse suivie par un dégonflement qui ramène les prix à leurs valeurs fondamentales. Leur formation et leur éclatement dépendent alors des anticipations sur les prix.

Selon Christophe Boucher et Hélène Raymond (2009), la bulle se caractérise par un écart croissant entre la valeur

---

[87] Cf. Galbraith (John Kenneth), *Brève histoire de l'euphorie financière*. Cf. Le Page (Jean-Marie), *op. cit.*, p. 122.

du marché de l'actif et sa valeur fondamentale évaluée à partir de ses déterminants économiques fondamentaux en dehors des anticipations auto-réalisatrices.

Toutefois, une soudaine chute des prix après une période de croissance, appelée également : un krach, une correction des cours, un réajustement, un assainissement, etc., reflète l'éclatement d'une bulle spéculative. En effet, cette bulle pointe son nez après la prise de conscience unanime sur la surévaluation et, par conséquent, son éclatement engendré par des ordres de vente massifs.

Selon son ampleur, l'éclatement d'une bulle spéculative peut prendre la forme, d'une part, d'un krach qui bute sur une crise circonscrite au marché touché ; et, d'autre part, d'un krach financier global qui provoque une crise systémique.

3.2 Les modèles explicatifs des bulles spéculatives

3.2.1 Les bulles spéculatives rationnelles

Selon la théorie des bulles rationnelles, tant que les anticipations des investisseurs sont validées par l'évolution ultérieure du prix ou leurs prévisions de ce dernier indiquent qu'il va rester croissant, l'investisseur a intérêt à parier sur la poursuite de sa hausse. Ces anticipations auto-réalisatrices sur la base d'information disponible rentrent dans la catégorie des anticipations rationnelles. Tandis qu'un pari trop tôt sur une correction à la baisse du prix peut engendrer des manques à gagner tant que la bulle se développe.

➢ **Les bulles de première génération**

D'après Olivier Blanchard et Mark Watson[88], fondateurs de la théorie des bulles rationnelles divergentes au début des années 1980, lorsque le prix d'un actif P_t dépend de sa

---

[88] Cf. Blanchard, O.-J. et Watson, M., « Bulles, anticipations rationnelles et marchés financiers », *Annales de l'INSEE*, n° 54, 1984, p. 79-99. Cf. Le Page (Jean-Marie), *op. cit.*, p. 114.

valeur future anticipée, il peut admettre une infinité de solutions correspondant à des bulles spéculatives.

Selon l'approche financière traditionnelle, l'expression du prix d'un actif, qui est égal à la valeur actuelle des flux de paiement attendu, s'écrit comme suit :

$$P_t = \frac{E_t(D_{t+1})}{(1+r)} + \frac{E_t(P_{t+1})}{(1+r)} \qquad (2.1)$$

Où : $E_t(.)$ est l'opérateur d'espérance mathématique conditionnelle à l'information disponible à la date t ;

$E_t(D_{t+1})$ est la prévision rationnelle du revenu (dividende) auquel donne droit l'actif ;

$E_t(P_{t+1})$ est le prix de revente anticipé ;

et r est le taux d'actualisation, c'est-à-dire le taux d'intérêt sans risque plus une prime de risque, supposée constante.

La relation (2.1) implique par récurrence que :

$$P_t = \sum_{i=1}^{T} \frac{E_t(D_{t+i})}{(1+r)^i} + \frac{E_t(P_{t+T})}{(1+r)^T} \qquad (2.2)$$

Deux cas sont alors à envisager. D'un côté, en l'absence de bulles spéculatives[89], le prix admet une seule solution, à savoir : la valeur fondamentale de l'actif F_t, qui est égale au premier terme dans la relation (2.2). Cette solution ne dépend que des déterminants fondamentaux, c'est-à-dire des dividendes actualisés. D'un autre, en présence de bulles spéculatives, le prix de l'actif admet une infinité de solutions qui correspondent à l'infinité de bulles spéculatives (B_t) possibles :

$$P_t = F_t + B_t$$

Où : La variable B_t est une bulle spéculative et les bulles rationnelles sont définies comme tout processus satisfaisant à la condition suivante : $E_t(B_{t+1}) = (1 + r)B_t$ avec $B_t \geq 0$.

Dans ce cas, la bulle s'accroit de façon exponentielle comme suit :

---

[89] On suppose que $\lim_{T \to \infty} \frac{E_t(P_{t+T})}{(1+r)^T} = 0$. Cf. Le Page (Jean-Marie), *op. cit.*, p. 114.

$$B_{t+1} = (1 + r)B_t + \varepsilon_{t+1} \text{ avec } E(\varepsilon_t) = 0$$

Toutefois, cette expression ne tient pas en compte l'éclatement de la bulle. De ce fait, d'après Jean-Marie Le Page (2003), on peut aussi écrire la solution du modèle sous la forme suivante suggérée également par Blanchard et Watson :

$B_{t+1} = (1 + r)\, q\, B_t + \varepsilon_{t+1}$ avec $E(\varepsilon_t) = 0\ \forall\ t$ et q une probabilité pour que la bulle continue ;

$B_{t+1} = \varepsilon_{t+1}$ avec une probabilité 1-q d'éclatement de la bulle.

Selon le même auteur, cette formulation du modèle signifie qu'à chaque période, soit la bulle augmente au rythme (1+r) avec une probabilité q, soit elle éclate et prend une valeur nulle avec une probabilité 1-q.

Il convient de noter qu'après son éclatement, la bulle devrait ensuite pouvoir croitre de nouveau à partir d'un aléa ε positif.

Par ailleurs, selon Christophe Boucher et Hélène Raymond (2009), Diba et Crossman (1988) remarquent que la spécification des modèles de première génération n'autorise pas la bulle à renaitre après son éclatement, car elle suppose la positivité du prix et réduit alors la bulle éclatée à un aléa continuellement nul.

Afin de rendre les bulles plus réalistes en permettant l'alternance de phases de booms et de krachs, des modèles de seconde génération ont été développés au début des années 1990.

- **Les bulles de seconde génération**

D'un côté, Kenneth Froot et Maurice Obstfeld (1991)[90] ont développé le modèle de bulles intrinsèques. Ces bulles dépendent de façon non linéaire des déterminants

---

[90] Cf. Froot (Kenneth A.) et Obstfeld (Maurice), "Intrinsic Bubbles: The Case of Stock Prices", *The American Economic Review*, vol. 81, n° 5, December 1991, p. 1189-1214. Cf. Le Page (Jean-Marie), *op. cit.*, p. 116.

fondamentaux. À l'instar des bulles rationnelles, celles intrinsèques s'accroissent de façon exponentielle et engendrent ainsi toujours une surévaluation croissante du prix par rapport à son niveau fondamental. De plus, les bulles intrinsèques ne disparaissent jamais complètement, mais peuvent décroitre passagèrement. En cas d'un ralentissement de la croissance des dividendes, un phénomène de sur-réaction peut momentanément corriger la surévaluation du cours de Bourse.

D'un autre, George Evans (1991)[91] a défini en 1991 un modèle des bulles strictement positives qui n'éclatent jamais au sens strict, mais diminuent périodiquement. Dans ce modèle, la bulle croît à un rythme exponentiel régulier au cours d'une première phase, voire d'un premier régime, jusqu'à un certain seuil α. Au-delà de ce seuil, elle passe à une seconde phase et a ainsi une probabilité p d'éclater tout en conservant une valeur positive δ. En d'autres termes, ces bulles strictement positives à plusieurs régimes augmentent rapidement en moyenne, mais peuvent ainsi temporairement se dégonfler.

➢ **Les conditions des bulles rationnelles**

Selon Tirole (1982, 1985)[92], une bulle spéculative rationnelle n'existe que lorsqu'elle croît à un rythme qui ne dépasse pas le taux de croissance de l'économie à long terme. Dans le cas où sa valeur dépasserait les richesses de l'économie, aucun spéculateur ne pourrait continuer à parier sur une hausse.

De même, les actifs dont le prix est borné, voire avec condition terminale, tels que les obligations, ne peuvent faire l'objet de bulles spéculatives rationnelles. En effet, à la date précédant immédiatement la date de remboursement

[91] Cf. Evans (George), "Pitfalls in testing for Explosive Bubbles in Asset Prices", *American Economic Review*, September 1991, p. 922-930. Cf. Le Page (Jean-Marie), *op. cit.*, p. 116.

[92] Cf. De Boissieu (Christian), *op. cit.*, p. 78.

où le prix est fixé, aucun spéculateur ne voudra parier sur la poursuite de la surévaluation. Résultat, la bulle liée à ces actifs avec condition terminale cesse donc dès la période qui précède la date de remboursement.

D'ailleurs, selon Jean-Marie Le Page (2003), pour qu'une bulle spéculative puisse se développer, il faut que l'horizon de l'actif soit infini et sans condition terminale. En effet, outre l'explication ci-dessus relative à la condition terminale, si l'horizon est infini, le spéculateur peut toujours espérer revendre l'actif et des phénomènes de spéculation peuvent se développer.

De plus, la bulle rationnelle ne peut jamais apparaitre qu'après un peu du temps de la création de l'actif. Néanmoins, elle doit être présente dès l'émission de l'actif avec un prix surévalué. Enfin, selon Christophe Boucher et Hélène Raymond (2009), dans les modèles de seconde génération, les bulles spéculatives sont de nature « congénitale », car même après leurs éclatements, elles ne disparaissent jamais complètement pour pouvoir se développer à nouveau.

3.2.2 Information imparfaite, mimétisme et bulles spéculatives

En postulant l'homogénéité parfaite des prévisions dès lors que l'information est identique pour tous les investisseurs, la théorie des bulles rationnelles n'explique pas la coordination des anticipations pour former une bulle spéculative.

Par ailleurs, selon la théorie du mimétisme, l'information disponible est distribuée de façon asymétrique entre les investisseurs, à cause de la diversité de ses modes d'accès, de stratégies de dissimulation des informations, de capacités de calcul limitées, etc. Cette théorie insiste alors sur l'asymétrie de l'information pour expliquer les comportements mimétiques entre les investisseurs. À titre d'exemple, les stratégies

« *momentum* », qui consistent à suivre la tendance du marché, conduisent les investisseurs, qui peuvent ignorer leurs propres informations, à vendre quand le prix baisse ou à acheter quand il monte et former ainsi une bulle spéculative.

Ainsi, le mimétisme peut se définir comme un ensemble de comportements individuels corrélés et non indépendants, voire de comportements d'imitations qui peuvent caractériser les agents économiques sur les marchés financiers. Il se produit quand un agent imite la décision d'un ou de plusieurs autres agents, sans accorder le poids approprié à ses propres informations, et peut modifier donc sa propre décision.

Ce courant théorique explique, pour mémoire, le comportement mimétique par trois raisons :

En premier lieu, compte tenu de la nature asymétrique de l'information et de la possibilité de détention d'information privilégiée par les autres participants, l'investisseur a intérêt à suivre le marché. C'est ce qu'on appelle, pour mémoire, dans la littérature un « modèle de cascades ».

En second lieu, les gestionnaires de fonds sur les marchés financiers, qui ne veulent pas afficher des résultats inférieurs à ceux de leurs concurrents, ont intérêt à suivre des décisions des autres pour pouvoir conserver leur part de marché et sauvegarder, par conséquent, leur niveau de rémunération dans le cadre de modèles principal-agent. Selon Christophe Boucher et Hélène Raymond (2009), sur le marché des OPCVM (Organisme de placements collectifs en valeurs mobilières), dans la relation principal-agent qui lie le gestionnaire de fonds à son employeur (le client du fonds), il peut être optimal pour ce dernier, en situation d'aléa moral (incertitude sur l'effort fourni) ou de sélection adverse (incertitude sur les compétences), de nouer un contrat où la rémunération du gestionnaire est liée à sa performance relative. Résultat, les gestionnaires de fonds préféreront ainsi suivre un groupe de référence ou un benchmark. Ce mode de gestion, *benchmarking*, est largement répandu et contribue à l'homogénéisation des pratiques.

En troisième lieu, selon la théorie du mimétisme autoréférentiel d'André Orléan (1989), les investisseurs ne se fondent plus sur une référence extérieure au marché comme la valeur fondamentale mais sur une donnée produite par le marché lui-même, à savoir : l'opinion majoritaire des investisseurs, surtout lorsque le paiement qu'un d'entre eux reçoit en adoptant une action augmente avec le nombre d'investisseurs qui adoptent cette même action (externalités de paiement). L'exemple du « concours de beauté » avancé par John Maynard Keynes, dans son célèbre ouvrage : *Théorie générale de l'emploi, de l'intérêt et de la monnaie* (1936), constitue la meilleure illustration de cette raison. Dans ce concours, le gagnant était celui qui a su choisir les six jolis visages parmi une centaine de photographies en s'approchant le plus de la sélection moyenne opérée par l'ensemble des participants. Toutefois, dans un contexte d'information asymétrique, un actif peut avoir différentes valeurs fondamentales selon les différentes prévisions des dividendes futurs formées par les spéculateurs. Dans un tel contexte, Allen, Morris et Postlewaite (1993)[93] proposent deux définitions de bulles, à savoir : la « bulle au sens faible » (*expected bubble*), qui existe lorsque la valeur de l'actif est supérieure à toutes les valeurs fondamentales espérées par les spéculateurs, et la « bulle au sens fort » (*strong bubble*), qui existe lorsqu'aucune réalisation de dividendes ne peut justifier un prix aussi élevé. D'une part, une « bulle au sens fort » n'existe que lorsqu'une « bulle au sens faible » existe.

[93] Cf. De Boissieu (Christian), *Les systèmes financiers : mutations, crises et régulation*, 3e édition Economica, 2009, p. 82.

D'autre part, elle existe à l'équilibre quand chaque spéculateur pense que les autres intervenants n'ont pas conscience de la « bulle forte ». C'est-à-dire la théorie du mimétisme, à l'inverse de la théorie des bulles rationnelles en information parfaite qui considère l'existence des bulles comme une « connaissance commune » (*common knowledge*), considère l'existence des bulles comme une « connaissance mutuelle » (*mutual knowledge*) partagée par tous les agents sans le savoir.

3.2.3 Les bulles comportementales et limites à l'arbitrage

D'après Christophe Boucher et Hélène Raymond (2008), outre les investisseurs rationnels, l'approche appliquant les modèles comportementaux met en avant l'existence d'investisseurs ignorants (*noise traders*) qui achètent et vendent des actifs sur la base de croyances erronées.

D'un côté, selon la théorie de l'efficience des marchés, la présence de ces investisseurs ignorants n'a pas d'impact sur les prix d'actifs, car les investisseurs rationnels arbitrent lorsqu'ils observent le moindre écart entre le prix observé et la valeur fondamentale, c'est-à-dire ils vendent les titres surévalués et ils achètent ceux sous-évalués. D'un autre, d'après le courant de la finance comportementale, l'arbitrage des investisseurs rationnels, qui reste risqué et limité, ne peut pas ramener les cours jusqu'à leur valeur fondamentale et l'irrationalité des investisseurs ignorants peut ainsi avoir un impact substantiel et durable sur les cours.

Afin d'éclaircir cette conclusion, l'approche de la finance comportementale avance quatre raisons. En premier lieu. Selon De Long *et alii* (1990)[94], l'arbitrage s'avère risqué quand il n'existe pas de substitut proche au titre mal valorisé ou lorsque tout le marché est mal valorisé. En second lieu, des achats massifs des investisseurs ignorants

[94] Cf. De Boissieu (Christian), *op. cit.*, p. 83.

peuvent accroitre à court terme la surévaluation. D'après Shleifer et Vishny (1997)[95], cette croissance à court terme de la surévaluation peut être engendrée aussi par des investisseurs rationnels tels que les gérants d'OPCVM et de *hedge funds* qui, quelquefois, se trouvent amenés à retarder leurs opérations d'arbitrage afin de contrecarrer l'impact de pertes même temporaires sur les souscriptions de leur fonds. En troisième lieu, l'arbitrage peut induire certains coûts de transactions substantielles tels que les commissions, les *spreads bid-ask* ou le coût lié à la recherche d'informations sur la valorisation des sociétés. En dernier lieu, les investisseurs rationnels trouvent des difficultés à synchroniser leurs actions pour éliminer la surévaluation, car aucun d'eux ne peut anticiper facilement le moment où les autres investisseurs vont vendre l'actif surévalué et contrarier ainsi la bulle[96]. Ils peuvent donc préférer « jouer »[97] la bulle plutôt que d'essayer de la contrarier.

C'est vrai que nous venons de présenter des théories explicatives du cycle financier ainsi que des bulles spéculatives. Cependant, il nous reste encore à exposer celles explicatives des crises monétaires, voire des crises de change.

4. Les thérapeutiques des crises financières

---

[95] Cf. De Boissieu (Christian), *op. cit.*, p. 83.

[96] Dans cette situation, chacun des investisseurs rationnels fait alors face au même dilemme : attaquer la bulle trop tôt et se priver des profits tirés de l'accroissement de la surévaluation sous l'effet des investisseurs chasseurs de tendance ; attaquer la bulle trop tard et rester investi dans l'actif surévalué au moment où la bulle éclate. *Ibid.*, p. 83-84.

[97] Dans ce cas, le marché s'apparente alors à un jeu et personne n'est incité à sortir de ce jeu en premier même si tous savent qu'il se terminera tôt ou tard. *Ibid.*, p. 84.

4.1 Les moyens pour contrarier les effets des crises financières

Par souci de clarté, Olivier Lacoste (2009) distingue, d'une part, la mobilisation de la politique monétaire et, d'autre part, l'utilisation de la politique budgétaire.

En effet, selon Christophe Boucher et Hélène Raymond (2009), Milton Friedman et Anna Schwartz, dans leur monumentale *Histoire monétaire des États-Unis*, ont révélé les méfaits de la politique monétaire très restrictive de la FED sur l'économie réelle après la crise de 1929[98]. À l'inverse de cette crise, la politique monétaire a été expansionniste avec la crise des *subprimes* en 2007 lorsque la BCE et la FED ont injecté des liquidités dans leurs systèmes bancaires dès août 2007[99]. Par ailleurs, grâce à John Maynard Keynes dont les prescriptions en matière fiscale en cas de dépression n'étaient pas connues en 1929, la politique budgétaire a été, elle aussi, expansionniste et non déflationniste avec la crise financière de 2007-2008. Cependant, les interventions des autorités monétaires durant les crises financières peuvent engendrer un risque d'aléa moral en incitant les acteurs à prendre davantage de risques.

4.1.1 La mobilisation de la politique monétaire

---

[98] Certes, la crise financière de 2007-2008 est d'une ampleur exceptionnelle. Néanmoins, la crise de 1929 reste pleine d'enseignements sur ce qu'il convient de faire ou de ne pas faire. En effet, Ben Bernanke, le président de la FED, a consacré l'essentiel de ses recherches universitaires à l'analyse de la crise de 1929 à la Hoover Institution de Stanford puis à Princeton.

[99] *« Dès le 9 août 2007, la BCE injecte 95 milliards d'euros sur le marché monétaire au jour le jour (établissant un nouveau record après les 64 milliards injectés suite au 11 septembre 2001). Le même jour, la FED n'injecte "que" 24 milliards de dollars, suivis de 38 milliards le lendemain ».* Cf. Artus (Patrick), Betbèze (Jean-Paul), De Boissieu (Christian), Capelle-Blancard (Gunther), *De la crise des subprimes à la crise mondiale*, La documentation française, 2010, p. 98.

Depuis les années 1980, le dogme voudrait que la politique monétaire soit uniquement affectée à la stabilité des prix. Dans les faits, le dogme est mis de côté en cas d'urgence et on constate :

➢ **Un refinancement massif par la banque centrale**

Les banques centrales disposent d'au moins trois moyens pour ouvrir le robinet des liquidités.

- *Premier moyen* : *baisser les taux d'intérêt (les taux directeurs).*

Cette détente monétaire fournit un refinancement moins cher aux banques. En effet, selon Patrick Artus, Jean-Paul Betbèze, Christian De Boissieu et Gunther Capelle-Blancard (2010), la FED a fortement baissé son taux objectif qui est passé de 5,25 % au début de l'été 2007 à 2,25 % fin mars 2008, afin de réduire l'effet de la crise financière de 2007-2008 sur la croissance. Durant la même période, elle a ramené aussi son taux d'escompte de 6,25 à 2,50 % et elle a réduit ainsi l'écart entre le taux des *Fed funds* et le taux d'escompte à 0,25 % contre 1 % normalement. Elle a poursuivi ce mouvement jusqu'à ramener, en décembre 2008, son taux directeur au niveau le plus bas de son histoire entre 0 et 0,25 %.

- *Deuxième moyen* : *augmenter les montants du refinancement accordés aux banques commerciales* (*augmenter la durée des prêts ainsi que leur montant*). Cela accroit le stock d'argent « banque centrale » injecté dans le système bancaire.

La meilleure illustration de ce moyen est la nouvelle mesure de la politique monétaire : *quantitative easing*[100]. C'est une *« politique de gonflement volontaire des bilans des banques centrales par rachat d'actifs aux banques ou*

[100] Non traduit en français.

même, plus directement, au secteur non financier »[101]. Il s'agit d'un processus de refinancement illimité, des banques commerciales par la banque centrale, à un taux fixé. En effet, la BCE a financé, en juin 2009, à 1 % plus de 442 milliards d'euros en un an. De même, la FED a racheté, pour plus de 1 000 milliards de dollars, des billets de trésorerie d'entreprise, des crédits hypothécaires des « agences » (Fannie Mae et Freddie Mac)[102] et un ensemble d'ABS[103] plus ou moins toxiques. Résultat, le gel des

---

[101] Le gonflement spectaculaire du bilan des banques centrales s'est traduit brutalement après la faillite de Lehman Brothers : de 900 milliards de dollars en septembre 2008 à 2 530 milliards de dollars (en mars 2011) par la FED ; de 1 157 milliards d'euros (début septembre 2008) à 1 953 milliards d'euros (en mars 2011) pour la BCE ; de 80 milliards de livres (en 2007) à 245 milliards de livres (en mars 2011) pour la banque d'Angleterre. Cf. Jacquillat (Bertrand) et Lévy-Garboua (Vivien), *op. cit.*, p. 90.

[102] Fannie Mae, créée en 1938 par le Congrès américain, rejointe par Freddie Mac en 1970, sont deux entités parapubliques ou paraprivées qui ont été le bras armé de toutes les administrations gouvernementales américaines pour garantir et développer les prêts immobiliers. Leur rôle consiste à acheter leurs crédits à ceux qui les ont consentis, et soit les conserver dans leur bilan, soit les titriser et les vendre avec une garantie plus ou moins implicite à d'autres investisseurs. Le livre blanc de l'administration Obama, sorti début 2011, préconise la disparition graduelle de Fannie et Freddie d'ici la fin de la décennie. *Ibid.*, p. 42.

[103] Asset Backed Securities (ABS) signifient littéralement « titres garantis par des actifs ». Il s'agit de titres indexés sur la valeur d'un actif sous-jacent ou d'un portefeuille d'actifs similaires non négociables sur les marchés de capitaux, par exemple, des crédits immobiliers ou des créances commerciales. L'appellation des ABS varie en fonction de la nature des actifs sous-jacents : on parlera de Mortgage Backed Securities (MBS) pour la titrisation de crédits hypothécaires, et, plus précisément, de Residential Mortgage Backed Securities (RMBS) pour la titrisation des crédits immobiliers résidentiels, ou de Commercial Mortgage Backed Securities (CMBS) pour la titrisation de crédits immobiliers commerciaux. Cf. Sousi-Roubi (Blanche), avec la collaboration de Dussart (Sébastien) et Marmoz (Frank), *op. cit.*, p. 16.

crédits interbancaires a été contourné et, par conséquent, la crise de liquidité a été évitée.

Toutefois, la principale difficulté, précisément, est de distinguer, dans les faits, les situations d'illiquidité des cas d'insolvabilité. Un second problème tient à l'apparition possible d'un aléa moral. Si les banques savent que, de toute façon, elles auront un filet de sécurité, elles seront tentées de prendre des risques excessifs.

- *Troisième moyen* : *assouplir les procédures de refinancement, utiliser des méthodes « non conventionnelles »*

En temps de crise, les banques se sont montrées moins regardantes à la fois sur la garantie, apportée à leurs prêts (la liste limitée des collatéraux – les titres les plus sûrs – s'ouvre, en temps de crise, à des titres présentant un plus grand risque) et sur la qualité du prêteur (pendant la crise des *subprimes*, la FED a ouvert l'escompte aux banques d'investissement, alors qu'il était en principe réservé aux seules banques de dépôt)[104].

4.1.2 L'utilisation des finances publiques

Si une crise financière implique une crise bancaire, le risque ultime est que celle-ci dégénèrera en panique bancaire. Il convient à tout prix d'éviter cette éventualité, faute de quoi l'économie risque d'être paralysée. Des mécanismes sont bien prévus pour limiter la probabilité d'occurrence d'une telle situation. Outre la réglementation

---

[104] En effet, selon Patrick Artus, Jean-Paul Betbèze, Christian De Boissieu et Gunther Capelle-Blancard (2010), la FED propose en mars 2008, d'une part, les TSLF (*Term Securities Lending Facility*) qui permettent aux banques d'échanger des bons du Trésor contre des titres adossés à des créances hypothécaires (MBS) ; et, d'autre part, les PDCF (*Primary Dealer Credit Facility*) qui permettent à d'autres acteurs du marché que les banques de dépôt de se refinancer à la fenêtre de l'escompte pour 24 heures et qui abrogent ainsi la séparation entre banques de dépôt et banques d'investissement héritée du *Glass Steagall Act*.

dite « prudentielle », différentes dispositions ont pour finalité ultime d'éviter que le public ne s'inquiète de la situation des banques. En France, il convient d'en mentionner au moins deux : une « invitation » faite aux actionnaires ainsi qu'un fonds de garantie des dépôts.

Par conséquent, l'État ne peut se désintéresser des risques systémiques dans le secteur bancaire. À côté du prêteur en dernier ressort, il doit agir en « financeur » ou en « payeur » en dernier ressort. Selon les cas, son intervention emprunte différentes formes.

- **Les modalités de soutien du secteur bancaire par l'État**

Les finances publiques sont appelées au secours des banques selon trois modalités principales qui peuvent coexister.

- *Première modalité : le refinancement en liquidités*

L'État peut aider les banques à surmonter leurs problèmes de liquidités, c'est-à-dire les aider à trouver du refinancement sur le marché monétaire.

Dans ce cas, il apporte sa garantie aux banques, voire il lève lui-même des fonds sur le marché (le cas de la crise des *subprimes)*.

- *Deuxième modalité : l'apport de capitaux propres aux banques par l'État*

Provoquée par la crise financière de 2007-2008, la nationalisation, une prise de contrôle partielle ou totale d'établissements financiers par les États, a été nécessaire[105]. Aux États-Unis, d'une part, Fannie Mae, Freddie Mac, AIG

[105] À l'instar des autres mesures d'aide des gouvernements, la nationalisation a été aussi accompagnée du changement des dirigeants, de l'application de nouvelles règles sur les rémunérations des CEO's et des principaux responsables, de la promesse de nouvelles normes éthiques et, dans certains cas, d'un engagement de financer l'économie et de ne pas se contenter d'empocher l'argent. Cf. Jacquillat (Bertrand) et Lévy-Garboua (Vivien), *op. cit.*, p. 98.

et Citi ont été nationalisées ; et, d'autre part, un programme sans précédent de recapitalisation a été mis en place. De même, en Angleterre, outre des prises de participation, il y a eu aussi la nationalisation de Northern Rock, de Bradford and Brigley et de Royal Bank of Scotland. Aussi, en Islande, les trois premières banques ont été nationalisées. Aux Pays-Bas et en Belgique, a été le tour de Fortis. Encore, en 2010, l'Irlande a dû nationaliser ses trois principales banques, etc.

Toutefois, ces nationalisations ou ces prises de participations, après la remise sur le marché des banques nationalisées ou recapitalisées, apporteront des plus-values aux États et retourneront ainsi au contribuable ce qu'il a demandé avec intérêt.

- *Troisième modalité : le rachat par l'État des actifs « pourris » qui encombrent le bilan des banques.*

En temps de crise, les actifs des banques se dégradent. La solution consiste ici à les acheter (c'est le sens du plan Paulson et c'est aussi ce qui avait été fait au Japon en 1998 pour le système bancaire, ou en France pour le Crédit Lyonnais). En effet, afin de pallier la crise des *subprimes* en 2007, le Trésor américain avait encouragé le secteur privé à créer une structure de défaisance professionnelle, voire un super SIV (*Structured Investment Vehicle*) pour procéder au rachat des créances toxiques du système bancaire américain. Cependant, il était difficile d'évaluer ces complexes et hétérogènes actifs. De même, le plan Paulson (TARP pour *Troubled Asset Relief Program*) voté par le Congrès américain au début du mois d'octobre 2008, une autre structure de défaisance dotée de 700 milliards de dollars, envisageait l'achat de créances hypothécaires et produits assimilés toxiques aux institutions financières américaines. Toutefois, sa mise en œuvre n'avait pas pu aboutir. En conséquence, le Trésor américain voulait renflouer capitalistiquement les banques plutôt que de racheter leurs actifs et le plan Paulson I est devenu ainsi le Plan Paulson II. En effet, l'État achetait des actions préférentielles couplées éventuellement à des warrants.

En outre, afin de racheter aux banques les actifs toxiques qu'elles portaient encore à leurs bilans, Geithner proposait le 23 mars 2009, à travers son *Public Private Investment Program* (PPIP), une structure de défaisance qui se basait, dans un premier temps, sur un investissement conjoint du secteur public et du celui privé ; et, par conséquent, dans un second temps, sur des prêts apportés par le Trésor via le FDIC[106].

➢ **Le soutien de l'activité réelle**

Les effets de la crise ne restent pas cantonnés au secteur financier. Les finances publiques sont aussi appelées à la rescousse pour soutenir l'activité réelle. Face à une crise financière, le soutien des finances publiques semble d'abord limité aux effets directs de la crise puis, à mesure que celle-ci se généralise et que les gouvernements révisent leur opinion initiale, ce soutien devient de plus en plus large (le cas de la crise des *subprimes*).

Toutefois, il convient de noter que les crises des années récentes ont eu des coûts élevés sur le plan budgétaire.

4.2 Les moyens de prévention des crises financières

Si on pense que dans sa nature même, la finance actuelle est condamnée à la séquence « emballement-crise », toutes les suggestions de régulation ne pourront pas interdire l'instabilité, mais tout juste l'amortir.

4.2.1 Le renforcement de la surveillance des acteurs de la finance

[106] En 1934, le Federal Deposit Insurance Compagny (FDIC) a été mis en place aux États-Unis afin de recevoir des garanties de dépôts et pallier, par conséquent, les paniques bancaires. Cf. Jacquillat (Bertrand) et Lévy-Garboua (Vivien), *op. cit.*, p. 97.

➢ Une réglementation bancaire contraignante

La réglementation dite « prudentielle » vise à s'assurer de la solidité du système financier. Elle ne s'applique qu'aux banques et aux assurances, et pas aux autres acteurs de la finance. Son principe est d'améliorer la solvabilité des banques afin d'empêcher les risques du système. Manifestement, elle n'a pas su empêcher le déclenchement de la crise des *subprimes*. En effet, les régulations prudentielles ont été contournées par la titrisation. Il faudrait donc inventer un dispositif de plus en plus contraignant au fur et à mesure que le crédit s'accroit. À cette fin, certains auteurs, comme Michel Aglietta dans *La crise*, proposent d'imposer aux banques de passer, par anticipation, des provisions, c'est-à-dire de constater comptablement des pertes, dans des montants qui croissent avec leurs engagements. Ce « provisionnement », en dégradant les comptes bancaires, aurait donc vocation à ralentir leur distribution de crédits dans les périodes de vaches grasses. René Ricol[107] suggère par ailleurs, dans son rapport sur la crise financière mondiale qui liste des propositions pour sortir de cette crise et qui a été remis au président de la République française en septembre 2008, d'étudier la mesure suivante : *« L'obligation qui pourrait être donnée aux banques de conserver une partie des encours titrisés à leur bilan, ce qui les obligerait à se livrer à une analyse approfondie et continue des risques sous-jacents qu'elles ont aujourd'hui largement abandonnée »*. Mais il ajoute qu'il faudrait que les banques ne contournent pas cette réglementation.

En outre, d'après Bertrand Jacquillat et Vivien Lévy-Garboua (2011), la crise financière de 2007-2008 a rendu l'autorégulation bancaire nécessaire, pour aller dans le sens

[107] Un expert-comptable et un commissaire aux comptes.

de l'intérêt général[108], mais pas suffisante, à cause de l'absence d'un régulateur qui peut décider le changement des règles du jeu dont ont bénéficié, par exemple, Fannie Mae et Freddie Mac ou les banques d'investissement.

Toutefois, selon ces auteurs, les régulateurs des banques et des marchés de chaque pays sont apparus parfois dispersés et leur champ de compétence mal défini. Il faut donc des regroupements et des mises en commun autour d'un triptyque : régulateur des marchés, contrôle des banques, banque centrale. En outre, le champ de la réglementation est étendu à de nouveaux acteurs : agences de notation, *hedge funds*, fonds de *private equity*.

En avril 2009, le sommet du G20 a repris les recommandations du rapport de Larosière de mars 2009 qui a préconisé, à l'échelle européenne et à l'intérieur du processus Lamfalussy, la création dès 2010 d'un organisme de supervision européen, doté de pouvoirs contraignants, des régulateurs nationaux. Résultat, l'*European Banking Authority* (EBA), chargée de coordonner les régulateurs européens, a été créée début 2011.

➢ **Une bonne gouvernance des banques**

D'après Bertrand Jacquillat et Vivien Lévy-Garboua (2011), la gouvernance d'une entreprise est l'ensemble des règles, des systèmes d'incitations et de sanctions ainsi que des délégations de pouvoir. De débats sur la gouvernance des entreprises individuelles, durant la période « post-Enron », on est passé, avec la crise des *subprimes*, à ceux sur la gouvernance des institutions financières.

D'habitude, le Conseil d'administration des grandes banques s'appuie sur un comité d'audit en charge de contrôle, un comité des comptes, qui supervise la qualité

---

[108] *« Les rapports Corrigan et de l'Institute of International Finance, élaborés en 2008, fournissent un socle de bonnes pratiques pour les banques »*. Cf. Jacquillat (Bertrand) et Lévy-Garboua (Vivien), *op. cit.*, p. 94.

des résultats, et un comité des rémunérations, responsable de la rémunération des dirigeants et de la mise en place d'un système d'incitations : bonus, actions gratuites, stock-options, etc. Toutefois, le troisième comité aligne le mieux possible les intérêts du management sur ceux des actionnaires.

En effet, avec la crise financière de 2007-2008, la gouvernance des grands établissements financiers a été corrompue par un contrôle trop lâche des opérations et un traitement excessivement favorable de certains dirigeants.

➢ **Un contrôle interne des banques**

Outre le contrôle externe assuré par les commissaires aux comptes et les régulateurs, la banque doit disposer d'un contrôle interne qui veille au respect des lois et règlements par ses opérations, à la transparence de ses comptes ainsi qu'à une revue de ses risques. En France, une réglementation du contrôle interne stipule la distinction entre l'audit, qui assure une inspection périodique dans les diverses entités de la banque, et le contrôle « permanent », qui est intégré dans le processus même des métiers. Parmi les bases de ces contrôles, on trouve : l'indépendance des contrôleurs, l'exhaustivité du contrôle, la nécessité d'une documentation des contrôles effectués et la proportionnalité des contrôles aux risques pris.

En effet, ces contrôles s'effectuent à trois niveaux, à savoir : le niveau des opérationnels, celui des responsables du contrôle permanent et celui de l'audit qui se charge de contrôler le résultat des contrôles effectués.

En l'occurrence d'une crise financière, les contrôles doivent lutter contre les fraudes, valoriser des produits en vérifiant les estimations des opérations de marché du *front* et *middle office*, et enfin veiller au respect des règles et procédure en matière de risques. Aussitôt, les faiblesses de contrôle peuvent avoir des conséquences très graves. En témoignent les épisodes de la Société Générale, qui a perdu

4,82 milliards d'euros à cause de son opérateur Jérôme Kerviel (affaire Kerviel en 2008), et du Crédit suisse, qui a perdu 1,5 milliard de francs suisses dans des valorisations erronées.

- **Un Stress test**

Vus le jour après l'occurrence de la crise financière de 2007-2008, les *stress tests* ou tests de résistance servent à explorer les conséquences des crises de grande ampleur. Il s'agit d'imaginer des scénarios, caractérisés par des paramètres (les taux d'intérêt, la hausse des prix des matières premières, etc.), de les lier avec le risque de crédit ou la valorisation des portefeuilles de titres et d'évaluer ainsi l'impact de ces chocs sur les résultats d'une banque ou d'un établissement financier. En mars 2009, cette méthode a été mise en œuvre aux États-Unis, avec près de 250 milliards de dollars du (TARP), afin de rassurer les marchés sur la solidité de leurs banques et calibrer les augmentations de capital nécessaire après la catastrophe post-Lehman. Puis mis en place, en juin 2011 après la crise grecque, en Europe, ce test, appliqué à 99 banques, a mis en évidence la défaillance de sept banques. Toutefois, des banques irlandaises, qui ne figuraient pas parmi elles, étaient nationalisées. En conséquence, la transparence qui devient exigeante, s'impose aux régulateurs et les *stress tests* doivent choisir minutieusement à qui ils doivent s'appliquer. Aussitôt, un nouveau *stress test* a démarré en Europe, après la crise des dettes souveraines de pays « périphériques », pour rassurer les marchés.

- **Une garantie des dépôts**

Dans le but de protéger les banques contre des retraits massifs et des *banks runs* ou paniques bancaires, la garantie des dépôts a vu le jour, en 1934, par l'institution de la *Federal Deposit Insurance Company* (FDIC) aux États-Unis. Puis, après la débâcle des *Savings & Loans*, elle s'est étendue aux *Credit Unions* en 1970. Naguère introduite en

Europe, cette garantie fait défaut dans de grands pays comme la Chine. Afin d'uniformiser les régimes de garanties des dépôts au sein de l'Union européenne, la Commission européenne a fixé la garantie minimum à 50 000 euros. Cependant, cette garantie des dépôts pourrait créer un aléa moral fort qui pourrait être un facteur de crise.

➢ **Les concentrations bancaires**

Provoquées par la crise financière de 2007-2008, les fusions ont été le fruit de la nécessité. Les États ou les régulateurs les ont suscitées ou encouragées et les ont favorisées à l'intérieur de leurs pays et entre acteurs nationaux.

➢ **La supervision des fonds d'investissement**

Puisque les fonds d'investissement agissent en partie comme des banques, en prenant au moins autant de risques dans leurs engagements et en s'endettant massivement, un certain nombre d'experts proposent que la supervision prudentielle, qui s'applique aux banques, soit étendue aux fonds d'investissement.

Selon Olivier Lacoste (2009), cette proposition est considérée, jusqu'à présent, comme taboue, notamment par le Royaume-Uni.

4.2.2 L'action sur les incitations

➢ **La réforme des agences de notation**

Les agences de notation essuient de nombreux reproches. D'abord, elles ne verraient pas arriver les krachs à l'avance. Ensuite, une fois la crise déclenchée, elles sur-réagissent en « dégradant » brutalement les émetteurs, en d'autres termes, en abaissant la note qu'elles accordent aux entreprises qui empruntent sur les marchés. Elles auraient donc un rôle procyclique néfaste en amplifiant les mouvements de panique. Enfin, étant chargées de noter les crédits titrisés et payées sur leur volume, elles avaient intérêt, durant la bulle qui précédait la crise des *subprimes*, à ne pas être trop critiques. Il y aurait donc eu un « conflit d'intérêts ». Selon Olivier Lacoste (2009), peut-être faut-il choisir entre deux solutions extrêmes :

- Soit on considère que l'opinion émise par ces agences constitue une sorte de bien public. Dans ces cas, il faut les nationaliser ou alors créer une agence publique au niveau européen ;
- Soit on estime que la puissance publique sort de son rôle si elle donne des avis sur la solidité financière des entreprises. Dans ce cas, il faut amplifier la concurrence sur le marché de la notation. Pourquoi alors ne pas favoriser l'apparition de nouvelles agences sur le marché de la notation, par exemple, en rendant moins restrictives les conditions d'entrée, voire en démantelant et « tronçonnant » les agences actuelles ? Comme le souligne le rapport n° 50 de CAE : *« Il ne faut pas se cacher que ces dispositions seront difficiles à mettre en œuvre car elles se heurtent à l'opposition résolue des agences de notation et requièrent l'appui des autorités américaines ».*

➢ La réforme des rémunérations des professionnels dans l'industrie financière

Le bonus, une rémunération variable des opérateurs des métiers financiers, peut être nul ou positif, mais jamais négatif. Ayant les mêmes caractéristiques d'une option[109], dont le prix est fonction de la volatilité du sous-jacent, le bonus encourage ainsi les opérateurs de marché à prendre des positions risquées. D'après Bertrand Jacquillat et Vivien Lévy-Garboua (2011), ce bonus, qui se résume selon Olivier Lacoste (2009) au calcul : *« pile, je gagne ; face, la banque perd »*, était l'un des éléments de la palette des incitations perverses qui ont gangrené l'économie durant la crise financière de 2007-2008.

---

[109] Dont à la fois la prime et le prix d'exercice seraient nuls. Cf. Jacquillat (Bertrand) et Lévy-Garboua (Vivien), *op. cit.*, p. 100.

Pour pallier ces incitations perverses, Myron Scholes, consultant chez Salomon Brothers[110], avait fait adopter, au début des années 1990, un nouveau plan de rémunération pour les opérations et des dirigeants. Ce plan consistait à ventiler les bonus en deux parts, à savoir : une part minoritaire en cash tous les ans et une autre part dans un compte individualisé, investi en titres Salomon Brothers et gelé pendant une période comprise entre trois et cinq ans, qui fournit la possibilité d'en déduire des bonus négatifs, voire la possibilité de restitution *(clawback)*.

➢ **La réforme des normes comptables**

La valorisation des actifs au prix du marché permet de s'endetter plus facilement dans les phases de hausse, donc amplifie l'effet de levier et la spirale spéculative. Elle rend immédiate, dans les phases de baisse, la dégradation des bilans des banques, voire pousse celles-ci à procéder à de nouvelles ventes. Il faut donc tenter de limiter cet effet procyclique.

Selon le rapport n° 78 du CAE, *« il ne s'agit pas de remettre en cause le principe de la "fair value"*[111]*, mais d'élargir le champ des exceptions. Il faudrait notamment assouplir les règles de comptabilisation en valeurs de marché pour certains investisseurs en leur permettant de lisser leurs plus ou moins-values latentes sur plusieurs années dans les cas où les titres sont détenus jusqu'à*

---

[110] Absorbé par Citigroup en 1990. Cf. Jacquillat (Bertrand) et Lévy-Garboua (Vivien), *op. cit.*, p. 100.

[111] La *fair value* est la juste valeur marchande obtenue par un acheteur et par un vendeur pour un actif avec l'hypothèse que l'acheteur et le vendeur ont une connaissance raisonnable des conditions du marché. La *fair value* est un concept qui peut s'appliquer aussi bien au prix de vente associée à une entreprise qu'au prix d'un instrument librement échangé entre deux parties. Le concept de *fair value* est un des concepts fondamentaux utilisés dans les normes comptables IFRS. Cf. http://www.trader-finance.fr/lexique-finance/definition-lettre-F/Fair-value.html

l'échéance ». De même, le rapport sur la crise financière mondiale de René Ricol fait mention d'une solution comparable pour les périodes de crise. D'ailleurs, face à des marchés illiquides, Olivier Lacoste (2009) signale la proposition d'autoriser le reclassement de certains actifs du *trading boock,* qui sont susceptibles d'être vendus sur le marché, en titres de long terme, avec l'accord d'un consensus international, si la notion de marché illiquide peut être définie de façon précise.

4.2.3 L'amélioration de la gouvernance financière internationale

Les propositions de réformes qui viennent d'être énumérées manqueraient d'efficacité si elles n'étaient pas mises en œuvre, de façon coordonnée, par plusieurs pays. Ce besoin de coopération pour réguler les activités financières concerne non seulement le niveau international mais aussi l'échelon européen.

- **La redéfinition de la gouvernance mondiale**

  - *L'intégration de nouveaux acteurs à la gouvernance mondiale*

Il faut à présent tenir compte de la nouvelle hiérarchie des nations et de l'importance grandissante de certains grands pays émergents. Ceux-ci méritent certainement d'être associés aux réunions qui se tiennent régulièrement au niveau mondial entre les grands argentiers et les ministres des Finances, voire entre les ministres des pays qui sont sortis vainqueurs de la Seconde Guerre mondiale.

  - *Le renforcement du rôle du FMI dans le maintien de la stabilité financière*

L'Union européenne souhaite renforcer le FMI en matière d'amélioration du fonctionnement des marchés financiers et de réduction des risques systémiques. Avant le G20 du 15 novembre 2008, les représentants européens partaient négocier avec la proposition suivante : *« Confier au FMI un rôle central dans une architecture financière plus efficace. La mission de prévention des crises financières relèvera du FMI, qui dispose de la légitimité et de l'universalité nécessaire pour devenir de plus en plus le pivot d'un système international rénové. À cette fin, son rôle sera mieux articulé avec celui du "Forum de stabilité financière" qui rassemble les autorités monétaires et financières et diverses organisations internationales (comme le FMI ou l'OCDE) »*[112].

- *La chasse aux paradis fiscaux*

Les paradis fiscaux et les places « off-shore » constituent une source d'évasion fiscale et une perte de recette pour la plupart des États. Ainsi, suite à l'approfondissement de la crise des *subprimes*, un mouvement de réaction en Europe a semblé se dessiner. Le 21 octobre 2008, lors d'une réunion de l'OCDE, les ministres allemand et français ont lancé de vives attaques contre les paradis fiscaux et l'évasion fiscale.

En résumé, une nouvelle gouvernance mondiale, provoquée par la crise financière de 2007-2008, devrait s'articuler sur trois piliers, à savoir : le G20 qui se charge d'orchestrer le gouvernement économique et financier du monde en donnant l'engagement et l'impulsion politiques, le FMI qui, outre son rôle de gendarme des déséquilibres financiers internationaux, doit veiller, avec les banques de développement, à ne pas laisser les pays les plus pauvres trop à la traîne, ainsi que le Conseil de stabilité financière *(Financial Stability Board)*, regroupant les principales banques centrales, qui se charge de la coordination des réglementations régionales et nationales, et de la détection des fragilités.

[112] Cf. Lacoste (Olivier), *op. cit.*

4.2.4 Le ralentissement des marchés financiers

- **L'instauration d'un système des chambres de compensation dans le marché de gré à gré**

En l'occurrence de la crise financière de 2007-2008 et à l'instar des marchés organisés, ceux de gré à gré (*over the counter*) ont eu besoin de renforcer leurs infrastructures par le système des chambres de compensation.

En effet, la chambre de compensation sélectionne soigneusement ses adhérents, les courtiers, et leur demande au départ un fonds de garantie. Lorsque le courtier, un *broker dealer* envoie ses ordres à la chambre de compensation, cette dernière fait un *netting*, une compensation des ordres, et se porte contrepartie de chacun de ces ordres. En conséquence, le risque de la chambre, qui se dispose de fonds propres collectés auprès de ses adhérents, se substitue à celui de contrepartie de chacun des courtiers. Résultat, ces chambres de compensation, au plus fort de la crise, ont montré leur efficacité. En témoignent leurs reprises des opérations, dont Lehman était contrepartie, et leur débouclage sans perte significative. Au dire de Bertrand Jacquillat et Vivien Levy-Garboua (2011), les chambres de compensation sont devenues l'*alpha* et l'*oméga* de la sécurité des marchés, et les régulateurs veulent les imposer non seulement pour les opérations sur les bourses organisées mais aussi pour celles de gré à gré.

- **La limitation de la volatilité des mouvements internationaux de capitaux**

Pour prévenir les crises de change, il a été suggéré de ralentir le marché des changes. Il s'agit de *« mettre les grains de sable dans les rouages trop huilés de la finance internationale »*[113], selon l'expression de James Tobin, prix Nobel d'économie en 1981. Peu après l'éclatement du système de Bretton Woods, il conseillait d'instaurer un

[113] Cf. Lacoste (Olivier), *op. cit.*

prélèvement de faible montant, entre 0.05 et 1 %, sur les transactions de change. Il s'agissait de décourager les allers et retours multiples des capitaux à très court terme, sans affecter les transactions de change liées au commerce ou aux investissements à long terme. La taxe Tobin n'a été mise en œuvre dans aucun pays.

Selon Olivier Lacoste (2009), une autre expérience de réglementation de la circulation des flux internationaux de capitaux est parfois mise en avant. Il s'agit de la politique menée par le Chili entre 1991 et 1998. Ce pays a imposé aux investisseurs de mettre, en réserves obligatoires, une partie des entrées de capitaux autres que les investissements directs. Appelé *Enaje,* ce système freinait les entrées de capitaux à court terme.

- **Le freinage de la Bourse**

Selon Olivier Lacoste (2009), il faudrait « gripper » les marchés par l'introduction des impôts de Bourse, afin d'en diminuer, durant les temps d'euphorie, la liquidité nécessaire pour que l'investisseur final prenne un risque.

Conclusion du chapitre 2

Au niveau des acteurs des récentes crises financières, les banques centrales doivent surveiller aussi les prix des actifs financiers et mener des politiques monétaires proactives durant la formation des bulles spéculatives. En outre, hormis le Japon et la Grande-Bretagne, les États-Unis et la France connaissaient, jusqu'à la récente crise financière, une fragmentation de leurs régulations financières nationales. Cependant, les régulateurs de ces pays ont tissé naguère des regroupements et des coopérations, aussi bien au niveau national qu'au niveau international, afin d'atteindre une plus grande efficacité de leur surveillance. Il convient de noter aussi le rôle important des lois bipartisanes, telles que : le *Glass-Steagall Act* en 1933, le *Gramm-Leach-Bliley Act* en 1999, le *Sarbanes-Oxley Act* en 2002 et le *Dobb-Frank Act* en 2010, qui ont introduit de nouvelles réglementations dans le système financier américain. De plus, les agences de notation avaient, avec la crise des *subprimes* en 2007, du mal à apprécier des titres financiers complexes. Il faut ainsi entamer une réforme de ces agences. De même, les dirigeants des banques ont laissé se développer des métiers à risque.

À l'échelle des facteurs de la contagion des crises financières, les enchainements sur les marchés financiers, la contagion par les banques, la propagation des chocs à l'économie réelle, les problèmes d'asymétrie d'information sur les marchés de capitaux, le développement du phénomène de mimétisme ainsi que l'apparition de bulles financières constituent des mécanismes de propagation des crises financières.

Quant aux bulles spéculatives, elles s'expliquent, d'une part, par la théorie des bulles rationnelles qui avance que l'investisseur aura intérêt de parier sur la poursuite de la hausse du cours si ses anticipations sont validées par l'évolution ultérieure de ce cours ; et, d'autre part, par la théorie du mimétisme qui avance, sur la base de l'asymétrie de l'information, que l'agent économique sur le marché financier imite la décision d'un ou de plusieurs autres agents, voire suit la tendance du marché, sans accorder le poids approprié à ses propres informations.

Afin de pallier l'instabilité financière, il serait bon, d'un côté, de mobiliser la politique monétaire proactive et d'utiliser aussi la politique budgétaire ; et, d'un autre, de renforcer la surveillance des acteurs de la finance, d'agir sur les incitations par : la réforme des agences de notation, celle des rémunérations des professionnels dans l'industrie financière ainsi que celle des normes comptables, d'améliorer la gouvernance financière internationale et de ralentir les marchés financiers.

CHAPITRE 3. Les méthodes économétriques de la mesure de la contagion des crises financières

Introduction du chapitre 3

Afin de mener à bon escient l'étude économétrique de la contagion des crises financières de grande ampleur, le présent chapitre présente le cadre méthodologique des méthodes économétriques retenues, à savoir : le modèle à correction d'erreur non linéaire, le coefficient de corrélation ajustée et le modèle DCC-GARCH.

Selon Granger et Lee (1989) ainsi qu'Escribano et Pfann (1998), le modèle à correction d'erreur (ECM) linéaire, qui se base sur l'hypothèse de l'unicité de l'équilibre de long terme ainsi que sur celle de la symétrie de l'ajustement par rapport à l'équilibre, n'est pas conforme à la réalité économique caractérisée par l'existence de situations asymétriques, telles que : la stabilité et la crise, voire d'une multiplicité des équilibres. Afin de modéliser cette réalité, l'ECM non linéaire scinde le terme de correction d'erreur Z_{t-1}, de l'ECM linéaire en deux éléments Z_{t-1}^{+} et Z_{t-1}^{-}, qui représentent respectivement l'équilibre de crise et celui de stabilité (Ouchen, 2013).

Le modèle DCC-GARCH (Dynamic Conditional Correlation-Generalized Autoregressive Conditional Heteroskedasticity) est aussi une autre méthode économétrique susceptible de supputer les contagions des crises financières. Considérée comme une extension du modèle des corrélations conditionnelles constantes proposé par Bollerslev (1990), la spécification des corrélations conditionnelles dynamiques développée par Engle (2002) s'effectue en deux étapes. En premier lieu, des spécifications GARCH univariées sont estimées pour chaque série séparément. En second lieu, les corrélations dynamiques sont estimées à partir des résidus standardisés issus de la première étape.

Outre l'ECM non linéaire et le modèle DCC-GARCH, le coefficient de corrélation corrigée du biais d'hétéroscédasticité permet également de supputer la contagion d'une crise financière entre le marché du pays épicentre de cette crise et celui d'un autre pays (Forbes et Rigobon, 2001).

Avant de présenter le modèle à correction d'erreur non linéaire (2), le coefficient de corrélation ajustée et le modèle DCC-GARCH (3), il convient de prime abord de donner un bref aperçu des travaux empiriques portant sur les crises financières de grande ampleur (1).

1. Un bref aperçu des travaux empiriques sur les crises financières de grande ampleur

D'un côté, il y a une première génération des travaux empiriques antérieurs à la crise asiatique de 1997-1998, à savoir : Frankel et Rose (1996), Sachs, Tornell et Velasco (1996), Kaminsky, Lizondo et Reinhart (1998) et Demirgüç-Kunt et Detragiache (1998).

L'étude de Frankel et Rose (1996)[114], qui porte sur 100 pays en voie de développement et 117 crises de change et qui utilise un modèle Probit d'estimation de la probabilité d'une crise de change sur la période 1971-1992, constitue un des tests les plus complets du modèle théorique dit de « première génération ». Elle fait apparaître un ensemble de variables susceptibles d'expliquer les crises de change, à savoir : les réserves de change, la croissance du crédit domestique, le taux d'intérêt étranger, la part des IDE dans le total de la dette, la surévaluation du change, la part de la dette concessionnelle et la part de la dette publique dans la dette totale externe. Toutefois, ni le déficit public, ni le déficit du compte courant ne semblent être des facteurs majeurs de crise de change.

---

[114] Cf. Dehove (Mario), « Crises financières : deux ou trois choses que nous savons d'elles », *Conseil d'Analyse économique*, 2003, p. 85-90.

En outre, l'étude de Sachs, Tornell et Velasco (1996), qui se limite à 20 pays émergents et qui ne porte que sur la crise mexicaine, repose explicitement sur l'hypothèse que les facteurs des crises financières sont temporellement instables et utilise la variation d'un index de crise (IND) entre novembre 1994 et avril 1995. Elle montre que le taux de croissance du crédit bancaire au secteur privé/PIB, le ratio M2/réserves ainsi que le misalignement du change constituent des variables significatives dans l'explication des crises de change. Tandis que le déficit de la balance courante ainsi que le déficit des comptes courants sont impuissants à expliquer les crises de change.

Quant à l'étude de Kaminsky, Lizondo et Reinhart (1998), elle met en œuvre, sur 20 pays et sur la période 1970-1995, pour la première fois la méthode des indicateurs avancés alias la méthode des signaux. Sur la base de 15 indicateurs testés, le ratio taux des prêts/taux des dépôts, les dépôts bancaires et les importations constituent les variables susceptibles d'expliquer les crises de change. Par ailleurs, cette étude exclut cinq signaux : le taux de change réel, les crises bancaires, les exportations, les prix des actifs et le ratio M2/réserves.

L'étude de Demirgüç-Kunt et Detragiache (1998)[115] est la première étude systématique des crises bancaires. Elle utilise, sur 65 pays et sur des données annuelles de la période 1984-1994, un modèle Logit d'estimation économétrique de la probabilité pour une économie de subir une crise bancaire. Elle confirme empiriquement le rôle essentiel d'un ensemble de variables dans le développement des crises bancaires, à savoir : le taux de croissance, celui d'intérêt réel, celui d'inflation, le ratio M2/réserves, le PIB

---

[115] Outre cette étude macro, des études micro (les travaux de Miotti et Plihon (2000)) mettent l'accent sur l'analyse de la fragilité des banques individuelles et les facteurs de leur faillite. Cf. Dehove (Mario), *op. cit.*, p. 355.

par tête, l'existence d'une assurance sur les dépôts ou l'indice d'État de droit. Cependant, la croissance du crédit, le taux de dépréciation du change, le déficit public ainsi que le reflux des capitaux étrangers n'expliquent pas significativement l'occurrence des crises bancaires. La première étude détaillée des crises jumelles a été faite par Kaminsky et Reinhart (1999) sur le même échantillon et sur la même période que l'étude ci-dessus mise en œuvre par Kaminsky, Lizondo et Reinhart (1998) dans l'étude des crises de change. Elle fait ressortir que les meilleurs indicateurs des crises jumelles sont : le multiplicateur M2, le ratio crédit domestique/PIB, le taux d'intérêt réel, le ratio M2/réserves, les exportations, le taux de change réel, les réserves, le différentiel de taux d'intérêt réel et le PIB.

D'un autre, une seconde génération de travaux, postérieure à la crise asiatique, utilise davantage les variables de stocks (bilan et patrimoine) que les travaux de la première génération ainsi que des méthodes réduisant les fragilités des estimations dues aux nombreuses et fortes colinéarités entre les variables, et tend à distinguer les crises de solvabilité des crises de liquidité. Quatre études empiriques marquantes se sont engagées dans ces voies. En premier lieu, l'étude de Stone et Weeks (2001), qui porte sur les crises de change et les crises bancaires et sur 49 pays, utilise la méthode Probit ainsi que la méthode « Décision-Théorie-Approche (DTA) »[116], qui permet le traitement de la difficile question des colinéarités, sur des données annuelles et sur la période 1992-1999. Elle montre que la taille du secteur manufacturier *(current ratio)*, le ratio M2/réserves et l'indicateur de contagion sont des facteurs explicatifs de la probabilité de crise. En deuxième lieu,

---

[116] Cette méthodologie économétrique permet d'intégrer des indicateurs de structure financière du secteur bancaire mais aussi du secteur des entreprises. Elle permet également de traiter en même temps les crises bancaires et les crises de change. Cf. Dehove (Mario), *op. cit.*, p. 361.

l'étude de Burkart et Coudert (2000) introduit la dimension régionale des crises de change et utilise, sur 15 pays et sur des données trimestrielles de la période 1981-1998, la méthode des indicateurs avancés. Cette étude montre que six indicateurs sont statistiquement significatifs : le ratio M2/réserves, celui de réserves/dette totale, celui de dette à court terme/dette totale, la surévaluation du change effectif réel, l'inflation et l'indicateur de contagion régionale. En troisième lieu, l'étude du FMI (1998) applique, à des données mensuelles de la période 1975-1997 et à 50 pays dont 20 pays industriels, la méthodologie des indicateurs avancés ainsi que la méthode Probit. Elle montre que le taux de change réel, le ratio M2/réserves, la croissance du crédit domestique, le prix des actifs (pour les pays industriels) et les termes de l'échange (pour les pays en développement) sont des facteurs explicatifs de la probabilité de crise. Tandis que le déficit budgétaire ne constitue pas un facteur majeur de crise de change. En dernier lieu, l'étude de Cartapanis, Dropsy et Mametz (2002), qui porte sur les crises de change et sur 6 pays d'Asie (Inde, Indonésie, Malaisie, Philippines, Corée, Thaïlande) et qui applique des modèles structurels à des données trimestrielles de la période 1976-1997 (2e trimestre), montre que la surévaluation cumulative et instantanée, le ratio dette/exportations, la contagion pure, le ratio M2/réserves (en variation) et LIBOR constituent les indicateurs susceptibles d'expliquer les crises de change. Toutefois, cette étude exclut deux signaux : les déséquilibres fiscaux et la fragilité bancaire.

Par ailleurs, l'étude de Kaminsky (2006) utilise la méthode *Classification and Regression Tree* afin de classer 96 crises de change dans 20 pays entre 1970 et 2001. Elle innove une approche synthétique qui, par rapport aux travaux ci-dessus, prend en considération la nature protéiforme des crises et le problème de la non-linéarité. À titre d'exemple, les retournements des marchés financiers sont des causes importantes des crises après la libéralisation financière, alors que c'est le compte courant qui est au cœur de ces crises avant la libéralisation financière. En outre, afin de prévoir les conséquences à long terme de la crise des *subprimes* de 2007, Reinhart et Rogoff (2008) utilisent une démarche historique et comparent cette crise aux principales crises bancaires depuis la Seconde Guerre mondiale dans les pays occidentaux. Ces deux auteurs dénombrent dix-huit crises dont cinq très importantes touchant respectivement les pays suivants : Espagne en 1977, Norvège en 1987, Finlande et Suède en 1991 et Japon en 1992. À ces crises, ils ajoutent également la crise bancaire norvégienne de 1899 et la crise de 1929. Ils mettent en évidence que chacune de ces crises est précédée d'une forte augmentation du prix des actifs. Ils concluent que les conséquences des crises bancaires sont : la baisse des prix de l'immobilier de 35 % sur six ans, celle des cours boursiers de 55 % sur une période de trois ans et demi, l'augmentation du taux du chômage, en moyenne, de 7 points sur une période de quatre ans ainsi que l'explosion de la dette publique de plus de 86 % pour les crises qui ont eu lieu après la Seconde Guerre mondiale.

Dans le but de proposer les méthodes économétriques susceptibles de mener à bon escient l'étude empirique des crises financières, il est bon de présenter d'abord le modèle à changement de régimes de Markov qui permet la détection de leurs avènements.

2. L'approche du modèle à correction d'erreur non linéaire

Dans une approche du modèle à correction d'erreur non linéaire, on vérifie, dans un premier temps, la stationnarité des séries ainsi que leurs ordres d'intégration. Dans un deuxième temps, on introduit la théorie de la cointégration qui permet d'estimer le modèle à correction d'erreur linéaire. Dans un dernier temps, on en déduit le modèle à correction d'erreur non linéaire (Ouchen, 2008, 2013).

2.1 La cointégration : ordre d'intégration d'une série et définition

2.1.1 Propriétés de l'ordre d'intégration d'une série

Selon S. Lardic et V. Mignon (2002), il y a quatre grandes propriétés des séries intégrées :

- Si $X_t \sim I(d)$, alors $a + bX_t \sim I(d)$ où a et b sont des constantes, avec $b \neq 0$.
- Si $X_t \sim I(0)$ et $Y_t \sim I(0)$, alors $aX_t + bY_t \sim I(0)$ où a et b sont des constantes.
- Si $X_t \sim I(0)$ et $Y_t \sim I(1)$, alors $aX_t + bY_t \sim I(1)$ où a et b sont des constantes avec $b \neq 0$ (I(1) est la propriété dominante).
- Si $X_t \sim I(d_1)$ et $Y_t \sim I(d_2)$, alors en général $aX_t + bY_t \sim I(\max(d_1, d_2))$ où a et b sont des constantes non nulles[117].

2.1.2 Définition de la cointégration

On considère deux séries X_t et Y_t dont les processus sont I(d). Leur combinaison linéaire : $Z_t = Y_t - aX_t$ est en général I(d). Cependant, elle peut être I(d-b) où $b > 0$. Autrement dit, $Y_t, X_t \sim CI(d, b)$ avec $b > 0$. On dit alors que X_t et Y_t sont cointégrées, avec a : le paramètre de cointégration et [1,-a], le vecteur de cointégration[118].

Bien que X_t et Y_t puissent avoir une évolution divergente, à cause de leur nature non stationnaire, à court terme, ces variables, étant cointégrées, divergent ensemble à long terme, du fait de leur combinaison linéaire

[117] Cf. Lardic (Sardine) et Mignon (Valérie), *Économétrie des séries temporelles macroéconomiques et financières*, Economica, Paris, 2002, p. 212.

[118] Le cas le plus fréquent correspond aux deux séries X_t et Y_t intégrées d'ordre un I(1), c'est-à-dire d = b = 1. On dit qu'elles sont cointégrées lorsqu'il existe une combinaison linéaire stationnaire (I(0)) des deux séries.

stationnaire, et ne s'éloignent pas trop l'une de l'autre[119]. Il existe donc une relation d'équilibre, appelée relation de cointégration.

Dans le cas général à N variables, on considère X_t le vecteur à N composantes, noté : $X_t = [X_{1,t} X_{2,t} \dots X_{N,t}]'$, dont toutes ses composantes sont intégrées d'ordre d, I(d). On dit que les N variables sont cointégrées, c'est-à-dire $X_t \sim CI(d, b)$ avec $0 < b \leq d$, s'il existe un vecteur de cointégration : $\alpha = [\alpha_1 \alpha_2 \dots \alpha_N]'$ de dimension (N, 1), tel que : $\alpha' X_t$ soit intégrée d'ordre (d-b).

2.2 Le modèle à correction d'erreur linéaire général

2.2.1 Présentation des modèles à correction d'erreur

D'après Mohamed Ait Oudra (1997), on assiste, dans un cas de cointégration, à un enchaînement de situations de déséquilibres à court terme qui convergent vers une situation d'équilibre à long terme. C'est la raison pour laquelle il est nécessaire de chercher un processus d'ajustement. D'où le recours aux « modèles à correction d'erreur » rendus populaires par David Hendry sous le terme général d'ECM (Error correction models). En effet, le modèle à correction d'erreur, décrivant ainsi un processus d'ajustement, combine deux types de variables. D'une part, des variables en différence première (stationnaires) qui représentent les évolutions de court terme. D'autre part, des variables en niveau, voir Z_t ci-dessous, sous forme d'une combinaison linéaire

---

119 C'est « *une force économique* », selon l'expression de Granger C. W. (1986), qui les relie donc à long terme, de manière qu'elles ne s'écartent pas durablement d'une relation d'équilibre même si elles présentent des déséquilibres à court terme. Cf. Dor (Éric), *Économétrie*, Pearson Education France, 2004, p. 203, et Ait Oudra (Mohamed), « Les modèles VAR cointégrés : Applications à quelques variables macroéconomiques marocaines », mémoire de DES en sciences économiques, septembre 1997, p. 74.

stationnaire de variables non stationnaires dans le but de tenir compte du long terme.

Si deux variables X_t et Y_t sont CI(1,1), alors le modèle à correction d'erreur s'écrira comme suit :

$$\Delta Y_t = \gamma_1 Z_{t-1} + \sum_i \beta_i \, \Delta X_{t-i} + \sum_j \delta_j \, \Delta Y_{t-j} + \varepsilon_{Y_t} \quad (3.1)$$

$$\Delta X_t = \gamma_2 Z_{t-1} + \sum_i \beta_i' \, \Delta X_{t-i} + \sum_j \delta_j' \, \Delta Y_{t-j} + \varepsilon_{X_t}$$

Où : ε_{Y_t} et ε_{X_t} sont deux bruits blancs. $Z_t = Y_t - aX_t$ est le résidu de la relation de cointégration entre X_t et Y_t[120].

Les coefficients γ_i (i = 1,2) représentent la force de rappel vers la cible de long terme, donnée par la relation de cointégration, et $|\gamma_1| + |\gamma_2| \neq 0$ constitue la condition sine qua non du retour à l'équilibre.

Il est important de noter que c'est la présence de la variable Z_{t-1} qui fait la différence entre le modèle à correction d'erreur et le modèle VAR usuel (VAR (Sims (1980)))[121].

Remarque : D'après S. Ambapour et C. Massamba (2005), on peut réécrire de façon simple le modèle à correction d'erreur, ci-dessus, comme suit :

$$\Delta Y_t = \gamma_1 Z_{t-1} + \text{lagged}\,(\Delta X_t, \Delta Y_t) + \varepsilon_{Y_t} \quad (3.2)$$

$$\Delta X_t = \gamma_2 Z_{t-1} + \text{lagged}\,(\Delta X_t, \Delta Y_t) + \varepsilon_{X_t}$$

2.2.2 Le théorème de représentation de Granger

Énoncé par Granger (1981), ce théorème met en évidence le lien entre cointégration et modèle à correction d'erreur.

D'après ce théorème, si un vecteur X_t, constitué de N variables, est CI(1,1), alors X_t admet une représentation à correction d'erreur[122] sous la forme suivante :

---

[120] Cf. Lardic (Sardine) et Mignon (Valérie), *op. cit.*, p. 214.

[121] *« VAR cointégré = VAR (Sims (1980)) + Terme à correction d'erreur »*. Cf. Ait Oudra (Mohamed), *op. cit.*, p. 82.

[122] Ce théorème peut aussi être interprété dans le sens inverse : « Si un processus stochastique multivarié peut être généré par la représentation

$$A(L)(1-L)\,X_t = -\gamma\, Z_{t-1} + \varepsilon_t \quad (3.3)$$
$$\text{ou } A(L)\,\Delta X_t = -\gamma\, Z_{t-1} + \varepsilon_t$$

Où : $Z_t = \alpha' X_t$ est un vecteur de variables stationnaires et représente l'écart par rapport à l'équilibre. A (L) est le polynôme matriciel en L d'ordre fini, A(0) = I (matrice identité) et $\gamma \neq 0$.

On constate que le modèle ECM n'intègre que des variables stationnaires, du fait que : $\Delta X_t \sim I(0)$ et $Z_t \sim I(0)$.

Il est également important de noter que le terme Z_{t-1} est nul dans la situation d'équilibre et il est différent de 0 pendant celle de déséquilibre.

En résumé, la représentation de Granger établit que la forme ECM-VAR, alias VAR cointégré, est la bonne spécification du modèle VAR dans le cas de variables cointégrées.

2.3 La cointégration bivariée et l'estimation du modèle à correction d'erreur linéaire : l'approche d'Engel et Granger

2.3.1 Méthode d'estimation en deux étapes

L'approche d'Engel et Granger (1987) propose une méthode d'estimation à deux étapes d'un ECM. Étant caractérisée par sa simplicité de mise en œuvre, cette technique n'est valable que pour les séries CI(1,1).

Soient X_t et Y_t deux séries intégrées d'ordre un, I(1), et l'estimation par les MCO de la relation de long terme indique une stationnarité du résidu.

Donc, les séries X_t et Y_t sont notées : CI (1,1).

Ainsi, nous pouvons estimer le modèle à correction d'erreur en deux étapes :

- **Première étape : Estimation de la relation du long terme par la méthode des MCO**

On estime alors la relation :

$$Y_t = \alpha + \beta X_t + Z_t \quad (3.4)$$

ECM, alors les composantes de ce vecteur sont cointégrées ». Cf. Ait Oudra (Mohamed), *op. cit.*, p. 80.

Où : Z_t est le terme d'erreur.

Il est important de noter ici que l'estimation des MCO (α, β) converge vers sa vraie valeur si les variables sont cointégrées[123].

Si les variables sont cointégrées, on passera alors à la seconde étape.

➢ **Seconde étape : Estimation du modèle à correction d'erreur par la méthode des MCO**

On estime alors la relation du modèle dynamique :

$$\Delta Y_t = \gamma_1 Z_{t-1} + \sum_i a_i \Delta X_{t-i} + \sum_j b_j \Delta Y_{t-j} + \varepsilon_t \qquad (3.5)$$

Où : ε_t est un bruit blanc et Z_{t-1} est le résidu estimé de la relation de long terme retardé d'une période :

$Z_{t-1} = Y_{t-1} - \alpha - \beta X_{t-1}$[124]

Constituant la force de rappel vers l'équilibre, le coefficient γ doit être significativement positif, sinon il convient de rejeter une spécification de type ECM.

En outre, les tests usuels (de type Fisher ou Student) de significativité des paramètres caractérisant la dynamique de court terme peuvent être utilisés dans la seconde étape du fait que tous les termes intervenant dans (3.5) sont I(0).

Toutefois, avant de passer à la seconde étape, il est indispensable de vérifier que les séries X_t et Y_t sont bien cointégrées. Il s'agit de vérifier si les résidus de la relation (3.4) sont bien stationnaires[125]. C'est la raison pour laquelle on recourt aux tests de cointégration.

2.3.2 Les tests de cointégration entre deux variables

D'après R. Bourbonnais (2004, 2009), le test de cointégration entre deux variables X_t et Y_t se déroule en deux étapes.

---

[123] D'après Stock (1987), il s'agit d'un estimateur super convergent. Cf. Lardic (Sardine) et Mignon (Valérie), *op. cit.*, p. 221.

[124] *Ibid.*, p. 221.

[125] Si Z_t n'est pas stationnaire, voire X_t et Y_t ne sont pas cointégrées, alors la relation (3.4) sera une régression fallacieuse. Sinon elle sera une relation de cointégration.

Dans un premier temps, on vérifie que X_t et Y_t sont intégrées de même ordre, condition nécessaire de cointégration, sinon on arrête la procédure et il n'y a pas de risque de cointégration.

Dans un second temps, si la condition nécessaire est vérifiée, on estimera par les MCO la relation de long terme entre les variables : $Y_t = \alpha + \beta X_t + Z_t$ et on vérifiera la stationnarité du résidu estimé Z_t[126] à l'aide des tests CRDW, DF et ADF[127].

- **Le test CRDW (Cointegration Regression Durbin Waston)**

Ce test consiste à calculer la statistique de Durbin-Waston (DW) de la relation de long terme.

$$DW = \frac{\sum_{t=2}^{T}(Z_t - Z_{t-1})^2}{\sum_{t=1}^{N} Z_t^2} \qquad (3.6)$$

La règle de décision est la suivante :

- si DW tend asymptotiquement vers 0 ($DW \rightarrow 0$), on acceptera l'hypothèse nulle H_0 d'absence de cointégration et le résidu Z_t n'est pas stationnaire ;
- si $DW \rightarrow 2$, c'est-à-dire l'absence d'autocorrélation des résidus, on rejettera H_0.

- **Les tests de Dickey-Fuller (DF) et DF augmenté (ADF)**

Ces tests vérifient l'existence d'une racine unitaire dans les résidus estimés Z_t de la relation de long terme :

$$Z_t = Y_t - \alpha - \beta X_t \qquad (3.7)$$

- Dans le cas du test DF, on estime la relation :

$$\Delta Z_t = \phi Z_{t-1} + U_t \qquad (3.8)$$

---

[126] Dans le cas de stationnarité de Z_t, on accepte l'hypothèse alternative H_1 de la cointégration (ou on rejette l'hypothèse nulle H_0 d'absence de cointégration).

[127] Il convient de noter qu'il existe d'autres tests, à savoir : les tests RVAR (Restricted VAR) et ARVAR (Augmented RVAR) et les tests UVAR (Unrestrictid VAR) et AUVAR (Augmented UVAR). Cependant, ils sont moins puissants. Cf. Lardic (Sardine) et Mignon (Valérie), *op. cit.*, p. 224-225.

- Dans le cas du test ADF, on estime la relation :

$$\Delta Z_t = \phi Z_{t-1} + \sum_{i=1}^{p} \phi_i \Delta Z_{t-i} + U_t \quad (3.9)$$

avec, dans les deux cas, U_t est un bruit blanc[128].

La règle de décision est la suivante :

- si $t_\phi <$ valeur critique[129], on rejettera l'hypothèse nulle d'absence de cointégration H_0 : Z_t non stationnaire ($\phi = 0$). X_t et Y_t sont cointégrées.
- si $t_\phi \geq$ valeur critique, on acceptera H_0 : X_t et Y_t ne sont pas cointégrées.

Certes, la méthode d'Engle et Granger permet d'estimer aisément un ECM en deux étapes et fournit également un certain nombre de tests de cointégration faciles à mettre en œuvre. Néanmoins, elle ne permet pas de distinguer plusieurs vecteurs de cointégration et ne permet pas d'étudier simultanément N variables, avec N > 2. Sachant que l'analyse du comportement de N variables (avec N > 2) peut donner jusqu'à (N-1) relations de cointégration, Johansen (1988) a proposé une approche multivariée de la cointégration fondée sur la méthode du maximum de vraisemblance.

2.4 La cointégration multivariée et l'estimation du modèle vectoriel à correction d'erreur linéaire : l'approche de Johansen (1988)

Soit X_t un vecteur de N variables toutes I(1). Sa représentation VAR d'ordre p est donnée par :

$$X_t = \mu + \pi_1 X_{t-1} + \cdots + \pi_p X_{t-p} + \varepsilon_t \quad (3.10)$$

Où : μ est un vecteur de constantes de dimension (N x 1), ε_t est un vecteur de termes d'erreurs de dimension (N x 1) suivant un processus bruit blanc de moyenne nulle et

---

[128] Cf. Lardic (Sardine) et Mignon (Valérie), *op. cit.*, p. 222.

[129] Les valeurs critiques sont tabulées par Engle et Yoo (1987) ou par Mackinnon (1991). *Ibid.*, p. 222-224.

matrice de variance – covariance Ω et les π_i $(i = 1, \dots, p)$ sont des matrices de coefficients π_1 à π_p de taille (N x N).

D'après le théorème de représentation de Granger, si les composantes du vecteur X_t sont cointégrées, on pourra réécrire l'équation (3.10) sous forme d'un modèle vectoriel à correction d'erreur (VECM) de la forme :

$$\Delta X_t = \mu + \Gamma_1 \Delta X_{t-1} + \dots + \Gamma_{p-1} \Delta X_{t-p-1} + \pi X_{t-p} + \varepsilon_t \quad (3.11)$$

Où : $\Gamma_i = -(I - \sum_{j=1}^{i} \pi_j)$ avec $i = 1, \dots, p-1$

et $\pi = -(I - \sum_{i=1}^{P} \pi_i)$

Mettant en relation des variables en niveau et en différence première, la représentation (3.11) permet aux composantes de X_t caractérisées par une relation de cointégration d'être à l'écart de l'équilibre uniquement à court terme[130]. En effet, c'est la matrice π qui contient les informations relatives à la relation de long terme, c'est-à-dire à la relation de cointégration, pouvant exister entre les composantes du vecteur X_t.

En conséquence, d'après S. Lardic et V. Mignon (2002), s'il y a r relations de cointégration, alors le rang de π sera égal à r :

$$Rg(\pi) = r$$

Trois cas sont alors possibles :

– si r = N, c'est-à-dire que la matrice π est de plein rang, alors les variables du vecteur X_t seront stationnaires et il n'existera pas de relation de cointégration. Un modèle VAR, telle que la représentation (3.10), pourra être estimé directement sur X_t ;

– si r = 0, c'est-à-dire que la matrice π est nulle, alors il n'existera pas de relation de cointégration. Il sera alors

---

130 Car si les composantes de X_t sont cointégrées, la représentation sera stationnaire en différence première à court terme et le sera également en niveau à long terme. Cf. Bernard (André) et Roy (Gérald), « Étude des distorsions de niveau des tests de Johansen pour la cointégration », *Cahiers de Recherche 03-08*, Université de Sherbrooke, département d'économique. Nov. 2003, p. 4.

possible d'estimer un modèle VAR en différence première, c'est-à-dire un modèle VAR sur ΔX_t ;

– si $0 < r < N$, alors il existera exactement r relations de cointégration. Un ECM pourra alors être estimé. Dans ce cas, on pose : $\pi = -\beta\alpha'$ de sorte que :

$$\Delta X_t = \mu + \sum_{i=1}^{p-1} \Gamma_i \Delta X_{t-i} - \beta\alpha' X_{t-p} \qquad (3.12)$$

Où : α et β sont deux matrices de dimension (N x r) ;

α' est une matrice (r, N) qui contient les r vecteurs de cointégration (r est donc le rang de cointégration) ;

et β est une matrice (N, r) qui contient les poids associés à chaque vecteur de cointégration[131].

Dans le but d'estimer α et β, Johansen propose d'utiliser la méthode du maximum de vraisemblance.

De même, le nombre de vecteurs de cointégration est donné par des tests de ratio de vraisemblance.

Johansen (1991) montre que les r vecteurs de cointégration correspondent aux vecteurs propres, associés aux r plus grandes racines caractéristiques parmi les n racines $\hat{\lambda}_1 1 > \hat{\lambda}_2 > \cdots > \hat{\lambda}_n$ solutions de :

$$\det\left[\lambda S_{pp} - S_{p0} S_{00}^{-1} S_{0p}\right] = 0 \qquad (3.13)$$

Où : $S_{ij} = T^{-1} \sum_{t=1}^{T} e_{i_t} e'_{j_t}$ pour $i, j = 0, p$

T est le nombre d'observations et e_{i_t} et e'_{j_t} sont les deux termes résiduels déterminés respectivement par les régressions suivantes :

$$\Delta X_t = \psi_1 \Delta X_{t-1} + \psi_2 \Delta X_{t-2} + \cdots + \psi_{p-1} \Delta X_{t-p+1} + e_{0_t} \quad (3.14)$$

$$\text{et} \quad X_{t-p} = \delta_1 \Delta X_{t-1} + \delta_2 \Delta X_{t-2} + \cdots + \delta_{p-1} \Delta X_{t-p+1} + e_{p_t}$$

Ainsi, les vecteurs de cointégration sont donnés par les r vecteurs propres les plus significatifs.

Dans le but de déterminer le nombre r de vecteurs de cointégration, Johansen propose deux tests de ratio de vraisemblance.

➢ **Test de la trace :**

La statistique du test est :

---

[131] Cf. Lardic (Sardine) et Mignon (Valérie), *op. cit.*, p. 232.

$$\lambda_{\text{trace}} = -T \sum_{i=r+1}^{N} \text{Log}(1 - \hat{\lambda}_i) \quad (3.15)$$

Où : T est le nombre d'observations et les $\hat{\lambda}_i$ sont les (N – r) dernières racines caractéristiques trouvées en (3.13).

L'hypothèse nulle testée est : $r^* \leq r$, c'est-à-dire qu'il existe au plus r vecteurs de cointégration ($Rg(\pi) = r$)).

La règle de décision est la suivante :

– Si la statistique λ_{trace} est supérieure à sa valeur critique[132], alors on rejettera l'hypothèse nulle de r relations de cointégration.

Certes, le test de la trace permet de déterminer le nombre de relations de cointégration. Néanmoins, il n'indique pas les variables qui sont cointégrées.

➢ **Test de la valeur propre maximale :**

La statistique du test est :

$$\lambda_{max} = -T \,\text{Log}(1 - \hat{\lambda}_{r+1}) \quad (3.16)$$

On teste l'hypothèse nulle $H_0 : r^* = r$, c'est-à-dire que le nombre de vecteurs de cointégration est exactement égal à r, contre l'hypothèse alternative : $H_1 : r^* = r + 1$, c'est-à-dire qu'il est exactement égal à (r + 1).

D'après S. Lardic et V. Mignon (2002), le test de la trace est plus utilisé que celui de la valeur propre maximale.

2.5 Le modèle à correction d'erreur non linéaire

Selon Granger et Lee (1989) ainsi qu'Escribano et Pfann (1998), l'ECM linéaire, qui se base sur l'hypothèse de l'unicité de l'équilibre de long terme ainsi que sur celle de la symétrie de l'ajustement par rapport à l'équilibre, n'est pas conforme à la réalité économique caractérisée par l'existence de situations asymétriques, telles que la stabilité et la crise, voire d'une multiplicité des équilibres.

Afin de modéliser cette réalité, l'ECM non linéaire scinde le terme de correction d'erreur Z_{t-1}, de l'ECM linéaire en deux éléments Z_{t-1}^{+} et Z_{t-1}^{-}, qui représentent

---

[132] Ces valeurs critiques ont été tabulées par Johansen et Juselius (1990) puis par Osterwald-Lenum (1992).

respectivement l'équilibre de crise et celui de stabilité, tels que :

$$z_{t-1}^{+} = \begin{cases} z_{t-1} \text{ si } \Delta Z_{t-1} \rangle 0 \\ 0 \quad \text{sinon} \end{cases} \quad (3.17)$$

$$\text{et } z_{t-1}^{-} = \begin{cases} z_{t-1} \text{ si } \Delta Z_{t-1} \langle 0 \\ 0 \quad \text{sinon} \end{cases}$$

Par conséquent, l'ECM non linéaire s'écrit comme suit :

$$\Delta Y_t = \sum_{i=1}^{p} \theta_i \, \Delta Y_{t-i} + \sum_{i=1}^{q} \lambda_i \, \Delta X_{t-i} + \delta_1 \, Z_{t-1}^{+} + \delta_2 Z_{t-1}^{-} + \varepsilon_t \quad (3.18)$$

En effet, d'après Escribano et Pfann (1998), lorsque δ_1 est statistiquement différent de δ_2, on rejette l'hypothèse nulle de linéarité des mécanismes de propagation des chocs et on conclut à la présence de la contagion dans le marché Y_t générée par le marché X_t.

Par ailleurs, en l'occurrence d'un problème d'hétéroscédasticité, on peut supposer que les erreurs suivent un processus GARCH(1,1).

Outre le modèle à correction d'erreur non linéaire, le coefficient de corrélation ajustée ainsi que le modèle DCC-GARCH constituent aussi des outils susceptibles de supputer les ampleurs des contagions des crises financières.

3. L'approche en termes de corrélation et le modèle DCC-GARCH

3.1 L'approche en termes de corrélation conditionnelle

Dans le but de corriger le biais d'hétéroscédasticité du coefficient de corrélation entre deux marchés de deux pays, représentés par les variables x_t et y_t, Forbes et Rigobon (2001) proposent le coefficient de corrélation ajustée (ρ^*) suivant :

$$\rho^* = \frac{\rho}{\sqrt{1+\left(\left(\frac{V_c(x_t)}{V_t(x_t)}-1\right)(1-\rho^2)\right)}} \quad (3.19)$$

Où : ρ est le coefficient de corrélation simple entre x_t et y_t ;

$V_t(x_t)$ est variance de x_t durant la sous-période stabilité ;

et $V_c(x_t)$ est variance de x_t durant la sous-période de crise.

Pour tester statistiquement l'augmentation d'un coefficient de corrélation ajustée, nous utilisons les deux hypothèses alternatives suivantes :

$$\begin{cases} H_0: \rho_c^* = \rho_t^* \\ H_1: \rho_c^* > \rho_t^* \end{cases}$$

Où : ρ_t^* est le coefficient de corrélation de la période de tranquillité ;

et ρ_c^* est le coefficient de corrélation de la période de crise.

Nous utilisons le test de Student, utilisé par Collins et Biekpe (2002)[133], dont la statistique est :

$$t = (\rho_c^* - \rho_t^*)\sqrt{\frac{n_1+n_2-4}{1-(\rho_c^*-\rho_t^*)}} \sim Stud_{(n_1+n_2-4)} \qquad (3.20)$$

Par conséquent, si on accepte l'hypothèse alternative H_1, c'est-à-dire que le coefficient de corrélation entre les deux marchés augmente significativement entre la période de tranquillité et celle de crise, alors ce sera l'évidence de la contagion. Tandis que si on retient l'hypothèse nulle H_0, l'augmentation du coefficient de corrélation reflètera seulement l'interdépendance entre les deux marchés.

3.2 Le modèle DCC-GARCH

Considérée comme une extension du modèle des corrélations conditionnelles constantes proposé par Bollerslev (1990), la spécification des corrélations conditionnelles dynamiques développée par Engle (2002) s'effectue en deux étapes. En premier lieu, des spécifications GARCH univariées sont estimées pour chaque série séparément. En second lieu, les corrélations dynamiques sont estimées à partir des résidus standardisés issus de la première étape.

---

[133] Cf. Khallouli (Wajih), *op. cit.*, p. 10-11.

3.2.1 1re étape

En guise d'illustration, considérons un vecteur composé de deux variables $Y = \begin{pmatrix} y_{1,t} \\ y_{2,t} \end{pmatrix}$. Chaque variable s'écrit, en fonction d'une constante, voire de l'espérance conditionnelle, ainsi que de ses propres valeurs passées, comme suit :

$$y_{1,t} = m_1 + \varphi_1 y_{1,t-1} + \varepsilon_{1,t} \qquad (3.21)$$
$$y_{2,t} = m_2 + \varphi_2 y_{2,t-1} + \varepsilon_{2,t}$$

Où : m_i, $i = 1, 2$ désigne l'espérance conditionnelle

et $\varepsilon_{i,t}$ désigne l'aléa, tel que : $\begin{pmatrix} \varepsilon_{1,t} \\ \varepsilon_{2,t} \end{pmatrix} / I_{t-1} \sim N(0, H_t)$

avec : I_{t-1} l'ensemble des informations disponibles à la date t-1 et $H_t = \begin{pmatrix} h_{1,t} & h_{12,t} \\ h_{21,t} & h_{2,t} \end{pmatrix} = E\left[\begin{pmatrix} \varepsilon_{1,t} \\ \varepsilon_{2,t} \end{pmatrix} (\varepsilon_{1,t}\ \varepsilon_{2,t}) / I_{t-1}\right]$ la matrice de variance-covariance conditionnelle.

Afin d'appréhender le modèle DCC-GARCH, la matrice de variance-covariance H_t peut être réécrite comme suit :

$$H_t = D_t R_t D_t \qquad (3.22)$$

Où : D_t est une matrice diagonale dont les éléments non nuls sont les racines carrées des variances (ou volatilités) conditionnelles $h_{i,t}$, $i = 1, 2$, engendrées par des processus GARCH(p,q), telle que :

$$D_t = \begin{pmatrix} \sqrt{h_{1,t}} & 0 \\ 0 & \sqrt{h_{2,t}} \end{pmatrix}$$

avec $h_{i,t} = \omega_i + \sum_{p=1}^{pi} \alpha_{ip} \varepsilon_{i,t-p}^2 + \sum_{q=1}^{qi} \beta_{iq} h_{it-q} \ \forall_{i=1,2}$
(3.23)

et R_t est une matrice des coefficients de corrélation conditionnelle dont les éléments de la diagonale principale valent 1[134], telle que :

---

[134] Si $R_t = R$, c'est-à-dire $\rho_{12,t} = \rho$, on retrouve le modèle à corrélations conditionnelles constantes de Bollerslev, 1987. Cf. Avouyi-Dovi (Sanvi) et Neto (David), « Direction générale des études et des relations internationales, Direction des études économiques et de la recherche,

$$R_t = \begin{pmatrix} 1 & \rho_{12,t} \\ \rho_{21,t} & 1 \end{pmatrix} \qquad (3.24)$$

H_t s'écrit alors comme suit :

$$H_t = \begin{pmatrix} \sqrt{h_{1,t}} & 0 \\ 0 & \sqrt{h_{2,t}} \end{pmatrix} \begin{pmatrix} 1 & \rho_{12,t} \\ \rho_{21,t} & 1 \end{pmatrix} \begin{pmatrix} \sqrt{h_{1,t}} & 0 \\ 0 & \sqrt{h_{2,t}} \end{pmatrix} \qquad (3.25)$$

3.2.2 2e étape

Engle (2002) définit les corrélations par un processus autorégressif, le processus DCC (*Dynamic Conditional Correlation* ou Corrélation conditionnelle dynamique) d'ordre (p, q), telles que :

$$R_t = (Q_t^*)^{-1} Q_t (Q_t^*)^{-1} \qquad (3.26)$$

$$Q_t = \left(1 - \sum_{i=1}^{p} \theta_{1,i} - \sum_{j=1}^{q} \theta_{2,j}\right)\overline{Q} + \sum_{i=1}^{p} \theta_{1,i} \left(\zeta_{t-i}\zeta'_{t-i}\right) + \sum_{j=1}^{q} \theta_{2,j} Q_{t-j} \quad (3.27)$$

Où : $\overline{Q}$ est la matrice des variances-covariances non conditionnelles et invariables temporellement, telle que : $\overline{Q} = E(\zeta_t \zeta'_t)$;

ζ_t est le vecteur qui contient les résidus standardisés issus de l'estimation du modèle GARCH univarié, tel que : $\zeta_t = \left(\frac{\varepsilon_{1,t}}{\sqrt{h_{1,t}}} ; \frac{\varepsilon_{2,t}}{\sqrt{h_{2,t}}}\right)$;

Q_t est la matrice des variances-covariances non conditionnelles de ces mêmes résidus standardisés, telle que : $Q_t = \begin{pmatrix} q_{11} q_{12} \\ q_{21} q_{22} \end{pmatrix}$;

et Q_t^* est la matrice diagonale qui contient la racine carrée des éléments de la diagonale principale de Q_t, telle que : $Q_t^* = \begin{pmatrix} \sqrt{q_{11}} & 0 \\ 0 & \sqrt{q_{22}} \end{pmatrix}$

Il convient de rappeler que $\rho_{12,t} = \frac{q_{12,t}}{\sqrt{q_{11,t} \; q_{22,t}}}$

Centre de recherche, Banque de France », *Revue de la stabilité financière*, n° 4, juin 2004, p. 128.

et $\rho_{21,t} = \frac{q_{21,t}}{\sqrt{q_{11,t}\ q_{22,t}}}$, les corrélations conditionnelles dynamiques, sont les éléments de la matrice (R_t) dont la diagonale principale est composée de 1.

D'après la Banque de Luxembourg (2007)[135], les paramètres $\theta_{1,i}$ et $\theta_{2,j}$ sont censés intercepter, respectivement, les effets des chocs et des corrélations dynamiques retardées sur le niveau contemporain de ces dernières.

Dans le but d'estimer les paramètres du modèle DCC, Engle (2002) a démontré que la fonction de log-vraisemblance peut être écrite comme suit :

$$L = \frac{-1}{2}\sum_{t=1}^{T}[2\log(2\,\pi) + 2\log|D_t| + \log|R_t| + \zeta'_t R^{-1}\zeta_t] \quad (3.28)$$

Selon la Banque de Luxembourg (2007), le processus d'estimation s'effectue en deux étapes. La première consiste en la substitution d'une matrice identité à la matrice R_t dans la fonction de log-vraisemblance, afin d'obtenir les valeurs des paramètres de l'équation (3.23). La seconde étape consiste à estimer les paramètres de l'équation (3.27), en adoptant la fonction de vraisemblance originale décrite par l'équation (3.28), et à obtenir ainsi les corrélations dynamiques entre les variables étudiées.

Conclusion du chapitre 3

À la lumière des travaux empiriques antérieurs sur les crises financières de grande ampleur, la nature protéiforme des crises implique un relatif mouvement dans leurs facteurs explicatifs. En effet, Kaminsky (2006) distingue six classes de crises financières avec leurs propres causes. Il avance aussi le problème de non-linéarité et conclut que, d'une part, les retournements des marchés financiers sont des causes importantes des crises financières après la

---

135 Cf. Rouabah (Abdelaziz), « Co-variation des taux de croissance sectoriels au Luxembourg : l'apport des corrélations conditionnelles dynamiques », *Cahier d'études* n° 25, Banque centrale du Luxembourg, avril 2007, p. 5.

libéralisation financière et, d'autre part, c'est le compte courant qui est au cœur de ces mêmes crises avant la libéralisation financière. De même, Reinhart et Rogoff (2008, 2009) démontrent que les retournements des marchés financiers sont des causes importantes des crises financières. Toutefois, Kaminsky (2006) ajoute à ces causes le compte courant et la libéralisation financière.

Afin de mener à bien une étude empirique sur la propagation des crises financières, nous retenons le modèle à correction d'erreur non linéaire, le coefficient de corrélation ajustée et le modèle DCC-GARCH pour supputer les ampleurs des contagions des trois crises financières, à savoir : la crise mexicaine de 1994-1995, la crise asiatique de 1997-1998 ainsi que la crise financière de 2007-2008.

CHAPITRE 4. Analyse économétrique de la contagion des crises financières de grande ampleur

Introduction du chapitre 4

Bien que les crises financières soient récurrentes, leurs ampleurs sont différentes. En effet, la crise asiatique de 1997-1998, qui est une crise monétaire, a touché des pays émergents et n'a affecté que marginalement l'économie mondiale, alors que la crise financière de 2007-2008 a présenté un risque systémique et a été la plus grave de toutes celles qui ont jalonné l'histoire du capitalisme.

De ce fait, il est encore temps de mesurer les contagions des crises financières de grande ampleur, en vue d'appréhender les différents facteurs de propagation des chocs financiers et d'en circonscrire les impacts dans l'avenir.

Pour mémoire, la contagion[136] des crises financières est définie comme une augmentation significative des liens entre les marchés financiers après la réalisation d'un choc à un pays ou un groupe de pays. En d'autres termes, elle correspond au cas d'une augmentation significative, durant la période de crise par rapport à celle de stabilité, des liens entre le marché du pays épicentre de la crise et les autres marchés affectés.

En ce sens, l'absence de la contagion s'explique généralement par l'interdépendance financière permanente entre les marchés affectés et celui épicentre de la crise. Tandis que son existence s'explique généralement par la coordination des anticipations des acteurs vers le mauvais équilibre suite à l'occurrence de cette crise au marché épicentre ainsi que par les problèmes d'asymétrie d'information sur les marchés des capitaux.

L'objectif de ce chapitre est ainsi de supputer empiriquement les ampleurs de contagions des crises

---

[136] Ici, le terme « contagion » signifie la contagion pure.

financières de grande ampleur, à savoir : la crise mexicaine de 1994-1995, la crise asiatique de 1997-1998 ainsi que la crise financière de 2007-2008, à l'aide, d'une part, du modèle à correction d'erreur non linéaire (section 1) et, d'autre part, du coefficient de corrélation ajustée et du modèle DCC-GARCH (sections 2 et 3).

1. Application du modèle à correction d'erreur non linéaire

1.1 Le cas de la crise des *subprimes*

1.1.1 Périodes d'étude et variables d'intérêt

En s'inspirant des travaux de Granger-Lee (1989) et de ceux d'Escribano-Pfann (1998), on va essayer d'étudier empiriquement, à l'aide de l'approche du modèle à correction d'erreur non linéaire, la contagion de la crise financière de 2007-2008 entre les principales places financières mondiales sur la période de 2006-2011, à travers l'étude des liens plausibles entre les cours journaliers de clôture des principaux indices boursiers relatifs aux places choisies. Outre ces places, on va analyser aussi les liens entre la place de Casablanca et celle de New York.

D'après Bertrand Jacquillat (2008)[137], la crise financière de 2007-2008 a été amorcée en juillet 2007 aux États-Unis avec les premiers défauts significatifs sur les prêts *subprimes*. En effet, le 18 juillet 2007[138], la banque américaine Bear Stearns annonce que deux de ses *hedge funds*, investis lourdement dans des financements structurés, ne valent plus rien.

[137] Cf. Jacquillat (Bertrand), « Pour de nouvelles règles de gouvernance des institutions financières », *Revue d'économie financière*, Hors-série 2008. Association d'économie financière. *Problèmes économiques* n° 2958, 12 novembre 2008, p. 9.

[138] Cf. L'équipe de rédaction, « Chronologie de la crise financière », Repère, *op. cit.*, p. 12.

Dès lors, sur une période d'étude allant du 1er janvier 2006 au 31 octobre 2011, outre la sous-période de stabilité qui s'étend du 1er janvier 2006 au 30 juin 2007 et celle de crise qui commence du 1er juillet 2007 jusqu'au 31 décembre 2009, on considère celle qui englobe ces deux sous-périodes, c'est-à-dire qui s'étend du 1er janvier 2006 jusqu'au 31 décembre 2009, ainsi que celle qui s'étale du 1er janvier 2010 au 31 octobre 2011.

En s'inspirant de nombreux travaux empiriques qui se rapportent à la contagion des crises financières, à titre d'exemple : Abul Masih et Rumi Masih (1999) et Rigobon (2003), nous utilisons les données relatives aux indices boursiers, en l'occurrence : les prix journaliers de clôture[139] de 6 indices boursiers : le CAC 40 de Paris (CAC), le Dow Jones de New York (DJI), le Dax de Francfort (DAX), le Nikkei 225 de Tokyo (NIKKEI), le FTSE 100 de Londres (FTSE) et le Masi de Casablanca (MASI). On considère ces variables d'intérêt à la fois selon leurs niveaux (DJI, CAC, DAX, FTSE, NIKKEI et MASI) que selon leurs valeurs différenciées à l'ordre 1 (DDJI, DCAC, DDAX, DFTSE, DNIKKEI et DMASI).

1.1.2 Les tests de stationnarité

Avant de procéder à l'étude de la stationnarité de nos variables d'intérêt sur les quatre sous-périodes définies ci-dessus, le point ci-après nous permet de les examiner graphiquement.

[139] Hormis le prix du MASI, qui est issu de www.casablanca-bourse.com, les autres prix sont issus de fr.finance.yahoo.com

➢ **L'examen graphique des variables d'intérêt**

Figure 4.1 Les variables en niveau et en différences premières durant la sous-période de stabilité

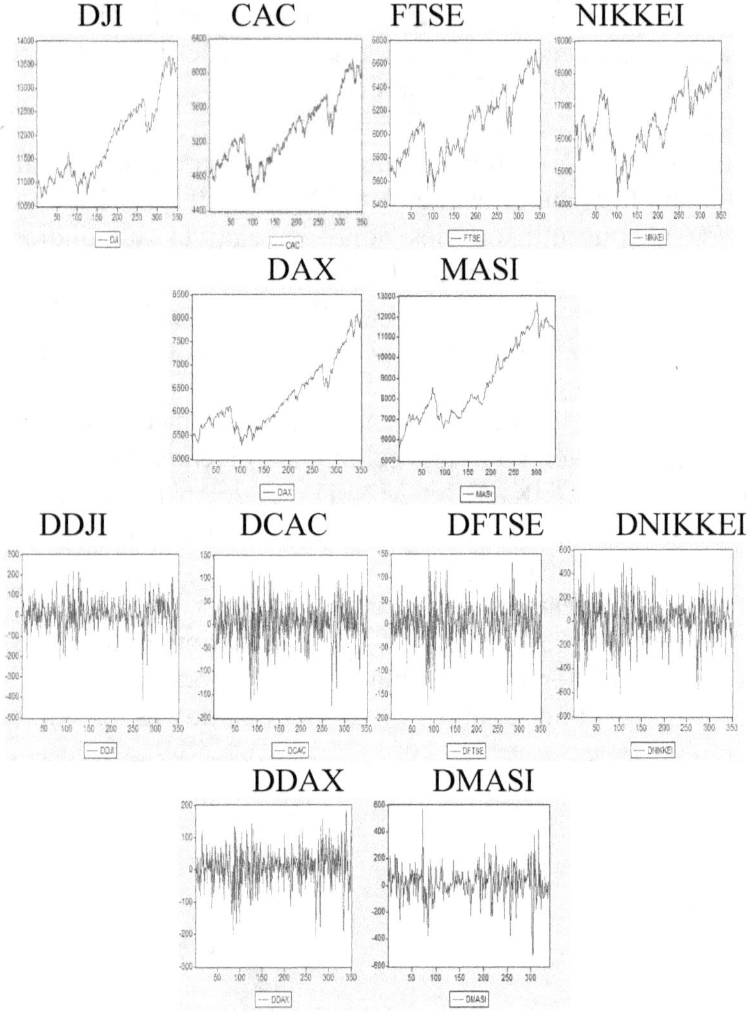

Figure 4.2 Les variables en niveau et en différences premières durant la sous-période de crise

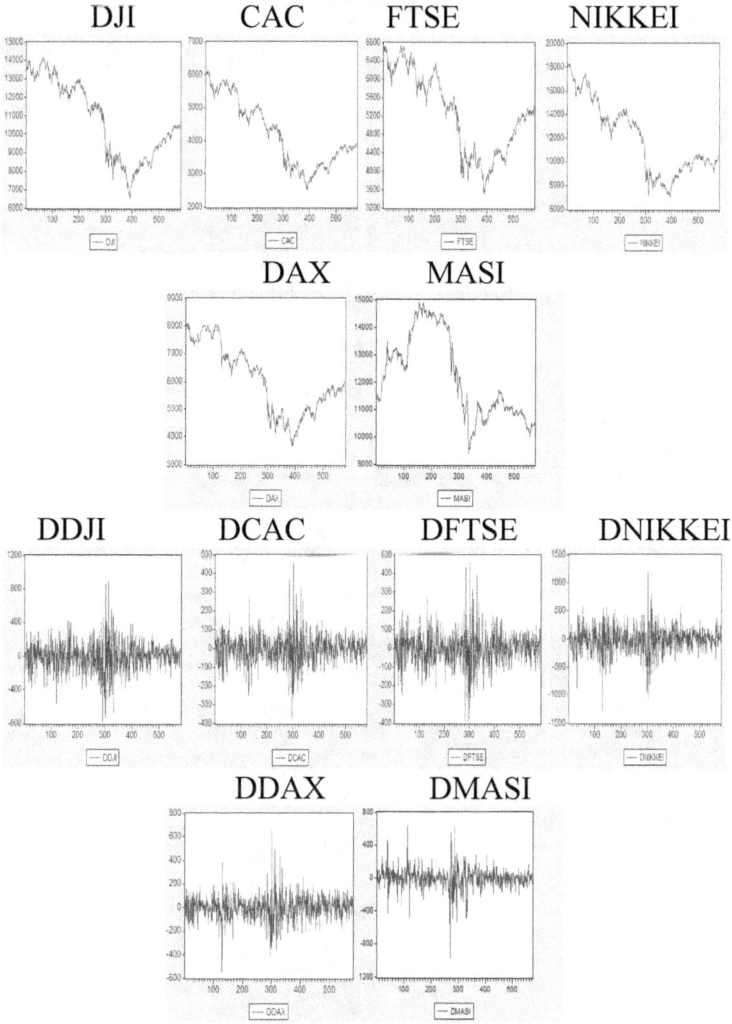

Figure 4.3 Les variables en niveau et en différences premières durant la sous-période du 1er janvier 2006 au 31 décembre 2009

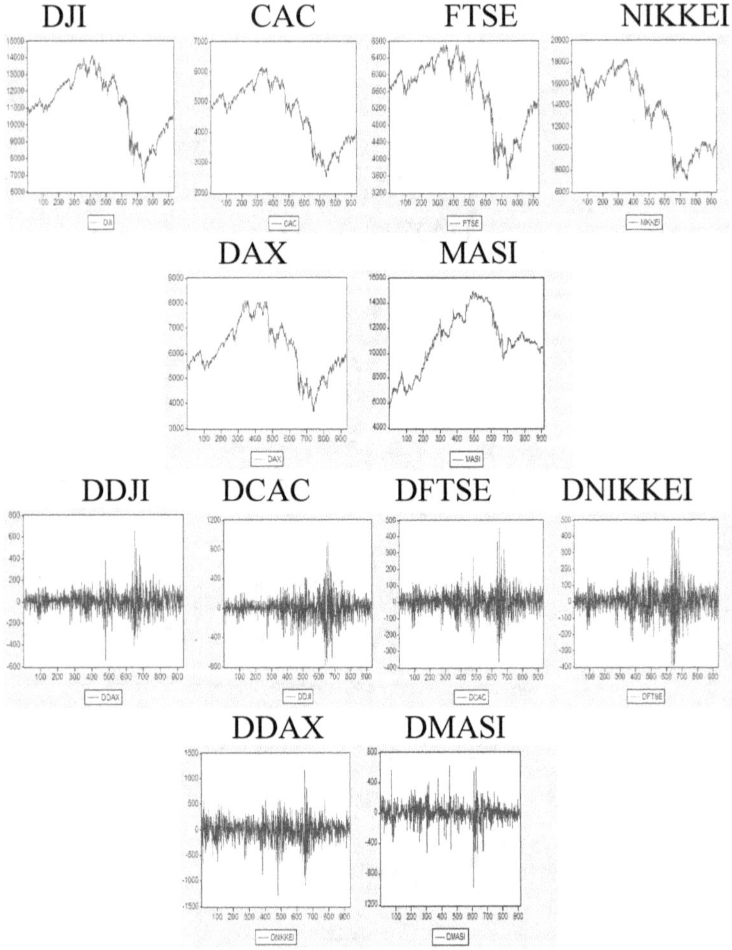

Figure 4.4 Les variables en niveau et en différences premières durant la sous-période du 1er janvier 2010 au 31 octobre 2011

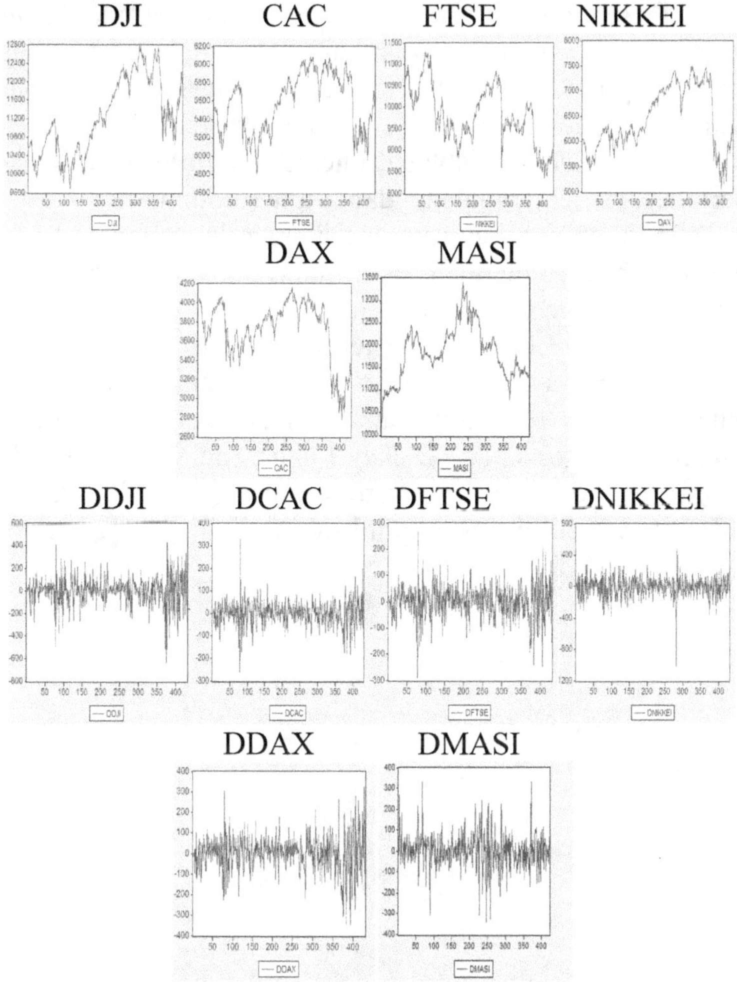

Ces quatre figures représentent respectivement les graphes relatifs à nos variables d'intérêt en niveau et en différence première de la sous-période du 1er janvier 2006 au 30 juin 2007, de celle de crise du 1er juillet 2007 au 31 décembre 2009, de celle du 1er janvier 2006 au

31 décembre 2009 et celle du 1er janvier 2010 au 31 octobre 2011.

Sur la base de ces graphes, deux conclusions majeures peuvent être avancées. D'une part, on peut dire que les variables en niveau, durant les trois sous-périodes, sont généralement marquées par une alternance entre des tendances à la baisse et d'autres à la hausse et sont, par conséquent, non stationnaires. D'autre part, les différences premières de nos variables d'intérêt, durant les trois sous-périodes, présentent une tendance à la stationnarité.

Afin de prendre de juste décision sur la stationnarité de nos variables d'intérêt, il est primordial de reléguer cette question aux tests de racine unitaire.

- **Les tests de racine unitaire**

Pour mener à bien l'examen de la stationnarité des séries étudiées, nous recourons aux tests de racine unitaire, à savoir : les tests de Dickey-Fuller, de Dickey-Fuller augmenté, de Phillips-Perron ainsi que de KPSS (Kwiatkowski-Phillips-Schmidt-Shin).

Tableau 4.1 Résultats des tests de racine unitaire (la sous-période du 01/01/2006 au 30/06/2007)

Variables	Test de Dickey-Fuller simple		Test de Dickey-Fuller augmenté			
	Modèle[140]	t_Φ	Modèle	Retard P	ADF t-Stat.	Prob.
En niveau						
DJI	[1]	1.74	[1]	0[141]	0.74	0.9807
CAC	[1]	-2.56	[2]	0	-2.56	0.2992
DAX	[1]	2.20	[1]	0	2.20	0.9936
FTSE	[1]	0.95	[1]	0	0.95	0.9092
NIKKEI	[1]	0.42	[1]	0	0.42	0.8026
MASI	[1]	2.33	[1]	2	1.88	0.9860
En différence première						
DDJI	[1]	-18.32*	[1]	0	-18.32*	0.0000
DCAC	[1]	-19.70*	[1]	0	-19.70*	0.0000
DDAX	[1]	-18.63*	[1]	0	-18.63*	0.0000
DFTSE	[1]	-20.46*	[1]	0	-20.46*	0.0000
DNIKKEI	[1]	-19.62*	[1]	0	-19.62*	0.0000
DMASI	[1]	-12.83*	[1]	1	-12.43*	0.0000

Variables	Test de Phillips-Perron				Test de KPSS[142]			
	Modèle	Largeur de bande	t-statistique ajusté	Probabilité critique	Modèle	Largeur de bande	LM Statistique	Valeur critique à 5 %
En niveau								
DJI	[1]	9	2.01	0.9897	[2]	15	2.06	0.46
CAC	[1]	7	1.45	0.9634	[2]	15	1.93	0.46
DAX	[1]	8	2.44	0.9967	[2]	15	1.94	0.46
FTSE	[1]	7	1.11	0.9306	[2]	15	1.87	0.46
NIKKEI	[1]	3	0.44	0.8077	[2]	15	1.21	0.46
MASI	[1]	6	1.98	0.9889	[3]	15	0.37	0.15
En différence première								
DDJI	[1]	6	-18.32*	0.0000	[2]	8	0.10*	0.46
DCAC	[1]	5	-19.69*	0.0000	[2]	7	0.07*	0.46
DDAX	[1]	4	-18.64*	0.0000	[2]	7	0.27*	0.46
DFTSE	[1]	6	-20.50*	0.0000	[2]	7	0.05*	0.46
DNIKKEI	[1]	2	-19.61*	0.0000	[2]	3	0.08*	0.46
DMASI	[1]	11	-12.34*	0.0000	[2]	6	0.07*	0.46

Avec : * dénote le rejet de l'hypothèse nulle au seuil de 5 % ; [3] : le modèle [3] (modèle avec tendance et constante) ; [2] : le modèle [2] (modèle sans tendance et avec constante) ; [1] : le modèle [1] (modèle sans tendance, ni constante).

140 Afin de ne pas commettre des erreurs économétriques lors du choix entre le modèle [3], le modèle [2] et le modèle [1], il faut tester la significativité de la tendance ainsi que de la constante en se référant aux tables de Dickey-Fuller (voir S. Lardic et V. Mignon (2002), *op. cit.*, tableau 5.2, p. 137).

141 Puisque p = 0, on constate que le test de Dickey-Fuller augmenté donne la même valeur de la statistique du t empirique relative au test de Dickey-Fuller simple. En l'occurrence, il est alors préconisé d'utiliser ce dernier.

142 À l'inverse des autres tests de racine unitaire, KPSS (1992) proposent un test fondé sur l'hypothèse nulle d'absence de racine unitaire, de stationnarité, contre l'hypothèse alternative de présence d'une racine unitaire.

Tableau 4.2 Résultats des tests de racine unitaire durant la sous-période du 1er juillet 2007 au 31 décembre 2009

Variables	Test de Dicky-Fuller simple		Test de Dickey-Fuller augmenté			
	Modèle	t_Φ	Modèle	Retard P	ADF t-stat.	Prob.
En niveau						
DJI	[1]	-0.88	[1]	1	-1.04	0.2692
CAC	[1]	-1.46	[1]	1	-1.62	0.0994
DAX	[1]	-1.07	[1]	0	-1.07	0.2579
FTSE	[1]	-0.80	[1]	1	-0.87	0.3370
NIKKEI	[1]	-1.74	[1]	0	-1.74	0.0778
MASI	[1]	-0.39	[1]	1	-0.40	0.5384
En différence première						
DDJI	[1]	-27.93*	[1]	0	-27.93*	0.0000
DCAC	[1]	-26.99*	[1]	0	-26.99*	0.0000
DDAX	[1]	-25.32*	[1]	0	-25.32*	0.0000
DFTSE	[1]	-26.95*	[1]	0	-26.95*	0.0000
DNIKKEI	[1]	-25.84*	[1]	0	-25.84*	0.0000
DMASI	[1]	-19.80*	[1]	0	-19.80*	0.0000

Variables	Test de Phillips-Perron				Test de KPSS			
	Modèle	Largeur de bande	t statistique ajusté	Probabilité critique	Modèle	Largeur de bande	LM Statistique	Valeur critique à 5 %
En niveau								
DJI	[1]	11	-1.06	0.2621	[2]	18	2.42	0.46
CAC	[1]	18	-1.67	0.0897	[2]	18	2.56	0.46
DAX	[1]	07	-1.12	0.2395	[2]	18	2.33	0.46
FTSE	[1]	19	-0.99	0.3309	[2]	18	2.17	0.46
NIKKEI	[1]	07	-1.88	0.0572	[2]	18	2.50	0.46
MASI	[3]	02	-2.31	0.4246	[3]	18	0.37	0.15
En différence première								
DDJI	[1]	08	-28.22*	0.0000	[2]	11	0.29*	0.46
DCAC	[1]	12	-27.21*	0.0000	[2]	17	0.35*	0.46
DDAX	[1]	05	-25.36*	0.0000	[2]	07	0.26*	0.46
DFTSE	[1]	14	-27.31*	0.0000	[2]	19	0.28*	0.46
DNIKKEI	[1]	04	-25.88*	0.0000	[2]	06	0.30*	0.46
DMASI	[1]	03	-19.74*	0.0000	[2]	02	0.31*	0.46

Avec : * dénote le rejet de l'hypothèse nulle au seuil de 5 % ; [3] : le modèle [3] (modèle avec tendance et constante) ; [2] : le modèle [2] (modèle sans tendance et avec constante) ; [1] : le modèle [1] (modèle sans tendance, ni constante).

Tableau 4.3 Résultats des tests de racine unitaire durant la sous-période du 1er janvier 2006 au 31 décembre 2009

Variables	Test de Dickey-Fuller simple		Test de Dickey-Fuller augmenté			
	Modèle	t_{Φ}	Modèle	Retard P	ADF t-stat.	Prob.
En niveau						
DJI	[1]	-0.28	[1]	1	0.38	0.5932
CAC	[1]	-0.62	[1]	1	-0.82	0.4430
DAX	[1]	-0.09	[1]	0	-0.13	0.6514
FTSE	[1]	-0.35	[1]	1	-0.10	0.5681
NIKKEI	[1]	-1.05	[1]	0	-0.72	0.2649
MASI	[1]	0.74	[1]	1	0.48	0.8175
En différence première						
DDJI	[1]	-34.83*	[1]	0	-34.83*	0.0000
DCAC	[1]	-33.86*	[1]	0	-33.86*	0.0000
DDAX	[1]	-31.85*	[1]	0	-31.85*	0.0000
DFTSE	[1]	-34.07*	[1]	0	-34.07*	0.0000
DNIKKEI	[1]	-32.58*	[1]	0	-32.58*	0.0000
DMASI	[1]	-23.60*	[1]	0	-23.60*	0.0000

Variables	Test de Phillips-Perron				Test de KPSS			
	Modèle	Largeur de bande	t statistique ajusté	Probabilité critique	Modèle	Largeur de bande	LM Statistique	Valeur critique à 5 %
En niveau								
DJI	[1]	23	-0.26	0.5941	[2]	24	1.79	0.46
CAC	[1]	13	-0.65	0.4357	[2]	24	2.61	0.46
DAX	[1]	07	-0.07	0.6587	[2]	24	1.21	0.46
FTSE	[1]	18	-0.33	0.5648	[2]	24	2.25	0.46
NIKKEI	[1]	05	-1.10	0.2478	[2]	24	3.05	0.46
MASI	[2]	07	-2.32	0.1673	[3]	24	0.84	0.15
En différence première								
DDJI	[1]	18	-35.05*	0.0000	[2]	23	0.21*	0.46
DCAC	[1]	10	-34.16*	0.0000	[2]	13	0.21*	0.46
DDAX	[1]	06	-31.89*	0.0000	[2]	07	0.19*	0.46
DFTSE	[1]	15	-34.53*	0.0000	[2]	18	0.14*	0.46
DNIKKEI	[1]	03	-32.61*	0.0000	[2]	05	0.11*	0.46
DMASI	[1]	12	-23.13*	0.0000	[2]	06	0.64*	0.46

Avec : * dénote le rejet de l'hypothèse nulle au seuil de 5 % ; [3] : le modèle [3] (modèle avec tendance et constante) ; [2] : le modèle [2] (modèle sans tendance et avec constante) ; [1] : le modèle [1] (modèle sans tendance, ni constante).

Tableau 4.4 Résultats des tests de racine unitaire durant la sous-période du 1er janvier 2010 au 31 octobre 2011

Variables	Test de Dickey-Fuller simple		Test de Dickey-Fuller augmenté			
	Modèle	t_Φ	Modèle	Retard P	ADF t-stat.	Prob.
En niveau						
DJI	[1]	0.38	[1]	0	0.38	0.0946
CAC	[1]	-0.78	[1]	2	-0.82	0.0994
DAX	[1]	-0.10	[1]	1	-0.13	0.2579
FTSE	[1]	-0.09	[1]	2	-0.10	0.3370
NIKKEI	[1]	-0.72	[1]	0	-0.72*	0.0268
MASI	[2]	-2.54	[2]	1	-2.79	0.0610
En différence première						
DDJI	[1]	-22.20*	[1]	0	-22.20*	0.0000
DCAC	[1]	-19.30*	[1]	1	-16.36*	0.0000
DDAX	[1]	-18.17*	[1]	0	-18.17*	0.0000
DFTSE	[1]	-18.44*	[1]	1	-15.82*	0.0000
DNIKKEI	[1]	-20.47*	[1]	0	-20.40*	0.0000
DMASI	[1]	-16.33*	[1]	0	-16.33*	0.0000

Variables	Test de Phillips-Perron				Test de KPSS			
	Modèle	Largeur de bande	t statistique ajusté	Probabilité critique	Modèle	Largeur de bande	LM Statistique	Valeur critique à 5 %
En niveau								
DJI	[1]	13	0.44	0.8090	[2]	16	1.72	0.46
CAC	[1]	12	-0.83	0.3565	[2]	16	0.50	0.46
DAX	[1]	08	-0.10	0.6471	[2]	16	0.78	0.46
FTSE	[1]	10	-0.08	0.6542	[2]	16	0.64	0.46
NIKKEI	[1]	17	-0.76	0.3862	[2]	16	0.94	0.46
MASI	[2]	10	-2.56	0.1030	[3]	16	0.47	0.15
En différence première								
DDJI	[1]	11	-22.26*	0.0000	[2]	13	0.06*	0.46
DCAC	[1]	13	-19.30*	0.0000	[2]	16	0.09*	0.46
DDAX	[1]	11	-18.02*	0.0000	[2]	08	0.13*	0.46
DFTSE	[1]	12	-18.31*	0.0000	[2]	10	0.06*	0.46
DNIKKEI	[1]	17	-20.52*	0.0000	[2]	17	0.04*	0.46
DMASI	[1]	14	-15.96*	0.0000	[2]	11	0.42*	0.46

Avec : * dénote le rejet de l'hypothèse nulle au seuil de 5 % ; [3] : le modèle [3] (modèle avec tendance et constante) ; [2] : le modèle [2] (modèle sans tendance et avec constante) ; [1] : le modèle [1] (modèle sans tendance, ni constante).

Ces quatre tests retenus, qui se déroulent selon une stratégie séquentielle descendante[143], convergent vers les mêmes résultats.

En effet, nos variables d'intérêt (DJI, CAC, DAX, FTSE, NIKKEI et MASI) sont toutes non stationnaires en niveau, alors qu'elles le sont en différence première (DDJI, DCAC, DDAX, DFTSE, DNIKKEI et DMASI). En conséquence, les séries DJI, CAC, DAX, FTSE, NIKKEI et MASI sont intégrées d'ordre un, I(1).

Dès lors, il est légitime d'étudier la cointégration entre DJI, CAC, DAX, FTSE, NIKKEI et MASI dans chacune des quatre sous-périodes en utilisant l'approche de Engle et Granger (1987) (cointégration bivariée) ainsi que celle de Johansen (cointégration multivariée).

1.1.3 La cointégration et les ECM

- **La cointégration bivariée et les ECM**

Pour étudier la cointégration bivariée, selon l'approche d'Engle et Granger (1987), entre deux variables intégrées d'un même ordre, on recourt d'abord au test de causalité au sens de Granger sur la base d'un modèle VAR optimal, choisi en fonction des critères d'information (AIC (Akaike Information Criterion) et SC (Schwartz Information Criterion)), entre ces deux variables en différence première (DP) afin de déterminer la variable endogène de la relation de long terme. Puis, on régresse cette variable sur une constante et sur celle exogène pour obtenir la relation de long terme. Ensuite, on en déduit le résidu estimé et on teste sa stationnarité à l'aide du test ADF. Enfin, si ce résidu est stationnaire, on pourra alors estimer par la MCO l'ECM en régressant la DP de la variable endogène sur la DP de celle exogène ainsi que sur le terme de rappel retardé d'une période, sinon il n'existera plus de relation de cointégration entre ces deux variables.

---

[143] Cf. Lardic (Sardine) et Mignon (Valérie), *op. cit.*, p. 136-140.

Après l'estimation de l'ECM linéaire, on estime aussi celui non linéaire et on effectue le test de non-linéarité.

Les tableaux ci-dessous récapitulent respectivement les relations à court terme et celles à long terme entre nos variables d'intérêt ainsi que les ECM linéaires et ceux non linéaires durant chacune des sous-périodes de l'étude.

- *Les relations à court et à long termes*

Tableau 4.5 Récapitulation des relations à court et à long termes

	La sous-période du 1er janvier 2006 au 30 juin 2007	La sous-période du 1er juillet 2007 au 31 décembre 2009	La sous-période du 1er janvier 2006 au 31 décembre 2009	La sous-période du 1er janvier 2010 au 31 octobre 2011
DDJI → DCAC	**Oui(c)**	**Oui(c)**	Oui	Oui
DDJI → DFTSE	**Oui(c)**	**Oui(c)**	Oui(c)	Oui(c)
DDJI → DDAX	**Oui**	**Oui(c)**	Oui(c)	Oui
DDJI → DNIKKEI	**Oui(c^1)**	**Oui(c)**	Oui	Oui(c^2)
DDJI → DMASI	**Non**	**Oui**	Oui	Non(c)

Où : « A → B » désigne : « À cause à court terme B » ;

« (c) » désigne l'existence de la relation de cointégration entre les deux variables ;

(1) Le coefficient de $DDJI_t$ n'est pas significatif dans l'ECM au seuil de 5 %, mais il l'est au seuil de 10 % ;

(2) Le coefficient du terme à correction d'erreur n'est pas significatif au seuil de 5 % et il l'est au seuil de 10 %.

Au regard de ce tableau, il y a quatre relations de long terme et cinq autres de court terme tout au long de la sous-période de crise du 1er juillet 2007 au 31 décembre 2009. En effet, les cours du CAC 40, du FTSE 100, du DAX ainsi que du NIKKEI 225 dépendent à court et à long termes de celui de Dow Jones, tandis que celui du MASI en dépend uniquement à court terme.

Quant à la sous-période de stabilité du 1er janvier 2006 au 30 juin 2007, on ne compte que trois relations de long terme et quatre autres de court terme, à savoir : les cours du CAC 40, du FTSE 100 et du NIKKEI 225 dépendent à court et à long termes de celui du Dow Jones, alors que celui du DAX n'en dépend qu'à court terme et celui du MASI n'en dépend ni à court terme ni à long terme.

Concernant la sous-période du 1er janvier 2006 au 31 décembre 2009, on relève deux relations de long terme et cinq autres de court terme. En effet, les cours du FTSE 100 et du DAX dépendent à court et à long termes de celui du Dow Jones, alors que ceux du CAC 40, du NIKKEI 225 et du MASI n'en dépendent qu'à court terme.

S'agissant de la sous-période du 1er janvier 2010 au 31 octobre 2011, on compte trois relations de long terme et quatre autres de court terme. En effet, les cours du FTSE 100 et du NIKKEI 225 dépendent à court et à long termes de celui de Dow Jones, alors que ceux du CAC 40 et du DAX n'en dépendent qu'à court terme, et celui de MASI n'en dépend qu'à long terme.

Certes, une relation de cointégration, entre deux cours, indique seulement l'intégration de leurs marchés boursiers et ne peut être utilisée comme preuve de contagion. Néanmoins, l'existence de cette relation durant seulement la sous-période de crise par rapport à celle de stabilité, entre le cours de Dow Jones et celui du Dax, permet d'avancer que la crise financière de 2007-2008 est contagieuse[144] par rapport à la place de Francfort. À l'inverse, son existence aussi bien durant la période de crise que durant celle de stabilité, entre le cours de Dow Jones et respectivement ceux du CAC 40, du FTSE 100 ainsi que du NIKKEI 225, suppose que cette crise financière n'est pas contagieuse par rapport aux places de Paris, de Londres et de Tokyo. Toutefois, il est plus pertinent de reléguer cette question aux ECM non linéaires.

---

[144] Dans ce qui suit, « contagieuse » est dans le sens de la « contagion pure ».

Par ailleurs, quant à la place de Casablanca, il y a, d'une part, l'apparition d'une relation de court terme, entre le cours de Dow Jones et celui de MASI, durant la période de crise et son absence durant celle de stabilité et, d'autre part, l'apparition d'une relation de cointégration entre ces deux cours uniquement durant la sous-période de 2010-2011 (voir *infra* le paragraphe 1.1.4).

- *Les ECM linéaires et ceux non linéaires*

Tableau 4.6 Les ECM linéaires et ceux non linéaires sur la sous-période du 1er janvier 2006 au 30 juin 2007 (voir les tableaux A4.1, A4.2 et A4.3 de l'annexe)

	$DCAC_t$	$DDAX_t$	$DFTSE_t$	$DNIKKEI_t$	DMASI
$DDJI_t$	**0.362506**	–	**0.298447**	0.250556	–
	[13.19100]		**[11.32911]**	[1.938315]	
Z_{t-1}	**-0.097254**		**-0.098821**	**-0.062496**	
	[-3.573783]		**[-3.798065]**	**[-3.610284]**	
R^2	0.35		0.30	0.05	
Test ARCH : p-value(1)	0.971295		0.704376	0.837749	
$DDJI_t$	**0.362149**	–	**0.300315**	0.237743	–
	[13.13919]		**[11.32006]**	[1.829194]	
z^{+}_{t-1}	**-0.090970**		**-0.114026**	-0.046158	
	[-2.547700]		**[-2.934526]**	[-1.917614]	
z^{-}_{t-1}	**-0.106418**		**-0.083554**	**-0.081510**	
	[-2.600528]		**[-2.496518]**	**[-3.243983]**	
R^2	0.35		0.30	0.05	
Test ARCH : p-value	0.962988		0.668217	0.937003	
Test de Wald : p-value	**0.7739**		**0.5476**	**0.3110**	
H_0 : $coeffz^{+}_{t-1} = coeffz^{-}_{t-1}$	**Accepter H_0**		**Accepter H_0**	**Accepter H_0**	
Où Z_t est déterminé tel que :	CAC_t = 19.57412	–	$FTSE_t$ = **2197, 922**	$NIKKEI_t$ = **6558.784**	–
	[0.300629]		**[33.10358]**	**[15.02272]**	
	+**0.446685**DJI_t		+**0.646827**DJI_t	+**0.842229** DJI_t	
	[81.69526]		**[58.55513]**	**[22.97217]**	
	$+Z_t$		$+Z_t$	$+Z_t$	
R^2	0.95		0.91	0.60	

Où : […] = t de Student ;

(1) Hormis l'ECM linéaire explicatif de $DNIKKEI_t$, qui ne pose pas un problème d'hétéroscédasticité, on suppose que les erreurs suivent un processus GARCH(1,1) dans tous les ECM linéaires et non linéaires ci-dessus et on corrige ainsi ce biais d'hétéroscédasticité.

D'une part, sur la base des ECM explicatifs de $DCAC_t$, de $DFTSE_t$ et de $DNIKKEI_t$, il est clair que ces variables sont caractérisées par leur retour vers l'équilibre de long terme, car les coefficients des termes à correction d'erreur sont significativement négatifs. En effet, chacune de ces variables dépend négativement à long terme de sa propre valeur retardée d'une période, alors qu'elle dépend positivement à long terme de la valeur retardée d'une période de DJI_t. Par ailleurs, elle dépend aussi positivement, à court terme, de la différence première de la valeur de DJI_t, à l'exception de $DNIKKEI_t$ qui n'en dépend qu'au seuil de 10 %.

D'autre part, les ECM non linéaires confirment le résultat de l'importance du cours de Dow Jones dans l'explication de ceux du CAC 40, du FTSE 100 et du NIKKEI 225. De plus, hormis le coefficient de z_{t-1}^{+} dans l'ECM non linéaire explicatif de $DNIKKEI_t$, qui n'est pas significativement négatif qu'au seuil de 10 %, ceux de z_{t-1}^{+}et de z_{t-1}^{-}dans tous les ECM non linéaires sont significativement négatifs.

En définitive, on retient les résultats des tests de non-linéarité, relatifs aux trois ECM non linéaires, afin d'évaluer l'évolution des liens entre la place de New York et celles de Paris, de Londres et de Tokyo durant la sous-période du 1er janvier 2006 au 30 juin 2007 (voir *infra* le paragraphe 1.1.4).

Tableau 4.7 Les ECM linéaires et ceux non linéaires sur la sous-période du 1er juillet 2007 au 31 décembre 2009 (voir les tableaux A4.4, A4.5, A4.6 et A4.7 de l'annexe)

	$DCAC_t$	$DDAX_t$	$DFTSE_t$	$DNIKKEI_t$	$DMASI_t$
$DDJI_t$	**0.295828**	**0.386533**	**0.323791**	**0.192971**	–
	[24.20597]	**[23.14042]**	**[21.95852]**	**[3.783092]**	
Z_{t-1}	**-0.030728**	**-0.099855**	**-0.096009**	-0.018002	
	[-2.211440]	**[-5.987532]**	**[-3.627543]**	[-1.310155]	
R^2	0.36	0.43	0.38	0.04	
Test ARCH : p-value(1)	0.394099	0.138602	0.502013	0.141443	
$DDJI_t$	**0.298769**	**0.390995**	**0.323812**	**0.203803**	–
	[25.77698]	**[23.52795]**	**[21.96646]**	**[4.141034]**	
z^+_{t-1}	**-0.067489**	**-0.052023**	**-0.065153**	**-0.070486**	
	[-4.072643]	**[-2.380400]**	**[-2.545526]**	**[-5.731426]**	
z^-_{t-1}	-0.020464	**-0.103876**	**-0.090262**	-0.010566	
	[-1.449169]	**[-6.571902]**	**[-3.382777]**	[-0.783736]	
R^2	0.38	0.44	0.39	0.07	
Test ARCH : p-value	0.701989	0.136223	0.536865	0.443659	
	0.0375	**0.0282**	**0.5010**	0.0006	
Test de Wald : p-value H_0 : $coeffz^+_{t-1} = coeffz^-_{t-1}$	-	**Rejeter H_0**	**Accepter H_0**	–	
Où Z_t est déterminé tel que :	CAC_t = **-813.0973** **[-22.06539]** **+0.467292** DJI_t **[138.9257]** $+Z_t$	DAX_t =**-196.9955** **[-4.488662]** **+0.580227** DJI_t **[144.8383]** $+Z_t$	$FTSE_t$ =**786.4368** **[23.88969]** **+0.415484**DJI_t **[138.2693]** $+Z_t$	$NIKKEI_t$ = **3014.436** **[-16.27524]** **+0.842229** DJI_t **[82.14192]** $+Z_t$	–
R^2	0.97	0.97	0.97	0.92	

Où : [...] = t de Student ;

(1) Au niveau de ces ECM linéaires et non linéaires, on suppose que les erreurs suivent, à l'exception d'un processus GARCH(3,3) dans l'ECM linéaire et celui non linéaire explicatifs de $DCAC_t$, un processus GARCH(1,1) afin de corriger le biais d'hétéroscédasticité.

D'une part, au niveau des ECM linéaires explicatifs de $DCAC_t$, de $DFTSE_t$ et de $DDAX_t$, ces variables sont caractérisées par leur retour vers l'équilibre de long terme, car les coefficients des termes à correction d'erreur sont significativement négatifs. En effet, chacune de ces variables dépend négativement à long terme de sa propre valeur retardée d'une période, alors qu'elle dépend positivement à long terme de la valeur retardée d'une période de DJI_t. De plus, elle dépend aussi positivement, à court terme, de la DP de la valeur de DJI_t. Quant à l'ECM linéaire explicatif de $DNIKKEI_t$, le coefficient de Z_{t-1} n'est pas significativement négatif et on ne peut pas valider alors cette représentation à correction d'erreur.

D'autre part, les ECM non linéaires explicatifs de $DCAC_t$, de $DFTSE_t$ et de $DDAX_t$ confirment l'importance du cours de Dow Jones dans l'explication de ceux du CAC 40, du FTSE 100 et du DAX. En outre, les coefficients de z_{t-1}^{+} et de z_{t-1}^{-} dans les ECM non linéaires explicatifs de $DDAX_t$ et de $DFTSE_t$ sont significativement négatifs. S'agissant des ECM non linéaires explicatifs de $DCAC_t$ et de $DNIKKEI_t$, à part les coefficients de z_{t-1}^{+}, qui sont significativement négatifs, ceux de z_{t-1}^{-} ne le sont pas et, par conséquent, ces ECM ne sont pas validés.

Au total, on retient les résultats des tests de non-linéarité, attachés aux deux ECM non linéaires validés, afin d'évaluer la contagion de la crise financière de 2007-2008 par rapport aux marchés boursiers de Londres et de Francfort au cours de la sous-période de crise (voir *infra* le paragraphe 1.1.4).

Tableau 4.8 Les ECM linéaires et ceux non linéaires sur la sous-période du 1er janvier 2006 au 31 décembre 2009 (voir les tableaux A4.8 et A4.9 de l'annexe)

	$DCAC_t$	$DDAX_t$	$DFTSE_t$	$DNIKKEI_t$	$DMASI_t$
$DDJI_t$	–	**0.408976** **[28.54002]**	**0.323894** **[25.39992]**	–	–
Z_{t-1}		**-0.018432** **[-2.933654]**	**-0.024347** **[-3.248129]**		
R^2		0.39	0.34		
Test ARCH : p-value(1)		0.186203	0.167428		
$DDJI_t$	–	**0.404036** **[27.55165]**	**0.324038** **[25.31939]**	–	–
z^+_{t-1}		-0.007012 [-0.903476]	**-0.025563** **[-2.296873]**		
z^-_{t-1}		**-0.034086** **[-3.833578]**	**-0.022372** **[-2.093519]**		
R^2		0.39	0.34		
Test ARCH : p-value		0.055308	0.163658		
Test de Wald : p-value		**0.0128**	**0.8399**		
H_0 : coeffz^+_{t-1} = coeffz^-_{t-1}		**Rejeter H_0**	**Accepter H_0**		
Où Z_t est déterminé tel que :	–	DAX_t = **-215.3057** **[-3.589233]** **+0.568852**DJI_t+Z_t **[107.3793]**	$FTSE_t$ = **682.7111** **[15.37441]** **+0.436692**DJI_t+Z_t **[111.3556]**	–	–
R^2		0.93	0.93		

Où : […] = t de Student ;

(1) Au niveau de ces ECM linéaires et non linéaires, on suppose que les erreurs suivent, à l'exception d'un processus GARCH(2,2) dans l'ECM linéaire explicatif de $DDAX_t$, un processus GARCH(1,1) afin de corriger le biais d'hétéroscédasticité.

D'une part, au niveau des ECM linéaires explicatifs de $DDAX_t$ et de $DFTSE_t$, ces variables sont caractérisées par leur retour vers l'équilibre de long terme, car les coefficients des termes à correction d'erreur sont significativement négatifs. En effet, chacune de ces variables dépend négativement à long terme de sa propre valeur retardée d'une période, alors qu'elle dépend positivement à long terme de la valeur retardée d'une période de DJI_t. De plus, elle dépend aussi positivement, à court terme, de la DP de la valeur de DJI_t.

D'autre part, les ECM non linéaires explicatifs de ces mêmes variables confirment l'importance du cours de Dow Jones dans l'explication de ceux du DAX et du FTSE 100. En outre, les coefficients de z^+_{t-1}et de z^-_{t-1} dans l'ECM non linéaire explicatif de $DFTSE_t$ sont significativement négatifs. Alors que dans celui explicatif de $DDAX_t$, à part le coefficient de z_{t-1}^{+}, qui est négatif mais pas significatif, celui de z_{t-1}^{-} est significativement négatif.

En somme, on retient les résultats des tests de non-linéarité, liés à ces deux ECM non linéaires, afin d'évaluer l'évolution des liens entre la place de New York et celles de Londres et de Francfort durant la sous-période du 1er janvier 2006 au 31 décembre 2009 (voir *infra* le paragraphe 1.1.4).

Tableau 4.9 Les ECM linéaires et ceux non linéaires sur la sous-période du 1er janvier 2010 au 31 octobre 2011 (voir les tableaux A4.10, A4.11 et A4.12 de l'annexe)

	$DCAC_t$	$DDAX_t$	$DFTSE_t$	$DNIKKEI_t$	$DMASI_t$
$DDJI_t$	–	–	**0.398442**	**0.261469**	**0.044820**
			[23.90172]	**[5.278283]**	**[2.294933]**
Z_{t-1}			**-0.024673**	-0.005947	**-0.018281**
			[-2.056717]	[-0.752214]	**[-2.904645]**
R^2			0.54	0.05	0.016
Test ARCH : p-value (1)			0.608271	0.058054	0.084430
$DDJI_t$	–	–	**0.398746**	**0.264477**	**0.045808**
			[23.99223]	**[5.387318]**	**[2.270602]**
z_{t-1}^{+}			-0.028081	-0.016287	-0.002154
			[-1.740227]	[-1.315048]	[-0.252708]
z_{t-1}^{-}			-0.022453	0.010495	**-0.034115**
			[-1.298537]	[-1.315048]	**[-3.574564]**
R^2			0.55	0.05	0.039
Test ARCH : p-value			0.607008	0.012602	0.079245
Test de Wald : p-value			–	–	**0.0129**
H_0 : coeffz_{t-1}^{+} = coeffz_{t-1}^{-}			–	–	**Rejeter H_0**
Où Z_t est déterminé tel que :	–	–	$FTSE_t$ = **1918.363** **[15.92513]** **+0.326201**DJI_t+Z_t **[30.51924]**	$NIKKEI_t$ = **9537.733** **[21.15665]** +0.025159DJI_t+Z_t [0.628976]	$MASI_t$ = **9040.886** **[24.03235]** **+0.249439**DJI_t+Z_t **[7.473545]**
R^2			0.69	0.0009	0.12

Où : […] = t de Student ;

(1) Au niveau de ces ECM linéaires et non linéaires, on suppose que les erreurs suivent, à l'exception d'un processus

GARCH(3,3) dans l'ECM linéaire explicatif de $DNIKKEI_t$, un processus GARCH(1,1) afin de corriger le biais d'hétéroscédasticité. Toutefois, ce biais demeure dans l'ECM non linéaire explicatif de $DNIKKEI_t$.

D'une part, au niveau de l'ECM linéaire explicatif de $DFTSE_t$ et de celui explicatif de $DMASI_t$, le coefficient du terme à correction d'erreur est significativement négatif et traduit ainsi un retour de ces variables vers l'équilibre de long terme. En effet, $DFTSE_t$ et $DMASI_t$ dépendent négativement à long terme de leurs propres valeurs retardées d'une période, alors qu'elles dépendent positivement à long terme de la valeur retardée d'une période de DJI_t. En outre, elles dépendent positivement, à court terme, de la DP de la valeur de DJI_t. Concernant l'ECM linéaire explicatif de $DNIKKEI_t$, le coefficient de Z_{t-1} est bien négatif, mais pas significatif. Alors, on ne peut pas valider cette représentation à correction d'erreur.

D'autre part, sur le plan des deux ECM non linéaires explicatifs de $DFTSE_t$ et $DNIKKEI_t$, les coefficients de z^+_{t-1}et de z^-_{t-1} ne sont pas significativement négatifs. Alors que, sur le plan de celui explicatif de $DMASI_t$, c'est seulement le coefficient de z^+_{t-1} qui n'est pas significativement négatif.

En définitive, on retient les résultats de l'ECM linéaire explicatif de $DFTSE_t$ et de celui explicatif de $DMASI_t$ pour évaluer l'évolution des liens entre la place de New York et, respectivement, celle de Londres et celle de Casablanca durant la sous-période du 1er janvier 2010 au 31 octobre 2011 (voir *infra* le paragraphe 1.1.4).

➢ **L'étude de la cointégration multivariée et les VECM**

Pour étudier la cointégration multivariée selon l'approche de Johansen, entre nos variables d'intérêt qui sont toutes intégrées d'un même ordre, on spécifie d'abord un modèle VAR optimal. Puis, on recourt aux tests de ratio de vraisemblance pour tester la cointégration. Enfin, on estime les relations éventuelles de long terme.

Résultat, le test de la trace met en évidence l'existence d'une seule relation de cointégration, seulement durant la sous-période du 1er juillet 2007 au 31 décembre 2009, entre nos variables d'intérêt différenciées à l'ordre 1 pour 1 retard.

- *L'estimation du modèle vectoriel à correction d'erreur (VECM) linéaire*

En normalisant un à un les coefficients de nos variables en niveau, on conclut que seule la variable NIKKEI peut être endogène dans la relation de cointégration. En effet, les coefficients de cette relation ne deviennent tous significatifs, et ceux de la force de rappel vers la relation d'équilibre de long terme ne sont négatifs qu'après la considération du coefficient de NIKKEI comme normalisé[145]. L'estimation du VECM est alors la suivante :

[145] En pratique, cette opération s'effectue par l'imposition de la contrainte B(1, k) = 1. Où B(1, K) est le coefficient de la variable endogène retardée (ici $NIKKEI_{t-1}$) et K son ordre dans la seule relation de long terme.

Tableau 4.10 L'estimation du VECM linéaire (Voir le tableau A4.13 de l'annexe)

	$DDJI_t$	$DCAC_t$	$DDAX_t$	$DFTSE_t$	$DNIKKEI_t$
$DDJI_{t-1}$	-0.122445 [-4.22883]	**0.195533** **[8.81898]**	**0.209878** **[6.68474]**	**0.228398** **[8.79722]**	**0.566589** **[9.18458]**
$DCAC_{t-1}$	-1.242455 [3.55387]	-0.615323 [-4.29370]	-0.651994 [-3.21285]	-0.651542 [-3.88263]	0.518443 [1.30023]
$DDAX_{t-1}$	0.317973 [1.69893]	0.090053 [1.20155]	0.081185 [0.76496]	0.063065 [0.71860]	0.126649 [0.60735]
$DFTSE_{t-1}$	0.615789 [2.45172]	0.079006 [0.78551]	0.089700 [0.62981]	0.071895 [0.61045]	-0.086592 [-0.30943]
$DNIKKEI_{t-1}$	-0.024364 [-0.68984]	0.0022085 [1.56157]	0.016470 [0.82239]	0.15739 [0.95035]	-0.238199 [-6.05323]
Z_{t-1}	-0.000479 [-0.20296]	**-0.003118** **[-3.29750]**	**-0.002679** **[-2.00085]**	**-0.003738** **[-3.37545]**	**-0.006396** **[-2.43107]**
R^2	0.05	0.19	0.12	0.19	0.32

Où : [...] = t de Student ;

$$Z_{t-1} = NIKKEI_{t-1} \mathbf{-9{,}769229}\, DJI_{t-1} + \mathbf{16{,}53371}\, CAC_{t-1} \mathbf{-11{,}07711}\, DAX_{t-1} + \mathbf{17{,}32769}\, FTSE_{t-1}$$
$$\mathbf{[-4{,}22883]} \quad \mathbf{[3{,}55387]} \quad \mathbf{[-2{,}20011]} \quad \mathbf{[4{,}16796]}$$

Z_{t-1} représente l'écart par rapport à la relation d'équilibre de long terme

- *La validation du VECM linéaire estimé*

Au regard de l'estimation du VECM ci-dessus, les coefficients de la force de rappel Z_{t-1} vers la relation d'équilibre ont bien le signe négatif attendu. Toutefois, on doit apprécier leurs significativités via les tests d'exogénéité faible. Le tableau suivant récapitule les résultats de ces tests :

Tableau 4.11 Les résultats des tests d'exogénéité faible

$\alpha_1 = A(1, 1)$	$\alpha_2 = A(2, 1)$	$\alpha_3 = A(3, 1)$	$\alpha_4 = A(4, 1)$	$\alpha_5 = A(5, 1)$
Not all cointegrating vectors are identified				
LR test for binding restrictions (rank = 1) :				
Chi-square(1) : 0,033901	Chi-square(1) : 4,825318	Chi-square(1) : 1,674965	Chi-square(1) : 6,067976	Chi-square(1) : 3,499360
Probability: 0,853917	Probability: 0,028045	Probability: 0,195595	Probability: 0,013765	Probability: 0,061393

En conséquence, seuls les coefficients α_2 et α_4 sont significativement différents de 0. Ainsi, on doit imposer les restrictions $\alpha_1 = \alpha_3 = \alpha_5 = 0$ et estimer un VECM partiel.

Le VECM partiel estimé est le suivant :

Tableau 4.12 L'estimation du VECM partiel linéaire (Voir le tableau A4.14 de l'annexe)

	$DDJI_t$ (eq1)	$DCAC_t$ (eq2)	$DDAX_t$ (eq3)	$DFTSE_t$ (eq4)	$DNIKKEI_t$ (eq5)
$DDJI_{t-1}$	-0.119388 [-2.20148]	**0.206908** **[9.47465]**	-0.224093 [7.26323]	**0.240805** **[9.42491]**	0.594465 [9.79886]
$DCAC_{t-1}$	-1.243026 [-3.47193]	-0.609751 [-4.22937]	-0.652052 [-3.20125]	-0.643525 [-3.81516]	0.524916 [1.31062]
$DDAX_{t-1}$	0.319541 [1.69811]	0.081437 [1.07472]	0.083600 [0.78090]	0.050026 [0.56428]	0.119019 [0.56539]
$DFTSE_{t-1}$	0.610448 [2.42885]	0.068407 [0.67590]	0.067987 [0.47547]	0.062672 [0.52928]	-0.121228 [-0.43117]
$DNIKKEI_{t-1}$	-0.024322 [-0.68852]	0.022944 [1.61295]	0.016904 [0.84113]	0.016852 [1.01256]	-0.236749 [-5.99110]
Z_{t-1}	–	**-0.001375** **[-4.34501]**	–	**-0.001953** **[-4.25766]**	–
R^2	0.05	0.18	0.11	0.19	0.32

Où : [...] = t de Student ;

$Z_{t-1} = NIKKEI_{t-1}$ **-7,014680** DJI_{t-1} **+22,16464** CAC_{t-1} **-24,65062** DAX_{t-1} **+22,73524** $FTSE_{t-1}$
[-2,42634] [3,80694] [-3,91228] [4,36986]

Pour valider ce VECM partiel, on doit vérifier que les résidus sont des bruits blancs. En effet, le tableau ci-dessous présente les résultats de l'application du test de Ljung-Box sur les résidus des cinq équations du VECM.

Tableau 4.13 Les résultats du test de Ljung-Box

Équation	Q-Statistique de Ljung-Box	Probabilité	Le résidu est un bruit blanc
eq1	Q(145) = 169,67	0,079	Oui
eq2	Q(145) = 162,02	0,158	Oui
eq3	Q(145) = 148,88	0,396	Oui
eq4	Q(145) = 162,55	0,151	Oui
eq5	Q(145) = 170,04	0,076	Oui

Puisque les résidus sont des bruits blancs, alors on accepte le VECM partiel ci-dessus.

Au niveau de la première équation du VECM partiel ci-dessus, $DDJI_t$ n'est pas caractérisée par un retour vers la cible de long terme et elle ne dépend pas à court terme de $DDAX_{t-1}$ et $DNIKKEI_{t-1}$. Par ailleurs, elle dépend à court terme négativement de $DDJI_{t-1}$ et $DCAC_{t-1}$ et positivement de $DFTSE_{t-1}$.

Sur la base de la deuxième équation, $DCAC_t$ se caractérise par un retour vers l'équilibre de long terme car le coefficient du terme à correction d'erreur est significativement négatif. En effet, elle dépend négativement à long terme de $DCAC_{t-1}$, $DNIKKEI_{t-1}$ et $DFTSE_{t-1}$, alors qu'elle dépend positivement à long terme de $DDJI_{t-1}$ et $DDAX_{t-1}$. En outre, elle dépend à court terme positivement de $DDJI_{t-1}$ et négativement de $DCAC_{t-1}$.

À l'échelle de la troisième équation, $DDAX_t$ n'est pas caractérisée par un retour vers la cible de long terme et elle ne dépend pas à court terme de $DDAX_{t-1}$, $DFTSE_{t-1}$ et $DNIKKEI_{t-1}$. Toutefois, elle dépend à court terme négativement de $DCAC_{t-1}$ et positivement de $DDJI_{t-1}$.

Sur le plan de la quatrième équation, $DFTSE_t$ se caractérise par un retour vers l'équilibre de long terme car le coefficient du terme à correction d'erreur est significativement négatif. En effet, elle dépend négativement à long terme de $DFTSE_{t-1}$, $DCAC_{t-1}$ et $DNIKKEI_{t-1}$, alors qu'elle dépend positivement de $DDJI_{t-1}$ et $DDAX_{t-1}$. De même, elle dépend à court terme positivement de $DDJI_{t-1}$ et négativement de $DCAC_{t-1}$.

S'agissant de la cinquième équation, $DNIKKEI_t$ n'est pas caractérisée par un retour vers la cible de long terme et elle ne dépend pas à court terme de $DCAC_{t-1}$, $DDAX_{t-1}$ et $DFTSE_{t-1}$. Cependant, elle dépend à court terme négativement de $DNIKKEI_{t-1}$ et positivement de $DDJI_{t-1}$.

En conséquence, ce VECM linéaire partiel confirme le résultat ci-dessus des ECM linéaires bivariés estimés sur la même sous-période, à savoir : l'importance du cours de Dow Jones dans l'explication de ceux du CAC 40, du FTSE 100, du DAX ainsi que du NIKKEI 225.

- *L'estimation du VECM partiel non linéaire*

Tableau 4.14 L'estimation du VECM partiel non linéaire (voir les tableaux A4.15 de l'annexe)

	$DCAC_t$	$DFTSE_t$
$DDJI_{t-1}$	**0.172976**	**0.210217**
	[7.648686]	**[7.768890]**
$DCAC_{t-1}$	-0.417346	-0.548388
	[-2.945073]	[-3.242030]
$DDAX_{t-1}$	0.059400	0.063205
	[0.769684]	[0.725517]
$DFTSE_{t-1}$	0.003387	0.027498
	[0.038329]	[0.253196]
$DNIKKEI_{t-1}$	0.026384	0.027758
	[1.905471]	[1.710815]
z^+_{t-1}	-0.001114	-0.001872
	[-1.105210]	[-1.801884]
z^-_{t-1}	**-0.002549**	**-0.002721**
	[-2.574313]	**[-2.236100]**
R^2	0.18	0.18
Test ARCH : p-value[1]	0.183397	0.319586
Test de Wald : p-value	0.3252	0.6069
H_0 : $coeffz^+_{t-1} = coeffz^-_{t-1}$	**Accepter H_0**	**Accepter H_0**

Où : [...] = t de Student ;

[1] Au niveau de ces deux ECM non linéaires, on suppose que les erreurs suivent un processus GARCH(1,1) afin de corriger le biais d'hétéroscédasticité.

À la lumière de ce tableau, les ECM non linéaires explicatifs de $DCAC_t$ et de $DFTSE_t$ confirment l'importance du cours de Dow Jones dans l'explication de ceux du CAC 40 et du FTSE 100. En outre, les coefficients de z^-_{t-1} dans ces deux ECM non linéaires sont significativement négatifs.

Au total, on retient les résultats des tests de non-linéarité, relatifs à ces deux ECM non linéaires, afin d'évaluer la contagion de la crise financière de 2007-2008 par rapport aux marchés boursiers de Paris et de Londres au cours de la sous-période de crise (voir *infra* le paragraphe 1.1.4).

1.1.4 Résultats

Durant la sous-période du 1er janvier 2006 au 30 juin 2007, l'ECM linéaire et celui non linéaire, explicatifs du cours du CAC 40, mettent en évidence l'impact significativement positif du marché boursier de New York sur celui de Paris ainsi que l'existence des mêmes mécanismes de transmission entre ces deux marchés. De même, l'ECM linéaire bivarié et celui non linéaire multivarié, explicatifs de cette même variable et estimés sur la sous-période du 1er juillet 2007 au 31 décembre 2009, confirment l'influence significative et positive du cours du Dow Jones sur celui du CAC 40 ainsi que la continuité, après la réalisation du choc, des mêmes interdépendances entre leurs marchés et, par conséquent, le rejet de l'hypothèse de la contagion en faveur de celle de la contagion fondamentale. En conséquence, la crise financière de 2007-2008 n'est plus contagieuse dans le cas de la place de Paris, et les liens entre cette dernière et celle de New York n'augmentent pas significativement durant la période de crise par rapport à celle de stabilité.

S'agissant du cours du DAX, les deux ECM non linéaires, explicatifs de cette variable et estimés respectivement au cours de la sous-période du 1er juillet 2007 au 31 décembre 2009 et celle du 1er janvier 2006 au 31 décembre 2009, convergent vers le même résultat de la contagion, engendrée par le marché boursier de New York, dans celui de Francfort, ainsi que de l'impact significativement positif du cours de Dow Jones sur celui de DAX. Par conséquent, la crise financière de 2007-2008 est contagieuse par rapport à la place de Francfort et les liens entre cette dernière et celle de New York augmentent significativement durant la période de crise par rapport à celle de stabilité.

Quant au cours de FTSE 100, les ECM non linéaires bivariés et multivariés, explicatifs de cette variable et estimés sur les sous-périodes du 1er janvier 2006 au 30 juin 2007, du 1er juillet 2007 au 31 décembre 2009 ainsi que du 1er janvier 2006 au 31 décembre 2009, rejettent tous l'hypothèse de la contagion et mettent en évidence l'existence des mêmes liens, entre le marché boursier de New York et celui de Londres, aussi bien durant la période de crise que durant celle de stabilité. De même, l'ECM linéaire explicatif de cette même variable, au cours de la sous-période du 1er janvier 2010 au 31 décembre 2011, confirme ce résultat et accepte l'hypothèse de la contagion fondamentale. En outre, dans tous ces modèles, le cours de Dow Jones influence, de façon positive, significativement celui de FTSE 100. Résultat, la crise financière de 2007-2008 n'est plus contagieuse par rapport à la place de Londres, et les liens entre cette dernière et celle de New York n'augmentent pas significativement durant la période de crise par rapport à celle de stabilité.

Concernant le cours de NIKKEI 225, ses ECM linéaires explicatifs, estimés sur la sous-période du 1er juillet 2007 au 31 décembre 2009 ainsi que sur celle du 1er janvier 2010 au 31 décembre 2011 et dont les coefficients des termes à correction d'erreur sont négatifs mais pas significatifs, montrent l'impact significativement positif du cours de Dow Jones sur ce cours. De plus, l'ECM non linéaire, explicatif de cette même variable et estimé sur la sous-période du 1er janvier 2006 au 30 juin 2007, met en évidence l'existence des mêmes liens entre le marché boursier de New York et celui de Tokyo. En somme, la crise financière de 2007-2008 n'est pas contagieuse par rapport à la place de Tokyo, et les liens entre cette dernière et celle de New York n'augmentent pas significativement durant la période de crise par rapport à celle de stabilité.

Résultat, les théories non contingentes aux crises sont confirmées dans trois occasions et permettent d'expliquer la contagion fondamentale de la crise financière de 2007-2008 par rapport aux marchés boursiers de Londres, de Paris ainsi que de Tokyo, alors que celles contingentes aux crises ne sont validées qu'une seule fois et permettent d'expliquer la contagion de cette crise par rapport à la place de Francfort.

D'une part, la contagion fondamentale de cette crise par rapport aux places de Londres, de Paris ainsi que de Tokyo peut être expliquée par l'interdépendance financière permanente entre ces places et celle de New York. En témoignent la fusion entre l'Euronext et la Bourse de New York en 2007 ainsi que la préparation d'une alliance entre cette dernière et celle de Tokyo durant la période de 2007-2009. D'autre part, sa contagion par rapport à la place de Francfort ne peut pas être expliquée par la permanence de l'interdépendance financière entre cette place et celle de New York mais par la théorie du mimétisme, la coordination des anticipations des acteurs vers le mauvais équilibre suite à l'occurrence de cette crise aux États-Unis ainsi que les problèmes d'asymétrie d'information sur les marchés de capitaux. D'ailleurs, la Bourse de Francfort n'a pas réalisé son probable rapprochement avec NYSE Euronext durant la période de 2007-2010.

Par ailleurs, au niveau de la place de Casablanca, il y a, pour mémoire, d'une part, l'apparition d'une relation de court terme, entre le cours de Dow Jones et celui de MASI, durant la période de crise et son absence durant celle de stabilité et, d'autre part, l'apparition d'une relation de cointégration entre ces deux cours uniquement durant la sous-période de 2010-2011. Le premier résultat peut s'expliquer par la panique des particuliers, voire la perte de confiance des investisseurs, marocains et étrangers, et leurs sorties de la place de Casablanca, depuis septembre 2008, sous l'effet psychologique de la crise financière de 2007-2008. Outre l'effet de cette crise internationale, les scandales intervenus en 2008 sur la place casablancaise, tels que : l'affaire des ventes à découvert et de la fuite d'information du système de cotation et celle de l'accusation prouvée, envers Safa Bourse, Attijari Intermédiation et BMCE Capital Bourse, de non-respect des procédures de collecte des fonds auprès de clients institutionnels étrangers lors de l'introduction en Bourse de la CGI, ont déstabilisé gros et petits investisseurs, en créant un climat de suspicion qui n'était pas favorable à l'investissement en Bourse. En effet, la mise en place du nouveau système de cotation en mars 2008, qui préconise l'anonymat des transactions ainsi que la suppression du principe de compensation des ordres pour éviter les blocages, n'a pas donné les résultats escomptés à cause, d'une part, de la nécessité d'un temps d'adaptation pour les institutionnels et, d'autre part, de l'ignorance, due à l'anonymat des transactions, des prises de position des institutionnels par les particuliers. Le second s'explique, d'un côté, par le lancement par la Bourse de Casablanca, en partenariat avec FTSE, des indices FTSE Morocco 15 et FTSE CSE All Liquid Index, qui permettent ainsi de lier la bourse casablancaise aux principales places financières internationales et, d'un autre, par l'adhésion de la Bourse de Casablanca à l'association des bourses mondiales « The World Federation of Exchanges » (WFE) en devenant ainsi son 52e membre permanent. Toutefois, l'ECM non linéaire explicatif de $DMASI_t$, estimé sur la sous-période du 1er janvier 2010 au 31 octobre 2011, rejette l'hypothèse de l'existence des mêmes liens, au cours de la période de forte volatilité qu'au cours de celle de faible volatilité, entre la place de New York et celle de Casablanca.

1.2 Le cas de la crise asiatique de 1997-1998

1.2.1 Période d'étude et variables d'intérêt

Afin d'étudier la contagion de la crise asiatique de 1997-1998 entre les places financières de la Corée du Sud, du Hong Kong, de la Malaisie et de la Thaïlande sur la période qui s'étend du janvier 1994 au décembre 2000, nous utilisons les prix mensuels des indices boursiers relatifs à ces marchés boursiers, à savoir : KOSPI (pour la place de la Corée), HANGSENG (pour celle du Hong Kong), KLCI (pour celle de la Malaisie) et SET (pour celle de la Thaïlande)[146].

[146] Les données des cours des indices de la Thaïlande et de la Corée sont issues de http://stats.oecd.org. Celles des autres cours sont issues de fr.finance.yahoo.com

1.2.2 Les tests de stationnarité

Tableau 4.15 Résultats des tests de racine unitaire

Variables	Test de Dickey-Fuller simple		Test de Dickey-Fuller augmenté			
	Modèle	t_{Φ}	Modèle	Retard P	ADF t-stat.	Prob.
En niveau						
SET	[1]	-1.97*	[1]	0	-1.97*	0.0471
HANGSENG	[1]	-0.14	[1]	0	-0.14	0.6330
KLCI	[1]	-0.93	[1]	0	-0.93	0.3110
KOSPI	[1]	-0.95	[1]	1	-1.01	0.2777
En différence première						
DSET	[1]	-9.45*	[1]	0	-9.45*	0.0000
DHANGSENG	[1]	-9.46*	[1]	0	-9.46*	0.0000
DKLCI	[1]	-8.27*	[1]	0	-8.27*	0.0000
DKOSPI	[1]	-6.57*	[1]	0	-6.57*	0.0000

Variables	Test de Phillips-Perron				Test de KPSS			
	Modèle	Largeur de bande	t statistique ajusté	Probabilité critique	Modèle	Largeur de bande	LM Statistique	Valeur critique à 5 %
En niveau								
SET	[1]	2	-2.00*	0.0438	[3]	6	0.18	0.15
HANGSENG	[1]	3	-0.11	0.6420	[3]	6	0.10*	0.15
KLCI	[1]	2	-0.91	0.3185	[3]	6	0.12*	0.15
KOSPI	[1]	1	-0.92	0.3142	[3]	6	0.17	0.15
En différence première								
DSET	[1]	3	-9.44*	0.0000	[2]	2	0.10*	0.46
DHANGSENG	[1]	3	-9.46*	0.0000	[2]	3	0.07*	0.46
DKLCI	[1]	1	-8.27*	0.0000	[2]	2	0.07*	0.46
DKOSPI	[1]	4	-6.49*	0.0000	[2]	1	0.1*	0.46

Avec : * dénote le rejet de l'hypothèse nulle au seuil de 5 % ; [3] : le modèle [3] (modèle avec tendance et constante) ; [2] : le modèle [2] (modèle sans tendance et avec constante) ; [1] : le modèle [1] (modèle sans tendance, ni constante).

À la lecture de ce tableau, hormis la variable SET qui est stationnaire en niveau, les variables HANGSENG, KLCI et KOSPI ne sont pas stationnaires en niveau, mais elles le sont en différence première. Puisque la variable du pays épicentre de la crise asiatique de 1997-1998 n'est plus intégrée d'un même ordre que les autres pays affectés, il n'est pas alors possible d'étudier la cointégration entre nos variables d'intérêt. Par conséquent, on ne peut pas estimer des modèles à correction d'erreur linéaires et ceux non linéaires pour étudier la contagion de la crise asiatique de 1997-1998.

1.3 Le cas de la crise mexicaine de 1994-1995

1.3.1 Période d'étude et variables d'intérêt

Certes, le concept de la contagion n'est apparu qu'après la crise asiatique de 1997-1998. Néanmoins, il est aussi intéressant de vérifier empiriquement, à l'aide du modèle à correction d'erreur non linéaire, l'effet *tequila* de la crise mexicaine de 1994-1995. Outre son adhésion à l'ALENA en 1994, le Mexique s'est engagé dans le cadre de Coopération de 1991 avec la Communauté européenne, qui a abouti à l'accord d'association économique, en 1997, et à celui du libre commerce, en 2000, entre les deux parties. De ce fait, on va étudier l'évolution des interdépendances entre le marché financier du Mexique et ceux de certains pays de l'Amérique latine et de l'Europe.

Afin d'étudier alors la contagion de la crise mexicaine de 1994-1995 entre les places financières de l'Allemagne, l'Autriche, le Brésil, le Chili, la Hongrie, la Pologne et le Mexique sur la période qui s'étale de juin 1991 au mars 1998, nous utilisons les prix mensuels des indices boursiers relatifs à ces marchés boursiers, à savoir : ALL (pour la place de l'Allemagne), AUTR (pour celle de l'Autriche), BRES (pour celle du Brésil), CHIL (pour celle du Chili), HONG (pour celle de la Hongrie), MEX (pour celle du Mexique) et POL (pour celle de la Pologne)[147].

[147] Les données des cours des indices sont issues de http://stats.oecd.org

1.3.2 Les tests de stationnarité

Tableau 4.16 Résultats des tests de racine unitaire

Variables	Test de Dickey-Fuller simple		Test de Dickey-Fuller augmenté			
	Modèle	t_{Φ}	Modèle	Retard P	ADF t-stat.	Prob.
En niveau						
ALL	[2]	3.37	[2]	0	3.37	1.0000
AUTR	[1]	-0.35	[1]	0	-0.35	0.5561
BRES	[1]	2.14	[1]	0	2.14	0.9919
CHIL	[2]	0.85	[1]	2	0.68	0.8616
HONG	[1]	4.43	[1]	0	4.43	1.0000
MEX	[1]	2.19	[1]	0	2.19	0.9929
POL	[1]	0.67	[1]	1	0.21	0.7448
En différence première						
DALL	[1]	-5.44*	[1]	0	-5.44*	0.0000
DAUTR	[1]	-8.76*	[1]	0	-8.76*	0.0000
DBRES	[1]	-6.59*	[1]	0	-6.59*	0.0000
DCHIL	[1]	-5.81*	[1]	1	-6.45*	0.0000
DAUTR	[1]	-5.82*	[1]	0	-5.82*	0.0000
DBRES	[1]	-6.95*	[1]	0	-6.95*	0.0000
DCHIL	[1]	-6.62*	[1]	0	-6.62*	0.0000

Variables	Test de Phillips-Perron				Test de KPSS			
	Modèle	Largeur de bande	t statistique ajusté	Probabilité critique	Modèle	Largeur de bande	LM Statistique	Valeur critique à 5 %
En niveau								
ALL	[2]	1	2.94	1.0000	[3]	6	0.23	0.15
AUTR	[1]	2	-0.35	0.5542	[2]	6	0.16*	0.46
BRES	[1]	4	1.56	0.9700	[3]	6	0.19	0.15
CHIL	[1]	2	0.63	0.8509	[3]	6	0.24	0.15
HONG	[1]	4	4.36	1.0000	[2]	6	0.95	0.46
MEX	[1]	1	1.97	0.9880	[3]	6	0.21	0.15
POL	[1]	4	0.49	0.8200	[2]	6	1.03	0.46
En différence première								
DALL	[1]	2	-5.49*	0.0000	[2]	4	0.69	0.46
DAUTR	[1]	2	-8.76*	0.0000	[2]	2	0.459*	0.46
DBRES	[1]	4	-6.76*	0.0000	[2]	4	0.18*	0.46
DCHIL	[1]	9	-5.40*	0.0000	[2]	2	0.29*	0.46
DAUTR	[1]	2	-5.80*	0.0000	[2]	2	0.90	0.46
DBRES	[1]	1	-6.95*	0.0000	[2]	0	0.14*	0.46
DCHIL	[1]	8	-6.47*	0.0000	[2]	4	0.05*	0.46

Avec : * dénote le rejet de l'hypothèse nulle au seuil de 5 % ; [3] : le modèle [3] (modèle avec tendance et constante) ; [2] : le modèle [2] (modèle sans tendance et avec constante) ; [1] : le modèle [1] (modèle sans tendance, ni constante).

À la lumière des résultats de ce tableau, nos variables d'intérêt sont toutes non stationnaires en niveau, alors qu'elles le sont en différence première. Résultat, les séries ALL, AUTR, BRES, CHIL, HONG, MEX et POL sont intégrées d'ordre un, I(1). Il est alors légitime d'étudier la cointégration entre ces séries.

1.3.3 La cointégration et les ECM

➢ La cointégration bivariée et les ECM

À l'instar de l'étude de la cointégration bivariée lors de la crise financière de 2007-2008, on régresse d'abord, sur une constante ainsi que sur la variable exogène MEX, respectivement chacune des variables endogènes suivantes : ALL, AUTR, BRES, CHIL, HONG et POL, afin d'obtenir les relations de long terme. Ensuite, on déduit le résidu estimé de chacune de ces relations et on teste sa stationnarité à l'aide du test ADF. Enfin, si ce résidu est stationnaire, on pourra alors estimer par la MCO l'ECM en régressant la DP de la variable endogène sur la DP de cette exogène ainsi que sur le terme de rappel retardé d'une période, sinon il n'existera plus de relation de cointégration entre ces deux variables.

Résultat, il y a deux relations de long terme. En effet, les variables AUTR et BRES dépendent à long terme de la variable MEX.

Le tableau ci-dessous synthétise les résultats des estimations des deux ECM linéaires identifiés et ceux non linéaires.

- *Les ECM linéaires et ceux non linéaires*

Tableau 4.17 Les ECM linéaires et ceux non linéaires (voir les tableaux A4.16 et A4.17 de l'annexe 1)

	$DAUTR_t$	$DBRES_t$
$DMEX_t$	**0,634598** **[4,395250]**	**0,807632** **[5,353367]**
Z_{t-1}	**-0,157410** **[-3,465759]**	-0,055061 [-1,312910]
R^2	0,29	0,21
Test ARCH : p-value	0,236194	0,917505
$DMEX_t$	**0,640981** **[4,372520]**	**0,780448** **[5,084660]**
Z^+_{t-1}	-0,115699 [-1,214060]	0,002951 [0,045014]
Z^-_{t-1}	**-0,166923** **[-2,837000]**	-0,094483 [-1,726217]
R^2	0,28	0,23
Test ARCH : p-value	0,219333	0,984208
Test Wald : p-value	**0,6485**	-
H_0 :coeffZ^+_{t-1} = coeffZ^-_{t-1}	**Accepter H₀**	-
Où $\mathbf{Z}_t$ est déterminé tel que :	$AUTR_t$ = **34.91879** **[38.88705]** +**0.213153**MEX_t+Z_t **[3.466269]**	$BRES_t$ = **-17.72463** **[-13.21268]** +**1.737872**MEX_t+Z_t **[25.46587]**
R^2	0.13	0.89

Où : […] = t de Student ;

D'un côté, à l'échelle des ECM linéaires explicatifs de $DAUTR_t$ et de $DBRES_t$, on ne peut pas valider celui explicatif de $DBRES_t$, dont le coefficient de Z_{t-1} n'est pas significativement négatif, alors qu'on peut valider celui explicatif de la variable $DAUTR_t$ qui est caractérisée par un retour vers l'équilibre de long terme, car le coefficient du terme à correction d'erreur est significativement négatif. En effet, la variable $DAUTR_t$ dépend négativement à long terme de sa propre valeur retardée d'une période ($AUTR_{t-1}$), alors qu'elle dépend positivement à long terme de la valeur retardée d'une période de MEX_t.

D'un autre, on ne peut pas valider l'ECM non linéaire explicatif de $DBRES_t$, parce que le coefficient de Z^+_{t-1} n'a pas le signe négatif attendu. Toutefois, on peut valider celui explicatif de $DAUTR_t$, car, hormis le coefficient de Z_{t-1}^{+} qui est négatif mais pas significatif, celui de Z_{t-1}^{-} est significativement négatif.

En définitive, en retient le résultat du test de non-linéarité, attaché à l'ECM non linéaire explicatif de $DAUTR_t$, afin de supputer la contagion de la crise mexicaine de 1994-1995 par rapport à l'Autriche (voir *infra* le paragraphe 1.3.4).

➢ **L'étude de la cointégration multivariée et les VECM**

Sur la base d'un modèle VAR à 1 retard entre nos variables d'intérêt en niveau toutes intégrées d'un même ordre 1, la spécification 2, la relation de la cointégration comprend la constante et ne comprend pas la tendance linéaire, rejette l'hypothèse de non-cointégration (r = 0) entre nos variables d'intérêt pour 1 retard entre les DP et accepte celle de r ≤1, aussi bien pour le test de la trace que pour celui de la valeur propre maximale. Nous retenons ainsi l'hypothèse d'une seule relation de cointégration.

- *L'estimation du modèle vectoriel à correction d'erreur (VECM) :*

Quand on normalise le coefficient de la variable $AUTR_t$ dans la relation de cointégration, les coefficients de cette relation sont tous significatifs et ceux de la force de rappel vers la relation de l'équilibre de long terme sont négatifs.

L'estimation du VECM est alors la suivante :

Tableau 4.18 L'estimation du VECM linéaire (Voir le tableau A4.18 de l'annexe 1)

	$DMEX_t$	$DAUTR_t$	$DBRES_t$	$DCHIL_t$	$DHONG_t$	$DALL_t$	$DPOL_t$
$DMEX_{t-1}$	0.306298 [2.27607]	0.075782 [0.36660]	-0.000204 [-0.00092]	0.365924 [1.60799]	-0.125853 [0.82728]	-0.284647 [-1.03969]	0.454046 [0.91458]
$DAUTR_{t-1}$	-0.110026 [-1.14515]	-0.146293 [-0.99124]	-0.295459 [-1.87521]	0.127699 [0.78597]	-0.150418 [-1.38488]	-0.351722 [-1.79937]	0.412368 [1.16341]
$DBRES_{t-1}$	-0.210081 [-2.18636]	-0.434400 [-2.94314]	0.153362 [0.97328]	-0.195678 [-1.20428]	-0.183722 [-1.69138]	-0.177949 [-0.91030]	-0.861847 [-2.43135]
$DCHIL_{t-1}$	0.096308 [1.51212]	0.117077 [1.19670]	0.089293 [0.85493]	0.441319 [4.09760]	0.048671 [0.67599]	0.104734 [0.80829]	0.363969 [1.54907]
$DHONG_{t-1}$	0.212906 [1.43947]	0.343878 [1.51358]	0.241491 [0.99564]	-0.020771 [-0.08305]	0.489184 [2.92571]	0.604425 [2.00868]	1.420497 [2.60337]
$DALL_{t-1}$	0.015745 [0.17205]	0.134936 [0.95996]	0.030767 [0.20503]	-0.062063 [-0.40107]	0.097862 [0.94602]	0.437074 [2.34772]	-0.274481 [-0.81308]
$DPOL_{t-1}$	-0.018768 [-0.56438]	0.052135 [1.02061]	0.051025 [0.93565]	0.019485 [0.34649]	-0.017850 [-0.47483]	0.029481 [0.43576]	0.062806 [0.51195]
Z_{t-1}	**-0.205202** **[-4.36279]**	**-0.278104** **[-3.84927]**	**-0.177243** **[-2.29793]**	**-0.344989** **[-4.33752]**	**-0.172787** **[-3.24968]**	-0.187342 [-1.95782]	-0.307053 [-1.76962]
R^2	0.25	0.28	0.14	0.36	0.22	0.20	0.21

Où : [...] = t de Student ;

$$Z_{t-1} = AUTR_{t-1} \underset{[3.75733]}{+0.983364} MEX_{t-1} \underset{[-5.33571].}{-0.901143} BRES_{t-1} \underset{[6.97889]}{+0.654647} CHIL_{t-1} \underset{[6.32403]}{+1.683653} HONG_{t-1} \underset{[-8.26619]}{-1.058798} ALL_{t-1} \underset{[-5.85562]}{-0.291437} POL_{t-1} \underset{[-3.00827]}{-18.79130}$$

Z_{t-1} représente l'écart par rapport à la relation d'équilibre de long terme.

- *La validation du VECM linéaire estimé :*

Certes, les coefficients de la force de rappel Z_{t-1} vers la relation d'équilibre ont bien le signe négatif attendu. Néanmoins, on doit apprécier leurs significativités via les tests d'exogéneité faible. Le tableau ci-dessous récapitule les résultats de ces tests :

Tableau 4.19 Les résultats des tests d'exogéneité faible

A(1,1) = α_1	A(2,1) = α_2	A(3,1) = α_3	A(4,1) = α_4	A(5,1) = α_5	A(6,1) = α_6	A(7,1) = α_7
Not all cointegrating vectors are identified						
LR test for binding restrictions (rank = 1)						
Chi-square(1) 8,280587	Chi-square(1) 5,198167	Chi-square(1) 3,956559	Chi-square(1) 7,783270	Chi-square(1) 8,182512	Chi-square(1) 2,756977	Chi-square(1) 2,098347
Probability 0,004007	Probability 0,022611	Probability 0,046689	Probability 0,005273	Probability 0,004230	Probability 0,096831	Probability 0,147458

Résultat, les coefficients α_1, α_2, α_3, α_4 et α_5 sont significativement différents de 0, alors que les coefficients α_6 et α_7 ne sont pas significativement différents de 0. Ainsi, on doit estimer un VECM partiel en imposant les restrictions : $\alpha_6 = \alpha_7 = 0$.

Le VECM partiel estimé est le suivant :

Tableau 4.20 L'estimation du VECM partiel linéaire (Voir le tableau A4.19 de l'annexe 1)

	$DMEX_t$	$DAUTR_t$	$DBRES_t$	$DCHIL_t$	$DHONG_t$	$DALL_t$	$DPOL_t$
$DMEX_{t-1}$	**0.307001**	0.039817	-0.014372	0.383495	0.115546	-0.310597	0.404302
	[2.27264]	[0.18199]	[-0.06416]	[1.73709]	[0.74213]	[-1.11605]	[0.80227]
$DAUTR_{t-1}$	-0.105266	-0.176324	-0.305948	0.151898	-0.157181	-0.373655	0.369294
	[-1.08914]	[-1.12643]	[-1.90907]	[0.96166]	[-1.41101]	[-1.87657]	[1.02422]
$DBRES_{t-1}$	**-0.257330**	**-0.407069**	0.149117	-0.315674	-0.196534	-0.155274	**-0.806836**
	[-2.54621]	**[-2.48695]**	[0.88983]	[-1.91124]	[-1.68724]	[-0.74576]	**[-2.13998]**
$DCHIL_{t-1}$	0.068241	0.065177	0.059503	**0.400288**	0.020945	0.069125	0.302898
	[1.08508]	[0.63989]	[0.57060]	**[3.89458]**	[0.28896]	[0.53351]	[1.29103]
$DHONG_{t-1}$	0.215080	0.228429	0.195985	0.035446	**0.456061**	0.521130	**1.260847**
	[1.44436]	[0.94715]	[0.79373]	[0.14565]	**[2.65725]**	[1.69870]	**[2.26964]**
$DALL_{t-1}$	0.046602	0.235803	0.081052	-0.036397	0.141278	**0.507777**	-0.147064
	[0.52140]	[1.62896]	[0.54690]	[-0.24917]	[1.37143]	**[2.75763]**	[-0.44106]
$DPOL_{t-1}$	-0.014677	0.065226	0.057579	0.023013	-0.012177	0.038652	0.079311
	[-0.441]35	[1.21105]	[1.04420]	[0.42344]	[-0.31771]	[0.56418]	[0.63930]
Z_{t-1}	**-0.116023**	**-0.075618**	-0.056268	**-0.259630**	**-0.066059**	-	-
	[-4.21150]	**[-1.97783]**	[-1.21646]	**[-4.83124]**	**[-2.20984]**	-	-
R^2	0.25	0.19	0.11	0.40	0.18	0.18	0.19

Où : [...] = t de Student ;

$$Z_{t-1} = AUTR_{t-1} + 1.581509 MEX_{t-1} - 1.487876 BRES_{t-1} + 0.935867 CHIL_{t-1} + 2.280518 HONG_{t-1} - 1.234649 ALL_{t-1} - 0.439435 POL_{t-1} - 26.67764$$

[4.09415] [-5.96888] [6.75960] [5.80367] [-6.53075] [-5.98205] [-2.89358]

Z_{t-1} représente l'écart par rapport à la relation d'équilibre de long terme

Le tableau ci-dessous présente les résultats de l'application du test de Ljung-Box sur les résidus des sept équations du VECM.

Tableau 4.21 Les résultats du test de Ljung-Box

Équation	Q- Statistique de Ljung-Box	Probabilité	Le résidu est un bruit blanc
eq1	Q(36) = 17,537	0,996	Oui
eq2	Q(36) = 13,096	1,000	Oui
eq3	Q(36) = 9,1947	1,000	Oui
eq4	Q(36) = 25,093	0,914	Oui
eq5	Q(36) = 10,297	1,000	Oui
eq6	Q(36) = 10,989	1,000	Oui
eq7	Q(36) = 22,797	0,957	Oui

Au niveau de la première équation du VECM partiel ci-dessous, $DMEX_t$ est caractérisée par le retour vers la cible de long terme, car le coefficient du terme à correction d'erreur est significativement négatif. En effet, elle dépend positivement à long terme des valeurs de $BRES_t$, ALL_t et POL_t retardées toutes d'une période, alors qu'elle dépend négativement à long terme de sa propre valeur ainsi que de celles de $CHIL_t$, $AUTR_t$, et $HONG_t$ retardées d'une période. En outre, elle dépend à court terme positivement de la DP de la valeur retardée d'une période de MEX_t et négativement de celle de la valeur retardée d'une période de $BRES_t$.

À l'échelle de la deuxième équation, $DAUTR_t$ est caractérisée par le retour vers la cible de long terme, car le coefficient du terme à correction d'erreur est significativement négatif. En effet, elle dépend à long terme négativement de sa propre valeur ainsi que de celles de MEX_t, $CHIL_t$ et $HONG_t$ retardées toutes d'une période, alors qu'elle dépend positivement à long terme de celles de $BRES_t$, POL_t et ALL_t retardées d'une période. De plus, elle dépend à court terme négativement de la DP de la valeur de $BRES_t$ retardée d'une période.

Sur le plan de la troisième équation, $DBRES_t$ n'est pas caractérisée par un retour vers la cible de long terme et elle ne dépend à court terme d'aucune variable.

S'agissant de la quatrième équation, $DCHIL_t$ se caractérise par un retour vers l'équilibre de long terme, car le coefficient du terme à correction d'erreur est significativement négatif. En effet, elle dépend négativement à long terme de sa propre valeur ainsi que de celles de MEX_t, $AUTR_t$ et $HONG_t$ retardées toutes d'une période, alors qu'elle dépend positivement à long terme de celles de $BRES_t$, ALL_t et POL_t retardées d'une période. De plus, elle dépend à court terme positivement de la DP de sa propre valeur retardée d'une période.

Quant à la cinquième équation, $DHONG_t$ se caractérise par un retour vers l'équilibre de long terme, car le coefficient du terme à correction d'erreur est significativement négatif. En effet, elle dépend négativement à long terme de sa propre valeur ainsi que de celles de MEX_t, $CHIL_t$ et $AUTR_t$ retardées toutes d'une période, alors qu'elle dépend positivement à long terme de celles de $BRES_t$, ALL_t et POL_t retardées d'une période. De plus, elle dépend à court terme positivement de la DP de sa propre valeur retardée d'une période.

Concernant la sixième équation, $DALL_t$ n'est pas caractérisée par un retour vers la cible de long terme et elle dépend positivement à court terme de sa propre valeur retardée d'une période.

Au niveau de la septième équation, $DPOL_t$ n'est pas caractérisée par un retour vers la cible de long terme et elle dépend à court terme, d'une part, négativement de la DP de $BRES_t$ retardée d'une période et, d'autre part, positivement de celle de $HONG_t$ retardée d'une période.

Il convient de noter que ce VECM linéaire partiel confirme le résultat ci-dessous, de l'ECM linéaire bivarié explicatif de $DAUTR_t$, à savoir : l'importance de son historique ainsi que de celui du cours de l'indice boursier mexicain dans l'explication de la valeur actuelle de l'indice boursier autrichien.

- *L'estimation du VECM partiel non linéaire*

Tableau 4.22 L'estimation du VECM partiel non linéaire (voir les tableaux A4.20 de l'annexe 1)

	$DMEX_t$	$DAUTR_t$	$DBRES_t$	$DCHIL_t$	$DHONG_t$
$DMEX_{t-1}$	0.309493 [2.281932]	0.386252 [2.018122]	0.001623 [0.936751]	0.383746 [1.725525]	0.113280 [0.723757]
$DAUTR_{t-1}$	-0.111635 [-1.145669]	-0.142353 [-0.804674]	0.001558 [2.321912]	0.151256 [0.946663]	-0.151388 [-1.346277]
$DBRES_{t-1}$	-0.254467 [-2.506613]	-0.407513 [-4.034347]	0.249394 [2.501141]	-0.315385 [-1.894623]	-0.199138 [-1.699793]
$DCHIL_{t-1}$	0.068858 [1.090792]	0.102407 [1.123364]	0.002722 [2.046832]	0.400350 [3.867703]	0.020385 [0.279818]
$DHONG_{t-1}$	0.215695 [1.443183]	0.229072 [1.610927]	0.017427 [2.489228]	0.035507 [0.144886]	0.455508 [2.640936]
$DALL_{t-1}$	0.057929 [0.635232]	0.144105 [1.546315]	-0.002419 [-1.582268]	-0.035256 [-0.235771]	0.130977 [1.244566]
$DPOL_{t-1}$	-0.011941 [-0.355271]	0.017051 [0.385095]	0.019877 [11.21022]	0.023289 [0.422567]	-0.014666 [-0.378105]
z_{t-1}^{+}	**-0.1646573** **[-3.614617]**	-0.113419 [-1.871957]	-0.000753 [-1.108554]	**-0.272770** **[-3.732735]**	-0.08168 [-1.553783]
z_{t-1}^{-}	**-0.123812** **[-2.820796]**	**-0.096300** **[-2.213952]**	0.000113 [0.112711]	**-0.268654** **[-3.732735]**	**-0.118827** **[-2.345893]**
R^2	0.25	0.14	0.001	0.40	0.19
Test ARCH[(1)] : p-value	0.261322	0.267563	0.815159	0.589087	0.173278
Test de Wald : p-value H_0 : $coeffz_{t-1}^{+} = coeffz_{t-1}^{-}$	**0.4922** –	**0.7945** **AccepteH$_0$**	0.5430 –	**0.9663** **AccepteH$_0$**	**0.5881** **AccepteH$_0$**

Où : […] = t de Student ;

(1) Au niveau de ces ECM non linéaires explicatifs de DAUTR et DBRES, on suppose que les erreurs suivent un processus GARCH(1,1) afin de corriger le biais d'hétéroscédasticité.

Au regard de ce tableau, les ECM non linéaires explicatifs de $DMEX_t$ et $DAUTR_t$ confirment l'importance de l'historique du cours de l'indice boursier mexicain dans l'explication de sa valeur actuelle ainsi que de celle de l'indice boursier autrichien[148]. De plus, hormis l'ECM non linéaire explicatif de $DBRES_t$, les coefficients de Z_{t-1}^{-}, dans les quatre autres ECM non linéaires explicatifs de $DMEX_t$, $DAUTR_t$, $DCHIL_t$ et $DHONG_t$, sont significativement négatifs.

En définitive, on retient les résultats des tests de non-linéarité, relatifs à ces quatre ECM non linéaires, afin de

[148] La même chose pour l'ECM non linéaire explicatif de $DCHIL_t$, mais seulement au seuil statistique de 10 %.

supputer la contagion de la crise mexicaine de 1994-1995 par rapport aux marchés boursiers de l'Autriche, du Chili et de la Hongrie au cours de la période de juin 1991 au mars 1998.

1.3.4 Résultats

L'ECM linéaire bivarié et celui non linéaire bivarié, explicatifs du cours de l'indice boursier autrichien, mettent en évidence l'impact significatif et positif du cours de l'indice boursier mexicain sur ce cours ainsi que l'existence des mêmes mécanismes de transmission entre ces deux marchés. De même, le VECM linéaire et celui non linéaire, explicatifs du même cours, confirment l'influence significative et positive du cours de l'indice boursier mexicain sur ce cours ainsi que la continuité, après la réalisation du choc, des mêmes interdépendances entre leurs marchés et, par conséquent, le rejet de l'hypothèse de la contagion. En conséquence, la crise mexicaine de 1994-1995 n'est plus contagieuse dans le cas du marché boursier autrichien, et les liens entre ce dernier et celui du Mexique n'augmentent pas significativement durant la période de crise par rapport à celle de stabilité.

En outre, les VECM linéaires et ceux non linéaires, explicatifs du cours de l'indice boursier chilien et de celui de l'indice boursier hongrois, mettent en exergue l'impact significatif et positif du cours de l'indice boursier mexicain sur ces deux cours ainsi que l'existence des mêmes liens, entre le marché boursier mexicain et chacun des marchés boursiers du Chili et de la Hongrie, aussi bien durant la période de crise que durant celle de stabilité. En somme, la crise mexicaine de 1994-1995 n'est pas contagieuse par rapport au marché boursier hongrois et celui du Chili. Il convient de signaler que le Chili est dans une moindre mesure touché par cette crise, grâce à son régime de change doté de marges de fluctuation ainsi qu'à sa réglementation des flux de capitaux à travers l'imposition de taux différentiels par type de capitaux[149]. Aussi, le ministre des Finances hongrois de l'époque, Lajos Bokros, lance un programme draconien de stabilisation de l'économie, à savoir : la dévaluation exceptionnelle de 9 % du forint, à la fin de l'année 1994, par rapport au panier de devises en vigueur ; l'instauration d'un système de parité à crémaillère avec annonce préalable ; l'introduction d'une surtaxe à l'imposition de 8 % de caractère temporaire ; la diminution des dépenses publiques, etc.[150]

Toutefois, la contagion de cette crise dans le cas du Brésil n'est pas détectée par le modèle à correction d'erreur non linéaire, mais il est mis en évidence par le coefficient de corrélation ajustée dans la section 2 ci-dessous.

Au terme de l'application du modèle à correction d'erreur non linéaire, il est bon de reléguer aussi la supputation des ampleurs des contagions des crises de notre échantillon au coefficient de corrélation ajustée ainsi qu'au modèle DCC-GARCH.

2. Application du coefficient de corrélation ajustée et du modèle DCC-GARCH

2.1 Application du coefficient de corrélation ajustée

2.1.1 Le cas de la crise des *subprimes*

Afin d'étudier la contagion de la crise financière de 2007-2008 entre chacune des principales places financières mondiales des pays affectés, à savoir : la France, l'Allemagne, l'Angleterre et le Japon, et celle des États-Unis, sur la période de 2006-2009, nous utilisons les rendements des cours journaliers relatifs à ces marchés

[149] Cf. Frenkel (Roberto), « Mondialisation et crises financières en Amérique latine », *REVISTA DE LA CEPAL*. Numéro spécial, juin 2005, p. 121.

[150] Cf. Égert (Balázs), « Politique de désinflation en Hongrie entre 1995-2000 », *Revue d'études comparatives Est-Ouest*, 2000, vol. 31, n° 3, p. 165-191.

boursiers[151]. Outre ces places, on va analyser les liens entre la place de Casablanca et celle de New York.

Le tableau ci-dessous récapitule les résultats des estimations des coefficients de corrélations ajustées, entre chacun des rendements des indices boursiers des pays de notre échantillon (RCAC, RDAX, RFTSE, RNIKKEI et RMASI) et celui de l'indice boursier du pays épicentre de la crise (RDJI), ainsi que ceux des tests de Student, aussi bien au cours de la période de tranquillité, qui s'étend du 1er janvier 2006 au 30 juin 2007, que durant celle de crise, qui commence du 1er juillet 2007 jusqu'au 31 décembre 2009.

Tableau 4.23 Les coefficients de corrélations ajustées

	États-Unis – France	États-Unis – Allemagne	États-Unis – Angleterre	États-Unis – Japon	États-Unis – Maroc
Période de tranquillité	0,17206954	0,17781255	0,15224216	0,02971464	0,01922631
Période de crise	0,1965491	0,22127818	0,19034908	0,05740803	0,01883576
T-Student	0,74491885	1,32266852	1,15960205	0,84271662	0,01188466

Où : t-Stud $(n_1 + n_2 - 4)$ = t-Stud (926) = 1,96.

À la lumière de ce tableau, il n'y a pas d'augmentation significative des coefficients de corrélations, durant la période de crise par rapport à celle de stabilité, entre le marché boursier des États-Unis et chacun de la France, de l'Allemagne, de l'Angleterre ainsi que du Japon, car les valeurs des t-Student, qui sont égales à 0,74, 1,32, 1,16 et 0,84 respectivement pour les coupes : États-Unis – France, États-Unis – Allemagne, États-Unis – Angleterre et États-Unis – Japon, ne sont pas statistiquement significatives au seuil de 5 %.

Résultat, il n'y a pas de contagion entre le marché boursier des États-Unis et chacun de la France, de

[151] Les données des cours des indices boursiers sont issues de fr.finance.yahoo.com

l'Angleterre, de l'Allemagne et du Japon, mais des liens financiers permanents, aussi bien durant la période de crise que durant celle de stabilité, entre ces marchés.

Il convient de noter que, hormis le cas du marché boursier de l'Allemagne, les résultats du coefficient de corrélations ajustées convergent vers ceux des ECM non linéaires explicatifs des cours du CAC 40, du FTSE 100 et du NIKKEI 225. Toutefois, la valeur de t-Student pour le couple États-Unis – Allemagne est la plus élevée, mais elle n'est pas statistiquement significative au seuil de 5 %.

Quant au Maroc, il n'y a pas également d'augmentation significative des coefficients de corrélation, durant la période de crise par rapport à celle de stabilité, entre le marché boursier des États-Unis et celui du Maroc. En outre, le couple États-Unis-Maroc enregistre les plus faibles valeurs de ce coefficient.

2.1.2 Le cas de la crise asiatique

Dans le but d'étudier la contagion de la crise asiatique de 1997-1998 entre chacune des places financières des pays affectés, à savoir : le Hong Kong, la Malaisie et la Corée du Sud, et celle de la Thaïlande, sur la période qui s'étale du janvier 1996 au décembre 1998, nous utilisons les rendements des cours mensuels relatifs à ces marchés boursiers[152].

Le tableau ci-dessous récapitule les résultats des estimations des coefficients de corrélations ajustées, entre chacun des rendements des places financières des pays affectés (RHANGSENG, RKLCI et RKOSPI) et celui de la place financière du pays épicentre de la crise (RSET), ainsi que ceux des tests de Student, aussi bien au cours de la période de tranquillité, qui s'étend du janvier 1996 au

[152] Les données des cours des indices de la Thaïlande et de la Corée sont issues de http://stats.oecd.org Celles des autres cours sont issues de fr.finance.yahoo.com

juin 1997, que durant celle de crise, qui commence du juillet 1997 jusqu'au décembre 1998.

Tableau 4.24 Les coefficients de corrélations ajustées

	Thaïlande – Hong Kong	Thaïlande – Malaisie	Thaïlande – Corée
Période de tranquillité	-0,00567811	0,0809061	-0,03601371
Période de crise	0,27055365	0,2727905	0,23701584
T-Student	1,56073873	1,08483741	1,54268836

Où : t-Stud $(n_1 + n_2 - 4)$ = t-Stud (32) = 2,0369.

À la lecture de ce tableau, il n'y a pas d'augmentation significative des coefficients de corrélations, durant la période de crise par rapport à celle de stabilité, entre le marché boursier de la Thaïlande et chacun de la Corée du Sud, de la Malaisie et du Hong Kong, car les valeurs des t-Student, qui sont égales à 1,56, 1,08 et 1,54 respectivement pour les couples Thaïlande – Hong Kong, Thaïlande – Malaisie et Thaïlande – Corée, ne sont plus statistiquement significatives au seuil de 5 %.

Par conséquent, il n'y a pas de contagion entre le marché boursier de la Thaïlande et chacun du Hong Kong, de la Malaisie et de la Corée, mais des liens financiers permanents, aussi bien durant la période de crise que durant celle de stabilité, entre ces marchés.

D'un côté, selon Mathilde Lemoine, Philippe Madiès et Thierry Madiès (2007), les pays asiatiques avaient, d'une part, des interdépendances commerciales et, d'autre part, des interdépendances financières, car ils bénéficiaient de prêts internationaux octroyés par un créancier commun, à savoir : le Japon. À l'avènement de la crise thaïlandaise, ce créancier commun a été amené à réaménager son portefeuille de titres ou de prêts et à faire face à la crise de liquidité engendrée par des créances douteuses ou irrécouvrables. En conséquence, les pays débiteurs se trouvaient devant une situation de rationnement de crédit. En effet, les travaux de Kaminsky et Reinhart (2000) concluent que la probabilité de crise dans les pays asiatiques est maximale lorsque les pays sont regroupés en fonction du critère « créancier commun ».

D'un autre, la contagion de la crise thaïlandaise est, selon l'appellation d'Ahluwalia (2000), une « contagion discriminante » où les investisseurs internationaux ont une perception du risque qui change pour les pays qui présentent des similarités économiques avec les pays soumis à une crise de change ou une crise financière[153]. En outre, une augmentation du spread de taux d'intérêt[154], voire celle du risque, a été enregistrée dans de nombreux pays asiatiques, après le déclenchement de la crise thaïlandaise, et a reflété ainsi un changement de comportement des investisseurs par rapport au risque « pays émergent » à la suite de cette crise. En effet, selon l'étude de Brana et Lahet (2004), qui considère « *qu'il y a contagion discriminante quand les fondamentaux d'un pays 0 touché par la crise expliquent la modification de la prime de risque dans le pays 1* »[155], la contagion de la crise thaïlandaise est une contagion discriminante.

Ainsi, la contagion de cette crise est une contagion fondamentale.

2.1.3 Le cas de la crise mexicaine

Afin d'étudier la contagion de la crise mexicaine de 1994-1995 entre la place du Mexique et chacune des places financières des pays suivants : l'Allemagne, l'Autriche, le Brésil, le Chili, la Hongrie et la Pologne, et celle du Mexique, sur la période qui s'étale du janvier 1993 au

---

[153] À l'inverse, la « contagion non discriminante » touche les pays sans distinction. Cf. Lemoine (Mathilde), Madiès (Philippe) et Madiès (Thierry), *op. cit.*, p. 446.

[154] Ce spread se mesure par la différence entre le taux d'intérêt exigé par les investisseurs pour acquérir des titres émis par des pays émergents et le taux d'intérêt sans risque américain. *Ibid.*, p. 446.

[155] *Ibid.*

juin 1996, nous utilisons les rendements des cours mensuels relatifs à ces marchés boursiers[156].

Le résultat ci-dessous récapitule les résultats des estimations des coefficients de corrélations ajustées, entre le rendement de l'indice de la place du Mexique et chacune des places financières des autres pays, ainsi que ceux des tests de Student, aussi bien au cours de la période de tranquillité, qui s'étend du janvier 1993 au novembre 1994, que durant celle de crise, qui commence du décembre 1994 jusqu'au juin 1996.

Tableau 4.25 Les coefficients de corrélations ajustées

	Mexique – Allemagne	Mexique – Autriche	Mexique – Brésil	Mexique – Chili	Mexique – Hongrie	Mexique – Pologne
ériode de ·anquillité	0,19156823	0,21264027	0,05897915	0,35247897	0,45967293	0,35915832
ériode de rise	0,43610962	0,4537019	0,63146939	0,40903135	0,39181465	0,5324067
·-Student	1,50626773	1,48486705	**3,51381502**	0,3485976	-0,41828119	1,06755284

Où : t-Stud $(n_1 + n_2 - 4)$ = t-Stud (38) = 2,0244.

Au regard de ce tableau, on constate une augmentation significative des coefficients de corrélation, durant la période de crise par rapport à celle de stabilité, uniquement entre le marché boursier du Mexique et celui du Brésil, car la valeur du t-Student, qui est égale à 3,51, est statistiquement significative au seuil statistique de 5 %.

En conséquence, il existe, d'une part, un phénomène de contagion entre le marché boursier du Mexique et celui du Brésil et, d'autre part, des mêmes liens, aussi bien durant la période de crise que durant celle de stabilité, entre le marché boursier du Mexique et chacun de l'Allemagne, de l'Autriche, du Chili, de la Hongrie ainsi que de la Pologne. Ces résultats confirment ceux du modèle à correction d'erreur non linéaire qui met en évidence, pour mémoire, l'existence des mêmes mécanismes de transmission, aussi bien durant la période de crise que durant celle de stabilité,

[156] Les données des cours des indices sont issues de http://stats.oecd.org

entre le marché boursier mexicain et chacun de l'Autriche, de la Hongrie et du Chili. Ils démontrent aussi la contagion de cette crise dans le cas du Brésil.

Aux applications des modèles à correction d'erreur non linéaire et du coefficient de corrélation ajustée, il est nécessaire d'ajouter celle du modèle DCC-GARCH susceptible aussi de supputer les contagions des crises financières de notre échantillon.

2.2 Application du modèle DCC-GARCH

2.2.1 Le cas de la crise des *subprimes*

À l'instar d'Engel (2002), on va estimer les corrélations conditionnelles dynamiques, selon les deux étapes décrites dans le chapitre 2 de la partie 1, entre le rendement hebdomadaire de Dow Jones et chacun de Dax, de CAC 40, de FTSE 100, de Nikkei 225 et de Masi[157], au cours de la période 2003-2012.

Le tableau ci-dessous regroupe, d'une part, les coefficients estimés des modèles GARCH univariés et, d'autre part, les corrélations dynamiques estimées à partir des résidus standardisés des modèles GARCH.

---

[157] Les données du cours de l'indice de Masi sont issues de www.casablanca-bourse.com
Celles des autres cours sont issues de fr.finance.yahoo.com

Tableau 4.26 L'estimation du modèle DCC-GARCH

	Les paramètres de GARCH et le test d'autocorrélation des résidus				Les paramètres du DCC		
	ω_i	α_i	β_i	Q(36)	$\overline{\rho}_{ij}$	θ_1	θ_2
RCAC	2,11E-05 (0,0674)	**0,172855 (0,0118)**	**0,825164 (0,0000)**	**36,837 (0,430)**	0,800575	0,024420 (0,0884)	**0,926994 (0,0000)**
RFTSE	2,77E-05 (0,0720)	**0,268354 (0,0120)**	**0,728040 (0,0000)**	**39,736 (0,307)**	0,787529	**0,081603 (0,0217)**	**0,627625 (0,0000)**
RDAX	0,000131 (0,0114)	**0,441310 (0,0496)**	**0,507637 (0,0005)**	**31,059 (0,703)**	0,801932	**0,094386 (0,0000)**	**-0,248074 (0,0002)**
RNIKKEI	0,000195 (0,0166)	0,285560 (0,1675)	**0,520232 (0,0113)**	**24,153 (0,934)**	0,583164	0,090249 (0,0599)	**0,594590 (0,0237)**
RMASI	3,37E-05 (0,0126)	**0,186677 (0,0001)**	**0,769109 (0,0000)**	**25,963 (0,891)**	-0,071565	0,014373 (0,6913)	-0,137355 (0,9743)
RDJI	5,33E-05 (0,0286)	0,255074 (0,0615)	**0,661190 (0,0000)**	**22,423 (0,962)**	–	–	–

Où : […] Les probabilités critiques.

D'un côté, les estimations des modèles GARCH permettent de juger l'adéquation de la spécification GARCH de nos variables d'intérêt.

En effet, hormis le modèle GARCH de RNIKKEI, dont la persistance de court terme(α) n'est pas statistiquement significative, les autres modèles GARCH sont statistiquement significatifs et l'adoption d'une spécification GARCH des autres rendements est donc appropriée, car les persistances de court et de long termes, α et β, sont significatives. Toutefois, la persistance de court terme (α) n'est importante que dans le modèle GARCH du rendement de DAX, alors qu'elle est faible dans les autres équations de la variance conditionnelle. En outre, hormis l'équation de la variance conditionnelle du RNIKKEI, les autres équations ont la somme α + β très proche de l'unité. En conséquence, la persistance de la variance conditionnelle de ces séries, à savoir : RCAC, RDAX, RFTSE et RMASI, est très importante.

D'ailleurs, l'application du test de Ljung-Box, au carré des résidus, pour un nombre de retards égal à 36, indique l'absence d'autocorrélation des résidus et, par conséquent, la bonne spécification des équations adoptées.

D'un autre, les estimations des modèles DCC permettent d'apprécier les corrélations entre le rendement de DJI et chacun de nos variables d'intérêt.

En effet, compte tenu du paramètre θ_1, les chocs agissent positivement sur le niveau contemporain des corrélations dynamiques, aux seuils statistiques de 1 %, 5 % et 10 %, respectivement pour les couples RDAX-RDJI, RFTSE-RDJI et RCAC-RDJI, alors qu'ils n'en agissent pas significativement à l'échelle du couple RMASI-RDJI. Quant au paramètre θ_2, les corrélations dynamiques retardées agissent sur celles actuelles, d'une part, positivement, au seuil statistique de 1 %, au niveau des couples RCAC-RDJI et RFTSE-RDJI ; et, d'autre part, négativement, de façon significative au même seuil et d'une autre non significative, respectivement à l'échelle des couples RDAX-RDJI et RMASI-RDJI.

Au regard de la figure 4.5 ci-dessous, ce résultat reflète, d'une part, l'apparition des pics dans les corrélations conditionnelles à l'échelle des couples RDAX-RDJI et RMASI-RDJI, en 2008 et après l'avènement de la crise des *subprimes* en 2007, indépendamment de leurs valeurs retardées ; et, d'autre part, l'absence de ces pics et, par conséquent, l'influence des valeurs retardées des corrélations dynamiques sur leurs valeurs actuelles, même après l'occurrence de la crise des *subprimes* en 2007, au niveau des couples : RCAC-RDJI et RFTSE-RDJI.

Figure 4.5 Les corrélations conditionnelles

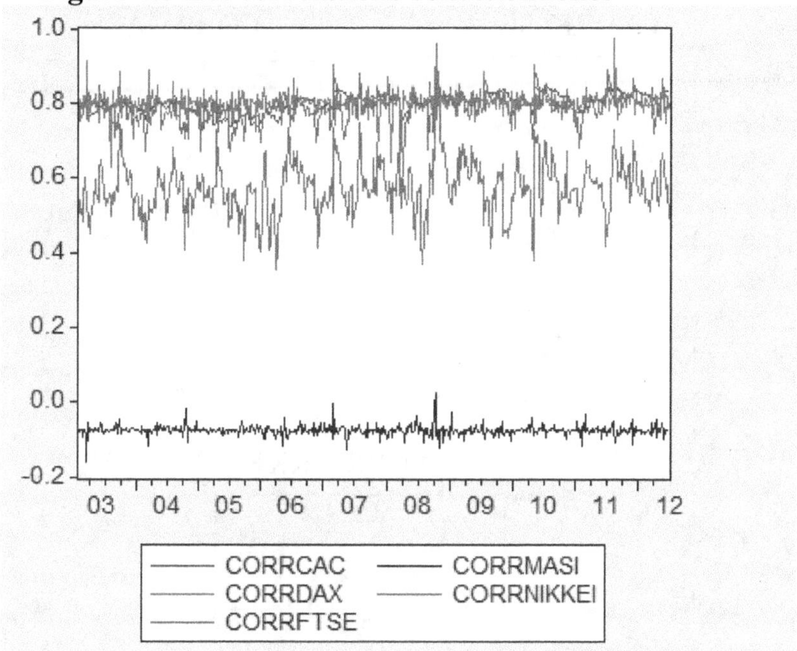

CORRCAC

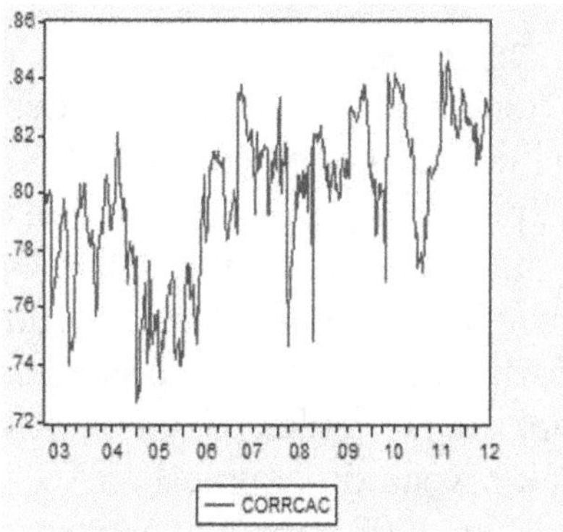

CORRDAX

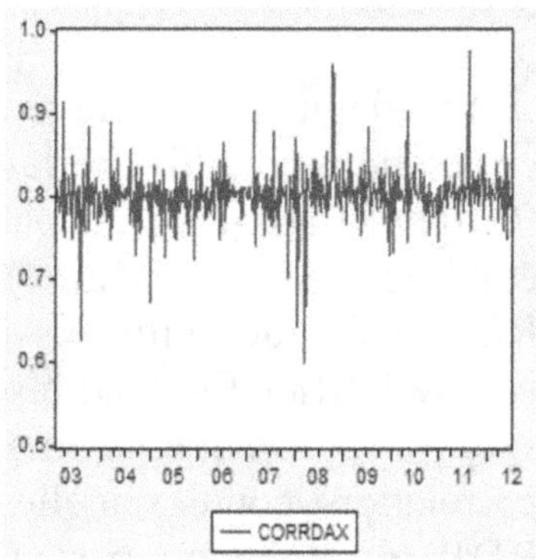

CORRFTSE

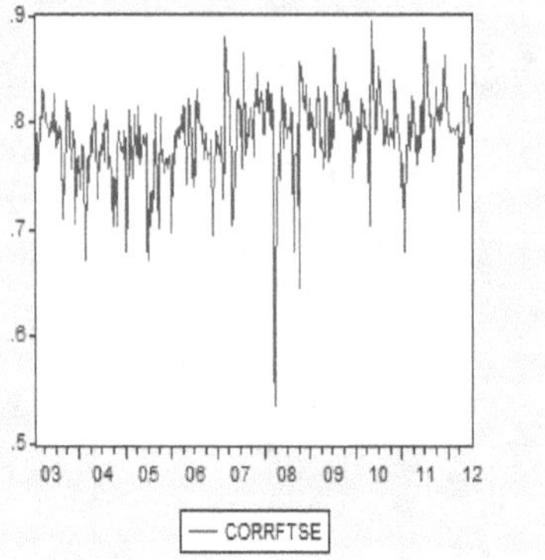

CORRMASI

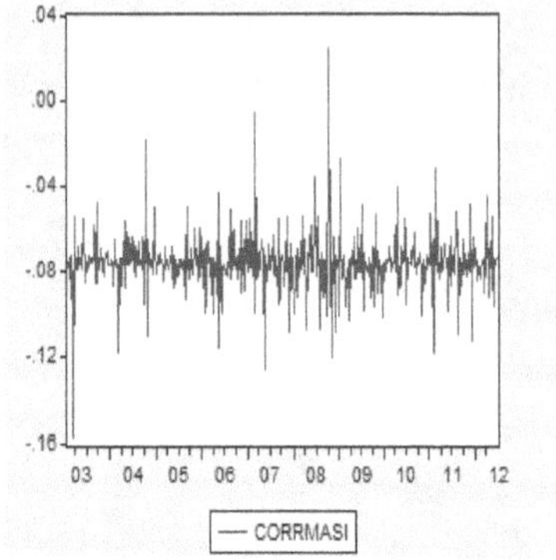

CORRNIKKEI

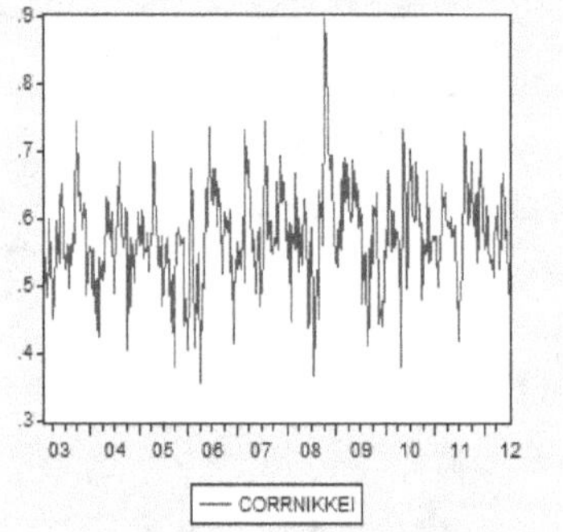

En dépit de la légère tendance à la hausse des corrélations conditionnelles à l'échelle des couples RFTSE-RDJI et RCAC-RDJI, le pic le plus marqué des corrélations conditionnelles se manifeste au niveau du couple RDAX-RDJI, suivi de celui des corrélations conditionnelles du couple RNIKKEI-RDJI, après l'occurrence de la crise des *subprimes*. De même, malgré leurs faibles niveaux, les corrélations conditionnelles au niveau du couple RMASI-RDJI ont atteint leur paroxysme en 2008 après l'avènement de la crise des subprimes en 2007. En outre, d'une part, les corrélations conditionnelles pour le couple RCAC-RDJI et pour celui de RFTSE-RDJI se situent respectivement entre

0,726996 et 0,849196, qui enregistre la plus faible amplitude des variations, et entre 0,535156 et 0,894497 ; et, d'autre part, les corrélations conditionnelles pour le couple RDAX-RDJI et celui de RNIKKEI-RDJI se trouvent respectivement entre 0,599583 et 0,974132 et entre 0,356161 et 0,894964, et qui affichent les plus fortes amplitudes des volatilités. De même, l'amplitude des variations des corrélations conditionnelles pour le couple RMASI-RDJI est assez importante et ces corrélations se situent entre 0,024397 et -0,157766.

Par ailleurs, si on compare les variances conditionnelles de deux rendements et leurs corrélations conditionnelles, on constate que, d'un côté, les corrélations conditionnelles deviennent significativement plus élevées, pour les cas du couple RDAX-RDJI en 2008 et en 2011 et de celui RNIKKEI-RDJI en 2008, dès que le marché boursier américain devient relativement volatil ; et, d'un autre, elles ne deviennent pas significativement plus élevées, pour le cas du couple RFTSE-RDJI et de celui de RCAC-RDJI en 2008, quand le marché boursier américain devient relativement volatil.

De même, en dépit de la faible corrélation conditionnelle pour le couple RMASI-RDJI, la relative volatilité du marché boursier américain, en 2008, a engendré la forte augmentation de cette corrélation.

Résultat, les corrélations conditionnelles au niveau des couples RDAX-RDJI, RNIKKEI-RDJI et RMASI-RDJI ont atteint leur paroxysme en 2008, après l'occurrence de la crise des *subprimes* en 2007, voire avec la hausse de la volatilité du marché boursier américain. À l'inverse, cette situation n'est pas clairement observée dans les corrélations conditionnelles à l'échelle des couples RCAC-RDJI et RFTSE-RDJI.

2.2.2 Le cas de la crise asiatique

À l'instar du cas de la crise des *subprimes*, on va estimer les corrélations conditionnelles dynamiques entre le rendement mensuel de l'indice boursier de la Thaïlande et chacun des indices boursiers du Hong Kong, de la Malaisie et de la Corée du Sud[158], au long de la période qui s'étend du janvier 1994 au décembre 1998.

Tableau 4.27 L'estimation du modèle DCC-GARCH

	Les paramètres de GARCH et le test d'autocorrélation des résidus				Les paramètres du DCC		
	ω_i	α_i	β_i	Q(24)	$\bar{\rho}_{ij}$	θ_1	θ_2
RHANGSENG	0,000414 (0,5585)	0,261567 (0,3792)	0,752769 (0,0018)	16,227 (0,962)	- 0,027291	- 0,040363 (0,7553)	- 0,462032 (0,8276)
RKLCI	0,000275 (0,5047)	0,370218 (0,0791)	0,681136 (0,0000)	12,869 (0,993)	0,137609	0,248089 (0,1995)	0,294105 (0,6236)
RKOSPI	5617,527 (0,0862)	**1,138467 (0,0000)**	- 0,124544 (0,2130)	**111,68 (0,0000)**	0,659915	**0,239163 (0,0000)**	**0,756188 (0,0000)**
RSET	13,86802 (0,0065)	**1,187720 (0,0000)**	**- 0,225655 (0,0200)**	**129,64 (0,0000)**	—	—	—

Où : (.) Les probabilités critiques.

À la lecture de la première partie de ce tableau, seul le modèle GARCH de RSET a des persistances de court et de long termes, α *et* β, significatives au seuil statistique de 5 %. Cependant, l'application du test de Ljung-Box, au carré des résidus, pour un nombre de retards égal à 24, indique l'autocorrélation des résidus. En outre, hormis sa persistance de court terme (α) significative au seuil statistique de 5 %, le modèle GARCH de RKOSPI se caractérise par une persistance de long terme (β) qui n'est pas significative au seuil statistique de 5 % ainsi que par l'autocorrélation des résidus. Toutefois, on va retenir les résultats du modèle DCC relatif à RKOSPI afin d'apprécier la corrélation entre ce rendement et RSET.

[158] Les données des cours des indices de la Thaïlande et de la Corée sont issues de http://stats.oecd.org Celles des autres cours sont issues de fr.finance.yahoo.com

Au regard de la deuxième partie du tableau ci-dessus, le paramètre θ_1 indique que les chocs agissent positivement, au seuil statistique de 1 %, sur le niveau contemporain des corrélations dynamiques pour le couple RKOSPI-RSET. Ce résultat reflète les valeurs les plus élevées des corrélations conditionnelles pour ce couple, en 1997 et 1998, avec l'avènement de la crise asiatique de 1997-1998 (voir *infra* la figure 4.6). En outre, le paramètre θ_2 indique que les corrélations dynamiques retardées agissent positivement, au seuil statistique de 1 %, sur celles actuelles pour ce même couple. Ce résultat confirme alors la continuité d'affichage, en 1998, des valeurs élevées, dans les corrélations conditionnelles, similaires à celles enregistrées en 1997, avec l'avènement de la crise thaïlandaise et seulement durant la période de la crise asiatique de 1997-1998.

Figure 4.6 Les corrélations conditionnelles

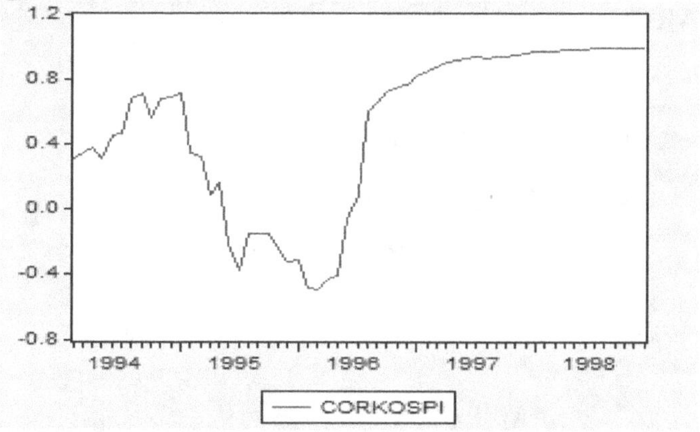

Résultat, les corrélations conditionnelles pour ce couple atteignent leurs plus hauts niveaux en 1998, avec l'avènement de la crise thaïlandaise en 1997, voire avec la hausse de la volatilité du marché boursier thaïlandais. En d'autres termes, les corrélations conditionnelles deviennent plus élevées, en 1997 et en 1998, dès que le marché boursier thaïlandais est devenu relativement volatil en 1997.

En outre, l'amplitude des variations des corrélations conditionnelles est très importante et ces corrélations se situent entre -0,495271, en mars 1996, et 0.988549, en novembre 1998. Ce résultat illustre bel et bien l'évidente hausse de ces corrélations avec l'avènement de la crise thaïlandaise en 1997.

2-3 Le cas de la crise mexicaine

Le tableau ci-dessous récapitule, d'un côté, les coefficients estimés des modèles GARCH univariés de chacun des rendements mensuels des indices boursiers du Mexique (RMEX), de l'Autriche (RAUTR), du Chili (RCHIL), de l'Allemagne (RALL), du Brésil (RBRES) et de la Hongrie (RHONG)[159], au cours de la période qui s'étend du janvier 1992 au décembre 1996 ; et, d'un autre, les corrélations dynamiques, entre le rendement du pays épicentre de la crise (RMEX) et chacun des autres pays, estimées à partir des résidus standardisés des modèles GARCH.

[159] Les données des cours des indices sont issues de http://stats.oecd.org

Tableau 4.28 L'estimation du modèle DCC-GARCH

	Les paramètres de GARCH et le test d'autocorrélation des résidus				Les paramètres du DCC		
	ω_i	α_i	β_i	Q(24)	$\bar{\rho}_{ij}$	θ_1	θ_2
RAUTR	9,28E-06 (0,0428)	-0,063272 (0,2273)	1,041261 (0,0000)	19,556 (0,880)	0,384153	0,039499 (0,2959)	-0,990668 (0,0000)
RCHIL	0,001323 (0,0012)	**0,813625 (0,0009)**	-1,162995 (0,0005)	35,520 (0,155)	0,376769	0,098236 (0,6352)	0,576166 (0,5821)
RALL	0,000622 (0,2492)	0,165627 (0,5896)	0,118098 (0,8482)	39,793 (0,069)	0,375458	-0,067415 (0,0143)	0,995439 (0,0000)
RBRES	0,190395 (0,1906)	-0,029403 (0,1545)	0,587686 (0,2938)	11,989 (0,996)	0,048932	0,273918 (0,8165)	0,353182 (0,9008)
RHONG	0,000272 (0,0000)	-0,112575 (0,1173)	1,097959 (0,0000)	26,961 (0,52)	0,411859	-0,062051 (0,2163)	1,018367 (0,0000)
RPOL	0,001303 (0,4169)	0,495513 (0,1914)	0,546933 (0,0400)	49,252 (0,008)	0,323257	0,041209 (0,7645)	0,874825 (0,0269)
RMEX	0,000989 (0,6037)	0,162817 (0,2313)	0,663161 (0,0996)	47,110 (0,013)	–	–	–

Où : […] Les probabilités critiques.

À la lecture de la première partie de ce tableau, seul le modèle GARCH de RCHIL se caractérise par l'absence d'autocorrélation des résidus ainsi que par des persistances de court et de long termes (α *et* β) significatives au seuil statistique de 5 %. Hormis ce modèle, aucun autre modèle GARCH, y compris celui de RMEX représentatif du pays épicentre de la crise, n'est caractérisé pas une persistance de court terme (α) significative au seuil statistique de 5 % ou même au seuil de 10 %. Résultat, l'adoption d'une spécification GARCH de nos variables d'intérêt n'est pas donc appropriée.

Ainsi, on ne peut pas adopter les résultats des estimations des modèles DCC qui figurent dans la deuxième partie du tableau ci-dessus.

Conclusion du chapitre 4

Concernant la supputation de la contagion de la crise financière de 2007-2008, le modèle à correction d'erreur non linéaire met en évidence, d'une part, le rejet de l'hypothèse de la contagion de cette crise par rapport aux places de Paris, de Londres ainsi que de Tokyo, à cause de l'existence d'une interdépendance financière permanente entre ces places et celle de New York : la fusion entre l'Euronext et la Bourse de New York en 2007 ainsi que la préparation d'une alliance entre cette dernière et celle de Tokyo durant la période de 2007-2009 ; et, d'autre part, l'acceptation de l'hypothèse de la contagion de cette crise par rapport à la place de Francfort, à cause de la coordination des anticipations des acteurs vers le mauvais équilibre suite à l'occurrence de cette crise aux États-Unis ainsi que des problèmes d'asymétrie d'information sur les marchés de capitaux. En effet, la Bourse de Francfort n'a pas réalisé son probable rapprochement avec NYSE Euronext durant la période de 2007-2010. D'ailleurs, le modèle DCC-GARCH confirme ces résultats du modèle à correction d'erreur non linéaire. Il convient de noter également que ce modèle indique la contagion, mais non significative, de cette crise par rapport à la place de Casablanca.

Au niveau de la crise asiatique de 1997-1998, le coefficient de corrélation ajustée indique le rejet de l'hypothèse de la contagion de cette crise par rapport aux marchés boursiers de Hong Kong, de la Malaisie et de la Corée du Sud. Toutefois, le modèle DCC-GARCH démontre la contagion de cette crise par rapport au marché boursier de la Corée du Sud. Résultat, la contagion fondamentale de cette crise par rapport aux marchés boursiers de Hong Kong et de la Malaisie peut être expliquée par l'interdépendance financière permanente entre ces deux marchés et celui de la Thaïlande. Tandis que la contagion de cette crise par rapport au marché boursier de la Corée du Sud s'explique par la coordination des anticipations des acteurs vers le mauvais équilibre suite à l'occurrence de cette crise en Thaïlande ainsi que par les problèmes d'asymétrie d'information sur les marchés de capitaux.

À l'échelle de la crise mexicaine de 1994-1995, le modèle à correction d'erreur non linéaire met en évidence l'existence des mêmes liens entre le marché boursier mexicain et chacun des marchés boursiers de l'Autriche, du Chili et de la Hongrie, aussi bien durant la période de crise que durant celle de stabilité. En outre, le coefficient de corrélation ajustée indique la contagion de cette crise par rapport au marché boursier du Brésil. Ce résultat s'explique par la coordination des anticipations des acteurs vers le mauvais équilibre suite à l'occurrence de cette crise au Mexique ainsi que par les problèmes d'asymétrie d'information sur les marchés des capitaux.

Les crises financières de notre échantillon, i.e. la crise financière de 2007-2008, celle asiatique de 1997-1998 et celle mexicaine de 1994-1995, sont alors contagieuses – au sens de contagion pure – respectivement par rapport à la place de Francfort, au marché boursier de la Corée du Sud et au marché boursier du Brésil. En effet, dans la première crise, on conclut, d'une part, au rejet de l'hypothèse de la contagion de cette crise par rapport aux places de Paris, de Londres ainsi que de Tokyo, à cause de l'existence d'une interdépendance financière permanente entre ces places et celle de New York : la fusion entre l'Euronext et la Bourse de New York ainsi que la préparation d'une alliance entre cette dernière et celle de Tokyo durant la période de 2007-2009 ; et, d'autre part, à l'acceptation de celle de sa contagion par rapport à la place de Francfort qui n'a pas réalisé son probable rapprochement avec NYSE Euronext durant la période de 2007-2010. Dans la seconde crise, on met en évidence, d'un côté, le rejet de l'hypothèse de la contagion de cette crise par rapport aux marchés boursiers de Hong Kong et de la Malaisie ; et, d'un autre, l'acceptation de celle de sa contagion par rapport au marché boursier de la Corée du Sud. Dans la troisième crise, on met en exergue l'existence des mêmes liens entre le marché boursier mexicain et chacun des marchés boursiers de l'Autriche, du Chili et de la Hongrie, aussi bien durant la période de crise que durant celle de stabilité, ainsi que la contagion de cette crise par rapport au marché boursier du Brésil.

En somme, la contagion fondamentale, c'est-à-dire le rejet de la contagion pure, s'explique par l'interdépendance financière permanente entre les marchés affectés et celui épicentre de la crise. Tandis que la contagion, c'est-à-dire l'acceptation de la contagion pure, s'explique par la coordination des anticipations des acteurs vers le mauvais équilibre suite à l'occurrence de cette crise au marché épicentre ainsi que par les problèmes d'asymétrie d'information sur les marchés des capitaux.

Conclusion générale

Au terme de cet ouvrage, on constate, d'une part, la montée des réponses coordonnées au niveau international durant les récentes crises financières par rapport à celles antérieures aux Trente Glorieuses ; et, d'autre part, l'hétérogénéité des crises financières : la crise de solvabilité et/ou de liquidité bancaire, la crise de la dette privée et/ou publique, la crise de change, la crise boursière, etc. La classification de Kaminsky (2006) illustre bel et bien cette nature protéiforme des crises. En s'inspirant de cette classification, on peut classer ainsi les crises financières de notre échantillon selon les six classes fixées par Kaminsky. D'un côté, on classe la crise des *subprimes* en 2007, bien qu'elle ne soit pas une crise de change, dans la classe des crises liées à des excès financiers et précédées par une accélération de la croissance du crédit domestique qui provoque une accélération démesurée des prix d'actifs. D'un autre, on classe celle mexicaine de 1994-1995 et celle asiatique de 1997-1998, respectivement, dans la classe relative à des excès financiers, avec aussi des problèmes de balance courante, et dans celle attachée à la dette souveraine, dont les fragilités sont associées à une dette étrangère insoutenable, car le secteur privé thaïlandais s'est endetté, en monnaie étrangère et à court terme, vis-à-vis de l'étranger (le « péché original »). Toutefois, il convient de signaler que la crise asiatique de 1997-1998 correspond à une crise jumelle : crise de change et crise bancaire.

En dépit de cette hétérogénéité des crises financières, Charles Kindleberger (1996) caractérise généralement le cycle financier par l'enchainement de cinq phases, à savoir : l'essor ; l'euphorie ; le paroxysme et le retournement ; le reflux et l'instauration du pessimisme ; la déflation de la dette et la restructuration des bilans. En outre, Michel Aglietta et Sandra Rigot (2009) expliquent le développement de chacune de ces phases par l'hypothèse de l'instabilité financière. En effet, il y a une interdépendance étroite entre les marchés du crédit et ceux d'actifs. Ce sont les interactions entre ces deux marchés qui peuvent expliquer l'enchainement des phases du cycle financier (le cas de la crise des *subprimes* en 2007). Une augmentation du prix des actifs induit une progression de l'offre du crédit, et une anticipation de leur hausse stimule la demande du crédit. Par conséquent, le volume du crédit augmente. De ce fait, un retournement des marchés d'actifs engendre une hausse du ratio dette/valeur de marché d'actifs, et influence alors sur la solvabilité des dettes émises antérieurement, voire met en évidence la fragilité financière.

Quant aux acteurs des crises financières de grande ampleur, les banques centrales doivent surveiller aussi les prix des actifs financiers et mener des politiques monétaires proactives durant la formation des bulles spéculatives. De plus, les régulateurs nationaux des systèmes financiers des pays développés, vilipendés par le manque de leur coordination jusqu'à la crise des *subprimes* en 2007, ont naguère entamé des regroupements et des coopérations, aussi bien au niveau national qu'au niveau international, afin d'atteindre une plus grande efficacité de leur surveillance. Il convient de noter également le rôle important des lois bipartisanes américaines dans la réglementation du système financier américain. D'ailleurs, il faut repenser le métier des agences de notation, qui avaient du mal à apprécier des titres financiers plus complexes, ainsi que celui des dirigeants des banques, qui ont laissé se développer des métiers à risque.

Au niveau des facteurs de la contagion des crises financières, les enchainements sur les marchés financiers, la contagion par les banques, la propagation des chocs à l'économie réelle, les problèmes d'asymétrie d'information sur les marchés de capitaux, le développement du phénomène de mimétisme ainsi que l'apparition de bulles financières sont, pour mémoire, des mécanismes de propagation des crises financières.

Lors de l'étude de la contagion de la crise financière de 2007-2008, le modèle à correction d'erreur non linéaire démontre, d'un côté, le rejet de l'hypothèse de la contagion en faveur de celle de la contagion fondamentale de cette crise pour le cas de la France, de l'Angleterre et du Japon ; et, d'un autre, son acceptation pour le cas de l'Allemagne. La contagion fondamentale de cette crise par rapport aux places de Londres, de Paris ainsi que de Tokyo peut être expliquée, pour mémoire, par l'interdépendance financière permanente entre ces places et celle de New York. En témoigne, la fusion entre l'Euronext et la Bourse de New York en 2007 ainsi que la préparation d'une alliance entre cette dernière et celle de Tokyo durant la période de 2007-2009. Tandis que sa contagion par rapport à la place de Francfort ne peut pas être expliquée par la permanence de l'interdépendance financière entre cette place et celle de New York mais par la théorie du mimétisme, la coordination des anticipations des acteurs vers le mauvais équilibre suite à l'occurrence de cette crise aux États-Unis ainsi que les problèmes d'asymétrie d'information sur les marchés de capitaux. D'ailleurs, la Bourse de Francfort n'a pas réalisé son probable rapprochement avec NYSE Euronext durant la période de 2007-2010. De même, le modèle DCC-GARCH confirme les résultats ci-dessus du modèle à correction d'erreur non linéaire et particulièrement la contagion fondamentale de la crise financière de 2007-2008 par rapport à la place de Paris et celle de Londres ainsi que sa contagion par rapport à celle de Francfort. Par ailleurs, ce modèle indique aussi la contagion, mais non significative, de cette crise par rapport à la place de Casablanca. Toutefois, le coefficient de corrélation ajustée indique la contagion fondamentale de cette crise par rapport aux autres places, y compris celle de Francfort. Quant à la place de Casablanca, il y a, d'une part, l'apparition d'une relation de court terme, entre le cours de Dow Jones et celui de MASI, durant la période de crise et son absence durant celle de stabilité, qui peut s'expliquer par la panique des particuliers, voire la perte de confiance des investisseurs, marocains et étrangers, et leurs sorties de la place de Casablanca, depuis septembre 2008, sous l'effet psychologique de la crise financière internationale de 2007-2008 ainsi que celui des scandales intervenus en 2008 sur la place casablancaise, tels que : l'affaire des ventes à découvert et de la fuite d'information du système de cotation et celle de l'introduction en Bourse de la CGI ; et, d'autre part, l'apparition d'une relation de cointégration entre ces deux cours uniquement durant la sous-période de 2010-2011 qui s'explique par le lancement par la Bourse de Casablanca, en partenariat avec FTSE, des indices FTSE Morocco 15 et FTSE CSE All Liquid Index, qui permettent ainsi de lier la bourse casablancaise aux principales places financières internationales, ainsi que par l'adhésion de la Bourse de Casablanca à l'association des bourses mondiales « The World Federation of Exchanges » (WFE) en devenant ainsi son 52e membre permanent. Toutefois, l'ECM non linéaire explicatif du cours de MASI, estimé sur la sous-période de 2010-2011, rejette l'hypothèse de l'existence des mêmes liens, en phase de forte volatilité qu'en celle de faible volatilité, entre la place de New York et celle de Casablanca.

Dans le cas de la crise asiatique de 1997-1998, le coefficient de corrélation ajustée indique la contagion fondamentale de cette crise par rapport aux marchés boursiers de Hong Kong, de la Malaisie et de la Corée du Sud. Cependant, le modèle DCC-GARCH démontre la contagion de cette crise par rapport au marché boursier de la Corée du Sud. De ce fait, la contagion fondamentale de cette crise par rapport aux marchés boursiers de Hong Kong et de la Malaisie peut être expliquée, selon Mathilde Lemoine, Philippe Madiès et Thierry Madiès (2007), par l'interdépendance financière permanente entre ces deux marchés boursiers et celui de la Thaïlande ainsi que par leur disposition d'un créancier commun, le Japon, qui, à l'avènement de la crise thaïlandaise, a été amené à réaménager son portefeuille de titres ou de prêts et à faire face à la crise de liquidité engendrée par les créances douteuses et irrécouvrables. Tandis que sa contagion par rapport au marché boursier de la Corée du Sud s'explique par la théorie du mimétisme, la coordination des anticipations des acteurs vers le mauvais équilibre suite à l'occurrence de cette crise en Thaïlande ainsi que les problèmes d'asymétrie d'information sur les marchés de capitaux.

Au cours de la crise mexicaine de 1994-1995, le modèle à correction d'erreur non linéaire démontre l'existence des mêmes liens entre le marché boursier mexicain et chacun des marchés boursiers de l'Autriche, du Chili et de la Hongrie, aussi bien durant la période de crise que durant celle de stabilité. En effet, le Chili est, dans une moindre mesure, touché par la crise, grâce à son régime de change doté de marges de fluctuation ainsi qu'à sa réglementation des flux de capitaux à travers l'imposition de taux différentiels par type de capitaux. De même, la Hongrie réussit à pallier l'ébranlement de ses investisseurs et de ses bailleurs de fonds par la crise mexicaine de 1994-1995 à travers le draconien programme Bokros de stabilisation de l'économie entamé à la fin de 1994. En outre, le coefficient de corrélation ajustée indique la contagion de cette crise par rapport au marché boursier du Brésil. Cette contagion s'explique alors par la théorie du mimétisme, la coordination des anticipations des acteurs vers le mauvais équilibre suite à l'occurrence de cette crise au Mexique ainsi que les problèmes d'asymétrie d'information sur le marché des capitaux.

À l'échelle des thérapeutiques des crises financières, on doit, d'une part, mobiliser la politique monétaire proactive et utiliser aussi la politique budgétaire ; et, d'autre part, renforcer la surveillance des acteurs de la finance, agir sur les incitations par : la réforme des agences de notation, celle des rémunérations des professionnels dans l'industrie financière et celle des normes comptables, améliorer la gouvernance financière internationale et ralentir les marchés financiers.

Certes, la connaissance des chocs financiers qui peuvent survenir permet la prise de mesures proactives susceptibles de garantir la stabilité financière. Néanmoins, leurs prévisions sont très délicates. En témoigne le questionnement : « *Pourquoi personne n'a-t-il vu venir cette crise ?* »[160], adressé, en novembre 2008, par la reine Élisabeth aux professeurs de la fameuse université London School of Economics.

---

[160] Voir le *Financial Times*, 26 novembre 2008. Cf. Ben Hammouda Hakim, Oulmane Nassim, Sadni Jallab Mustapha, *Crise... Naufrage des économistes ? Enquête sur une discipline en plein questionnement.* Groupe De Boeck s.a., 2010, p. 7.

Annexe : Les modèles à correction d'erreur

La crise financière de 2007-2008

- **Les ECM**

Tableaux A4.1 L'ECM linéaire et celui non linéaire explicatifs de $DCAC_t$ sur la sous-période du 1er janvier 2006 au 30 juin 2007

- La relation de long terme

Dependent Variable: CAC
Method: Least Squares
Date: 03/24/13 Time: 17:03
Sample: 1 350
Included observations: 350

Variable	Coefficient	Std. Error	t-Statistic	Prob.
C	19.57412	65.11056	0.300629	0.7639
DJI	0.446685	0.005468	81.69526	0.0000
R-squared	0.950442	Mean dependent var		5325.653
Adjusted R-squared	0.950300	S.D. dependent var		383.9025
S.E. of regression	85.58540	Akaike info criterion		11.74260
Sum squared resid	2549052.	Schwarz criterion		11.76465
Log likelihood	-2052.956	F-statistic		6674.116
Durbin-Watson stat	0.229486	Prob(F-statistic)		0.000000

- L'ECM linéaire

Dependent Variable: DCAC
Method: ML - ARCH
Date: 01/01/12 Time: 14:38
Sample (adjusted): 2 350
Included observations: 349 after adjustments
Convergence achieved after 12 iterations
Variance backcast: ON
GARCH = C(3) + C(4)*RESID(-1)^2 + C(5)*GARCH(-1)

	Coefficient	Std. Error	z-Statistic	Prob.
DDJI	0.362506	0.027481	13.19100	0.0000
RESID12(-1)	-0.097254	0.027213	-3.573783	0.0004
	Variance Equation			
C	119.3940	72.27462	1.651949	0.0985
RESID(-1)^2	0.105193	0.051544	2.040850	0.0413
GARCH(-1)	0.821599	0.080187	10.24609	0.0000
R-squared	0.349206	Mean dependent var		3.485415
Adjusted R-squared	0.341639	S.D. dependent var		48.71479
S.E. of regression	39.52692	Akaike info criterion		10.13559
Sum squared resid	537457.8	Schwarz criterion		10.19082
Log likelihood	-1763.660	Durbin-Watson stat		2.454034

- L'ECM non linéaire

Dependent Variable: DCAC
Method: ML - ARCH
Date: 12/31/11 Time: 21:14
Sample (adjusted): 3 350
Included observations: 348 after adjustments
Convergence achieved after 15 iterations
Variance backcast: ON
GARCH = C(4) + C(5)*RESID(-1)^2 + C(6)*GARCH(-1)

	Coefficient	Std. Error	z-Statistic	Prob.
DDJI	0.362149	0.027562	13.13919	0.0000
Z12(-1)	-0.090970	0.035707	-2.547700	0.0108
Z12_(-1)	-0.106418	0.040922	-2.600528	0.0093
	Variance Equation			
C	120.9669	75.51140	1.601969	0.1092
RESID(-1)^2	0.104064	0.052794	1.971119	0.0487
GARCH(-1)	0.821502	0.083581	9.828818	0.0000
R-squared	0.350456	Mean dependent var		3.505287
Adjusted R-squared	0.340960	S.D. dependent var		48.78352
S.E. of regression	39.60309	Akaike info criterion		10.14720
Sum squared resid	536394.4	Schwarz criterion		10.21362
Log likelihood	-1759.613	Durbin-Watson stat		2.449082

Tableaux A4.2 L'ECM linéaire et celui non linéaire explicatifs de $DFTSE_t$ sur la sous-période du 1er janvier 2006 au 30 juin 2007

- La relation de long terme

Dependent Variable: FTSE
Method: Least Squares
Date: 03/24/13 Time: 17:10
Sample: 1 350
Included observations: 350

Variable	Coefficient	Std. Error	t-Statistic	Prob.
C	2197.922	66.39529	33.10358	0.0000
DJI	0.326479	0.005576	58.55513	0.0000

R-squared	0.907856	Mean dependent var	6076.098
Adjusted R-squared	0.907591	S.D. dependent var	287.0974
S.E. of regression	87.27413	Akaike info criterion	11.78168
Sum squared resid	2650637.	Schwarz criterion	11.80373
Log likelihood	-2059.795	F-statistic	3428.703
Durbin-Watson stat	0.218384	Prob(F-statistic)	0.000000

- L'ECM linéaire

Dependent Variable: DFTSE
Method: ML - ARCH
Date: 01/01/12 Time: 14:44
Sample (adjusted): 2 350
Included observations: 349 after adjustments
Convergence achieved after 14 iterations
Variance backcast: ON
GARCH = C(3) + C(4)*RESID(-1)^2 + C(5)*GARCH(-1)

	Coefficient	Std. Error	z-Statistic	Prob.
DDJI	0.298447	0.026343	11.32911	0.0000
RESID13(-1)	-0.098821	0.026019	-3.798065	0.0001
Variance Equation				
C	129.9972	73.06889	1.779104	0.0752
RESID(-1)^2	0.089560	0.038399	2.332331	0.0197
GARCH(-1)	0.826679	0.066569	12.41833	0.0000

R-squared	0.298402	Mean dependent var	2.559599
Adjusted R-squared	0.290244	S.D. dependent var	47.37491
S.E. of regression	39.91194	Akaike info criterion	10.14454
Sum squared resid	547979.2	Schwarz criterion	10.19977
Log likelihood	-1765.223	Durbin-Watson stat	2.443536

- L'ECM non linéaire

Dependent Variable: DFTSE
Method: ML - ARCH
Date: 12/29/11 Time: 19:42
Sample (adjusted): 3 350
Included observations: 348 after adjustments
Convergence achieved after 18 iterations
Variance backcast: ON
GARCH = C(4) + C(5)*RESID(-1)^2 + C(6)*GARCH(-1)

	Coefficient	Std. Error	z-Statistic	Prob.
DDJI	0.300315	0.026529	11.32006	0.0000
Z13(-1)	-0.114026	0.038857	-2.934526	0.0033
Z13_(-1)	-0.083554	0.033468	-2.496518	0.0125
Variance Equation				
C	132.2303	73.96940	1.787635	0.0738
RESID(-1)^2	0.092292	0.038746	2.381996	0.0172
GARCH(-1)	0.822439	0.067073	12.26190	0.0000

R-squared	0.296753	Mean dependent var	2.634195
Adjusted R-squared	0.286472	S.D. dependent var	47.42259
S.E. of regression	40.05815	Akaike info criterion	10.15101
Sum squared resid	548792.1	Schwarz criterion	10.21743
Log likelihood	-1760.276	Durbin-Watson stat	2.453677

Tableaux A4.3 L'ECM linéaire et celui non linéaire explicatifs de $DNIKKEI_t$ sur la sous-période du 1er janvier 2006 au 30 juin 2007

- La relation de long terme

Dependent Variable: NIKKEI
Method: Least Squares
Date: 03/24/13 Time: 17:11
Sample: 1 350
Included observations: 350

Variable	Coefficient	Std. Error	t-Statistic	Prob.
C	6558.784	436.5910	15.02272	0.0000
DJI	0.842229	0.036663	22.97217	0.0000

R-squared	0.602613	Mean dependent var	16563.44
Adjusted R-squared	0.601471	S.D. dependent var	909.0612
S.E. of regression	573.8826	Akaike info criterion	15.54842
Sum squared resid	1.15E+08	Schwarz criterion	15.57047
Log likelihood	-2718.974	F-statistic	527.7206
Durbin-Watson stat	0.113206	Prob(F-statistic)	0.000000

- L'ECM linéaire

Dependent Variable: DNIKKEI
Method: Least Squares
Date: 01/01/12 Time: 11:10
Sample (adjusted): 2 350
Included observations: 349 after adjustments

Variable	Coefficient	Std. Error	t-Statistic	Prob.
DDJI	0.250556	0.129265	1.938315	0.0534
RESID14(-1)	-0.062496	0.017311	-3.610284	0.0004

R-squared	0.047655	Mean dependent var	5.091175
Adjusted R-squared	0.044911	S.D. dependent var	189.2646
S.E. of regression	184.9658	Akaike info criterion	13.28393
Sum squared resid	11871686	Schwarz criterion	13.30603
Log likelihood	-2316.046	Durbin-Watson stat	2.102081

- L'ECM non linéaire

Dependent Variable: DNIKKEI
Method: Least Squares
Date: 12/29/11 Time: 19:42
Sample (adjusted): 3 350
Included observations: 348 after adjustments

Variable	Coefficient	Std. Error	t-Statistic	Prob.
DDJI	0.237743	0.129971	1.829194	0.0682
Z14(-1)	-0.046158	0.024070	-1.917614	0.0560
Z14_(-1)	-0.081510	0.025127	-3.243983	0.0013

R-squared	0.051081	Mean dependent var	4.922385
Adjusted R-squared	0.045580	S.D. dependent var	189.5109
S.E. of regression	185.1415	Akaike info criterion	13.28870
Sum squared resid	11825694	Schwarz criterion	13.32191
Log likelihood	-2309.234	Durbin-Watson stat	2.101871

Tableaux A4.4 L'ECM linéaire et celui non linéaire explicatifs de DCAC$_t$ sur la sous-période du 1er juillet 2007 au 31 décembre 2009

- La relation de long terme

Dependent Variable: CAC
Method: Least Squares
Date: 03/24/13 Time: 17:18
Sample: 1 580
Included observations: 580

Variable	Coefficient	Std. Error	t-Statistic	Prob.
C	-813.0973	36.84945	-22.06539	0.0000
DJI	0.467292	0.003364	138.9257	0.0000

R-squared	0.970923	Mean dependent var	4211.349
Adjusted R-squared	0.970873	S.D. dependent var	996.5321
S.E. of regression	170.0750	Akaike info criterion	13.11380
Sum squared resid	16718935	Schwarz criterion	13.12884
Log likelihood	-3801.001	F-statistic	19300.35
Durbin-Watson stat	0.196157	Prob(F-statistic)	0.000000

- L'ECM linéaire

Dependent Variable: DCAC
Method: ML - ARCH
Date: 01/01/12 Time: 14:55
Sample (adjusted): 3 580
Included observations: 578 after adjustments
Convergence achieved after 51 iterations
Variance backcast: ON
GARCH = C(3) + C(4)*RESID(-1)^2 + C(5)*RESID(-2)^2 + C(6)*RESID(-3)^2 + C(7)*GARCH(-1) + C(8)*GARCH(-2) + C(9)*GARCH(-3)

	Coefficient	Std. Error	z-Statistic	Prob.
DDJI	0.295828	0.012221	24.20597	0.0000
RESID01(-1)	-0.030728	0.013895	-2.211440	0.0270
	Variance Equation			
C	89.66378	43.02856	2.083820	0.0372
RESID(-1)^2	0.219729	0.039281	5.593770	0.0000
RESID(-2)^2	-0.181184	0.040962	-4.423188	0.0000
RESID(-3)^2	0.147243	0.031612	4.657820	0.0000
GARCH(-1)	0.821384	0.052393	15.67729	0.0000
GARCH(-2)	-0.744554	0.050918	-14.62266	0.0000
GARCH(-3)	0.719524	0.039546	18.19449	0.0000

R-squared	0.364406	Mean dependent var	-3.692630
Adjusted R-squared	0.355469	S.D. dependent var	81.18864
S.E. of regression	65.18040	Akaike info criterion	10.80678
Sum squared resid	2417388.	Schwarz criterion	10.87466
Log likelihood	-3114.159	Durbin-Watson stat	2.760903

- L'ECM non linéaire

Dependent Variable: DCAC
Method: ML - ARCH
Date: 12/31/11 Time: 21:48
Sample (adjusted): 3 580
Included observations: 578 after adjustments
Convergence achieved after 53 iterations
Variance backcast: ON
GARCH = C(4) + C(5)*RESID(-1)^2 + C(6)*RESID(-2)^2 + C(7)*RESID(-3)^2 + C(8)*GARCH(-1) + C(9)*GARCH(-2) + C(10)*GARCH(-3)

	Coefficient	Std. Error	z-Statistic	Prob.
DDJI	0.298769	0.011591	25.77698	0.0000
Z1(-1)	-0.067489	0.016571	-4.072643	0.0000
Z1_(-1)	-0.020464	0.014121	-1.449169	0.1473
	Variance Equation			
C	73.87023	38.02062	1.942899	0.0520
RESID(-1)^2	0.291056	0.042582	6.835247	0.0000
RESID(-2)^2	-0.159139	0.055387	-2.873220	0.0041
RESID(-3)^2	0.052536	0.047099	1.115441	0.2647
GARCH(-1)	0.601386	0.095741	6.281376	0.0000
GARCH(-2)	-0.417589	0.099478	-4.197788	0.0000
GARCH(-3)	0.621044	0.066801	9.296867	0.0000

R-squared	0.383521	Mean dependent var	-3.692630
Adjusted R-squared	0.373753	S.D. dependent var	81.18864
S.E. of regression	64.24928	Akaike info criterion	10.78869
Sum squared resid	2344687.	Schwarz criterion	10.86411
Log likelihood	-3107.930	Durbin-Watson stat	2.761939

Tableaux A4.5 L'ECM linéaire et celui non linéaire explicatifs de DDAX$_t$ sur la sous-période du 1er juillet 2007 au 31 décembre 2009

- La relation de long terme

Dependent Variable: DAX
Method: Least Squares
Date: 03/24/13 Time: 17:19
Sample: 1 580
Included observations: 580

Variable	Coefficient	Std. Error	t-Statistic	Prob.
C	-196.9955	43.88734	-4.488662	0.0000
DJI	0.580227	0.004006	144.8383	0.0000

R-squared	0.973186	Mean dependent var	6041.752
Adjusted R-squared	0.973140	S.D. dependent var	1235.933
S.E. of regression	202.5577	Akaike info criterion	13.46337
Sum squared resid	23715114	Schwarz criterion	13.47841
Log likelihood	-3902.377	F-statistic	20978.14
Durbin-Watson stat	0.213629	Prob(F-statistic)	0.000000

- L'ECM linéaire

Dependent Variable: DDAX
Method: ML - ARCH
Date: 01/01/12 Time: 15:01
Sample (adjusted): 3 580
Included observations: 578 after adjustments
Convergence achieved after 23 iterations
Variance backcast: ON
GARCH = C(3) + C(4)*RESID(-1)^2 + C(5)*GARCH(-1)

	Coefficient	Std. Error	z-Statistic	Prob.
DDJI	0.386533	0.016704	23.14042	0.0000
RESID05(-1)	-0.099855	0.016677	-5.987532	0.0000
Variance Equation				
C	172.2765	89.02888	1.935063	0.0530
RESID(-1)^2	0.110730	0.024729	4.477808	0.0000
GARCH(-1)	0.865451	0.027987	30.92292	0.0000

R-squared	0.427363	Mean dependent var	-3.621540
Adjusted R-squared	0.423366	S.D. dependent var	109.8152
S.E. of regression	83.38978	Akaike info criterion	11.47992
Sum squared resid	3984559.	Schwarz criterion	11.51763
Log likelihood	-3312.697	Durbin-Watson stat	2.473706

- L'ECM non linéaire

Dependent Variable: DDAX
Method: ML - ARCH
Date: 12/29/11 Time: 20:04
Sample (adjusted): 3 580
Included observations: 578 after adjustments
Convergence achieved after 20 iterations
Variance backcast: ON
GARCH = C(4) + C(5)*RESID(-1)^2 + C(6)*GARCH(-1)

	Coefficient	Std. Error	z-Statistic	Prob.
DDJI	0.390995	0.016618	23.52795	0.0000
Z5(-1)	-0.052023	0.021855	-2.380400	0.0173
Z5_(-1)	-0.103876	0.015806	-6.571902	0.0000
Variance Equation				
C	164.0104	84.60452	1.938554	0.0526
RESID(-1)^2	0.107020	0.024247	4.413704	0.0000
GARCH(-1)	0.870378	0.027479	31.67442	0.0000

R-squared	0.435228	Mean dependent var	-3.621540
Adjusted R-squared	0.430291	S.D. dependent var	109.8152
S.E. of regression	82.88752	Akaike info criterion	11.47389
Sum squared resid	3929835.	Schwarz criterion	11.51914
Log likelihood	-3309.954	Durbin-Watson stat	2.440641

Tableaux A4.6 L'ECM linéaire et celui non linéaire explicatifs de DFTSE$_t$ sur la sous-période du 1er juillet 2007 au 31 décembre 2009

- La relation de long terme

Dependent Variable: FTSE
Method: Least Squares
Date: 03/24/13 Time: 17:24
Sample: 1 580
Included observations: 580

Variable	Coefficient	Std. Error	t-Statistic	Prob.
C	786.4368	32.91950	23.88969	0.0000
DJI	0.415484	0.003005	138.2693	0.0000
R-squared	0.970655	Mean dependent var	5253.824	
Adjusted R-squared	0.970604	S.D. dependent var	886.1695	
S.E. of regression	151.9367	Akaike info criterion	12.88825	
Sum squared resid	13342991	Schwarz criterion	12.90329	
Log likelihood	-3735.592	F-statistic	19118.40	
Durbin-Watson stat	0.277030	Prob(F-statistic)	0.000000	

- L'ECM linéaire

Dependent Variable: DFTSE
Method: ML - ARCH
Date: 01/01/12 Time: 14:58
Sample (adjusted): 3 580
Included observations: 578 after adjustments
Convergence achieved after 16 iterations
Variance backcast: ON
GARCH = C(3) + C(4)*RESID(-1)^2 + C(5)*GARCH(-1)

	Coefficient	Std. Error	z-Statistic	Prob.
DDJI	0.323791	0.014746	21.95852	0.0000
RESID03(-1)	-0.096009	0.026467	-3.627543	0.0003
Variance Equation				
C	135.9288	59.28103	2.292956	0.0219
RESID(-1)^2	0.138446	0.029663	4.667205	0.0000
GARCH(-1)	0.841667	0.030199	27.87080	0.0000
R-squared	0.384758	Mean dependent var	-2.148616	
Adjusted R-squared	0.380463	S.D. dependent var	95.12381	
S.E. of regression	74.87260	Akaike info criterion	11.21559	
Sum squared resid	3212184.	Schwarz criterion	11.25330	
Log likelihood	-3236.305	Durbin-Watson stat	2.684951	

- L'ECM non linéaire

Dependent Variable: DFTSE
Method: ML - ARCH (Marquardt) - Normal distribution
Date: 03/24/13 Time: 17:35
Sample (adjusted): 3 580
Included observations: 578 after adjustments
Convergence achieved after 16 iterations
Variance backcast: ON
GARCH = C(4) + C(5)*RESID(-1)^2 + C(6)*GARCH(-1)

	Coefficient	Std. Error	z-Statistic	Prob.
DDJI	0.323812	0.014741	21.96646	0.0000
Z3(-1)	-0.065153	0.025595	-2.545526	0.0109
Z3_(-1)	-0.090262	0.026683	-3.382777	0.0007
Variance Equation				
C	122.5237	59.29579	2.066314	0.0388
RESID(-1)^2	0.137741	0.029337	4.695067	0.0000
GARCH(-1)	0.844931	0.029869	28.28751	0.0000
R-squared	0.385427	Mean dependent var	-2.148616	
Adjusted R-squared	0.380055	S.D. dependent var	95.12381	
S.E. of regression	74.89725	Akaike info criterion	11.20582	
Sum squared resid	3208690.	Schwarz criterion	11.25107	
Log likelihood	-3232.482	Durbin-Watson stat	2.678916	

Tableaux A4.7 L'ECM linéaire et celui non linéaire explicatifs de DNIKKEI$_t$ sur la sous-période du 1er juillet 2007 au 31 décembre 2009

- La relation de long terme

Dependent Variable: NIKKEI
Method: Least Squares
Date: 03/24/13 Time: 17:32
Sample: 1 580
Included observations: 580

Variable	Coefficient	Std. Error	t-Statistic	Prob.
C	-3014.436	185.2160	-16.27524	0.0000
DJI	1.388731	0.016906	82.14192	0.0000

R-squared	0.921095	Mean dependent var	11917.57
Adjusted R-squared	0.920959	S.D. dependent var	3040.614
S.E. of regression	854.8462	Akaike info criterion	16.34316
Sum squared resid	4.22E+08	Schwarz criterion	16.35821
Log likelihood	-4737.517	F-statistic	6747.295
Durbin-Watson stat	0.142648	Prob(F-statistic)	0.000000

- L'ECM linéaire

Dependent Variable: DNIKKEI
Method: ML - ARCH
Date: 01/01/12 Time: 15:06
Sample (adjusted): 3 580
Included observations: 578 after adjustments
Convergence achieved after 24 iterations
Variance backcast: ON
GARCH = C(3) + C(4)*RESID(-1)^2 + C(5)*GARCH(-1)

	Coefficient	Std. Error	z-Statistic	Prob.
DDJI	0.192971	0.051009	3.783092	0.0002
RESID12(-1)	-0.018002	0.013740	-1.310155	0.1901
Variance Equation				
C	1558.574	829.0089	1.880045	0.0601
RESID(-1)^2	0.122575	0.027915	4.391067	0.0000
GARCH(-1)	0.854009	0.036569	23.35364	0.0000

R-squared	0.040775	Mean dependent var	-13.15478
Adjusted R-squared	0.034079	S.D. dependent var	246.3386
S.E. of regression	242.1048	Akaike info criterion	13.61759
Sum squared resid	33586231	Schwarz criterion	13.65530
Log likelihood	-3930.482	Durbin-Watson stat	2.291514

- L'ECM non linéaire

Dependent Variable: DNIKKEI
Method: ML - ARCH
Date: 12/31/11 Time: 21:46
Sample (adjusted): 3 580
Included observations: 578 after adjustments
Convergence achieved after 22 iterations
Variance backcast: ON
GARCH = C(4) + C(5)*RESID(-1)^2 + C(6)*GARCH(-1)

	Coefficient	Std. Error	z-Statistic	Prob.
DDJI	0.203803	0.049215	4.141034	0.0000
Z12(-1)	-0.070486	0.012298	-5.731426	0.0000
Z12_(-1)	-0.010566	0.013481	-0.783736	0.4332
Variance Equation				
C	1525.411	737.9627	2.067057	0.0387
RESID(-1)^2	0.134945	0.026873	5.021645	0.0000
GARCH(-1)	0.842713	0.032671	25.79355	0.0000

R-squared	0.066473	Mean dependent var	-13.15478
Adjusted R-squared	0.058313	S.D. dependent var	246.3386
S.E. of regression	239.0484	Akaike info criterion	13.57016
Sum squared resid	32686448	Schwarz criterion	13.61542
Log likelihood	-3915.776	Durbin-Watson stat	2.271255

Tableaux A4.8 L'ECM linéaire et celui non linéaire explicatifs de DDAX$_t$ sur la sous-période du 1er janvier 2006 au 31 décembre 2009

- La relation de long terme

Dependent Variable: DAX
Method: Least Squares
Date: 12/22/11 Time: 12:13
Sample: 1 930
Included observations: 930

Variable	Coefficient	Std. Error	t-Statistic	Prob.
C	-215.3057	59.98655	-3.589233	0.0003
DJI	0.568852	0.005298	107.3793	0.0000
R-squared	0.925512	Mean dependent var	6142.314	
Adjusted R-squared	0.925431	S.D. dependent var	1076.420	
S.E. of regression	293.9408	Akaike info criterion	14.20678	
Sum squared resid	80180309	Schwarz criterion	14.21718	
Log likelihood	-6604.154	F-statistic	11530.32	
Durbin-Watson stat	0.074028	Prob(F-statistic)	0.000000	

- L'ECM linéaire

Dependent Variable: DDAX
Method: ML - ARCH
Date: 01/01/12 Time: 15:13
Sample (adjusted): 2 930
Included observations: 929 after adjustments
Convergence achieved after 29 iterations
Variance backcast: ON
GARCH = C(3) + C(4)*RESID(-1)^2 + C(5)*RESID(-2)^2 + C(6)
*GARCH(-1) + C(7)*GARCH(-2)

	Coefficient	Std. Error	z-Statistic	Prob.
DDJI	0.408976	0.014330	28.54002	0.0000
RESID03(-1)	-0.018432	0.006283	-2.933654	0.0033
Variance Equation				
C	89.63291	84.82037	1.056738	0.2906
RESID(-1)^2	0.135324	0.042566	3.179163	0.0015
RESID(-2)^2	-0.012677	0.121779	-0.104100	0.9171
GARCH(-1)	0.602883	1.058965	0.569314	0.5691
GARCH(-2)	0.261205	0.942075	0.277265	0.7816
R-squared	0.390849	Mean dependent var	0.466964	
Adjusted R-squared	0.386885	S.D. dependent var	94.74446	
S.E. of regression	74.18646	Akaike info criterion	11.17543	
Sum squared resid	5074348.	Schwarz criterion	11.21185	
Log likelihood	-5183.986	Durbin-Watson stat	2.523684	

- L'ECM non linéaire

Dependent Variable: DDAX
Method: ML - ARCH
Date: 12/29/11 Time: 20:44
Sample (adjusted): 3 930
Included observations: 928 after adjustments
Convergence achieved after 18 iterations
Variance backcast: ON
GARCH = C(4) + C(5)*RESID(-1)^2 + C(6)*GARCH(-1)

	Coefficient	Std. Error	z-Statistic	Prob.
DDJI	0.404036	0.014665	27.55165	0.0000
Z3(-1)	-0.007012	0.007761	-0.903476	0.3663
Z3_(-1)	-0.034086	0.008891	-3.833578	0.0001
Variance Equation				
C	68.64478	28.26244	2.428835	0.0151
RESID(-1)^2	0.108413	0.017901	6.056249	0.0000
GARCH(-1)	0.882846	0.018379	48.03519	0.0000
R-squared	0.390474	Mean dependent var	0.475108	
Adjusted R-squared	0.387169	S.D. dependent var	94.79522	
S.E. of regression	74.20907	Akaike info criterion	11.17053	
Sum squared resid	5077441.	Schwarz criterion	11.20178	
Log likelihood	-5177.126	Durbin-Watson stat	2.523096	

Tableaux A4.9 L'ECM linéaire et celui non linéaire explicatifs de $DFTSE_t$ sur la sous-période du 1er janvier 2006 au 31 décembre 2009

- La relation de long terme

Dependent Variable: FTSE
Method: Least Squares
Date: 12/22/11 Time: 12:25
Sample: 1 930
Included observations: 930

Variable	Coefficient	Std. Error	t-Statistic	Prob.
C	682.7111	44.40568	15.37441	0.0000
DJI	0.436692	0.003922	111.3556	0.0000

R-squared	0.930373	Mean dependent var	5563.282
Adjusted R-squared	0.930298	S.D. dependent var	824.1767
S.E. of regression	217.5928	Akaike info criterion	13.60528
Sum squared resid	43937652	Schwarz criterion	13.61567
Log likelihood	-6324.453	F-statistic	12400.08
Durbin-Watson stat	0.100553	Prob(F-statistic)	0.000000

- L'ECM linéaire

Dependent Variable: DFTSE
Method: ML - ARCH
Date: 01/01/12 Time: 15:15
Sample (adjusted): 2 930
Included observations: 929 after adjustments
Convergence achieved after 15 iterations
Variance backcast: ON
GARCH = C(3) + C(4)*RESID(-1)^2 + C(5)*GARCH(-1)

	Coefficient	Std. Error	z-Statistic	Prob.
DDJI	0.323894	0.012752	25.39992	0.0000
RESID05(-1)	-0.024347	0.007496	-3.248129	0.0012
	Variance Equation			
C	62.41257	24.87752	2.508794	0.0121
RESID(-1)^2	0.124537	0.021414	5.815565	0.0000
GARCH(-1)	0.863135	0.021697	39.78070	0.0000

R-squared	0.343405	Mean dependent var	-0.340904
Adjusted R-squared	0.340562	S.D. dependent var	80.47287
S.E. of regression	65.34861	Akaike info criterion	10.82948
Sum squared resid	3945888.	Schwarz criterion	10.85550
Log likelihood	-5025.295	Durbin-Watson stat	2.711478

- L'ECM non linéaire

Dependent Variable: DFTSE
Method: ML - ARCH (Marquardt) - Normal distribution
Date: 03/24/13 Time: 17:59
Sample (adjusted): 3 930
Included observations: 928 after adjustments
Convergence achieved after 21 iterations
Variance backcast: ON
GARCH = C(4) + C(5)*RESID(-1)^2 + C(6)*GARCH(-1)

	Coefficient	Std. Error	z-Statistic	Prob.
DDJI	0.324038	0.012798	25.31939	0.0000
Z5(-1)	-0.025563	0.011130	-2.296873	0.0216
Z5_(-1)	-0.022372	0.010686	-2.093519	0.0363
	Variance Equation			
C	61.48581	24.98602	2.460808	0.0139
RESID(-1)^2	0.124978	0.021809	5.730578	0.0000
GARCH(-1)	0.862994	0.022014	39.20213	0.0000

R-squared	0.341918	Mean dependent var	-0.316056
Adjusted R-squared	0.338349	S.D. dependent var	80.51269
S.E. of regression	65.49056	Akaike info criterion	10.83344
Sum squared resid	3954470.	Schwarz criterion	10.86468
Log likelihood	-5020.714	Durbin-Watson stat	2.714171

Tableaux A4.10 L'ECM linéaire et celui non linéaire explicatifs de DFTSE$_t$ sur la sous-période du 1er janvier 2010 au 31 octobre 2011

- La relation de long terme

Dependent Variable: FTSE
Method: Least Squares
Date: 03/24/13 Time: 18:03
Sample: 1 430
Included observations: 430

Variable	Coefficient	Std. Error	t-Statistic	Prob.
C	1918.363	120.4614	15.92513	0.0000
DJI	0.326201	0.010688	30.51924	0.0000

R-squared	0.685161	Mean dependent var	5585.330
Adjusted R-squared	0.684425	S.D. dependent var	318.1896
S.E. of regression	178.7464	Akaike info criterion	13.21445
Sum squared resid	13674713	Schwarz criterion	13.23335
Log likelihood	-2839.107	F-statistic	931.4239
Durbin-Watson stat	0.068295	Prob(F-statistic)	0.000000

- L'ECM linéaire

Dependent Variable: DFTSE
Method: ML - ARCH (Marquardt) - Normal distribution
Date: 03/24/13 Time: 18:13
Sample (adjusted): 2 430
Included observations: 429 after adjustments
Convergence achieved after 13 iterations
Variance backcast: ON
GARCH = C(3) + C(4)*RESID(-1)^2 + C(5)*GARCH(-1)

	Coefficient	Std. Error	z-Statistic	Prob.
DDJI	0.398442	0.016670	23.90172	0.0000
RESID05(-1)	-0.024673	0.011996	-2.056717	0.0397
	Variance Equation			
C	80.49339	51.69350	1.557128	0.1194
RESID(-1)^2	0.116983	0.039985	2.925671	0.0034
GARCH(-1)	0.848750	0.055938	15.17299	0.0000

R-squared	0.535728	Mean dependent var	0.102331
Adjusted R-squared	0.531348	S.D. dependent var	67.59222
S.E. of regression	46.27239	Akaike info criterion	10.38054
Sum squared resid	907841.0	Schwarz criterion	10.42787
Log likelihood	-2221.625	Durbin-Watson stat	2.546031

- L'ECM non linéaire

Dependent Variable: DFTSE
Method: ML - ARCH
Date: 12/29/11 Time: 20:24
Sample (adjusted): 3 430
Included observations: 428 after adjustments
Convergence achieved after 16 iterations
Variance backcast: ON
GARCH = C(4) + C(5)*RESID(-1)^2 + C(6)*GARCH(-1)

	Coefficient	Std. Error	z-Statistic	Prob.
DDJI	0.398746	0.016620	23.99223	0.0000
Z11(-1)	-0.028081	0.016137	-1.740227	0.0818
Z11_(-1)	-0.022453	0.017291	-1.298537	0.1941
	Variance Equation			
C	86.66161	52.95733	1.636442	0.1017
RESID(-1)^2	0.120574	0.040927	2.946081	0.0032
GARCH(-1)	0.842523	0.056633	14.87688	0.0000

R-squared	0.535644	Mean dependent var	0.050701
Adjusted R-squared	0.530142	S.D. dependent var	67.66285
S.E. of regression	46.38029	Akaike info criterion	10.38584
Sum squared resid	907777.5	Schwarz criterion	10.44275
Log likelihood	-2216.570	Durbin-Watson stat	2.551784

Tableaux A4.11 L'ECM linéaire et celui non linéaire explicatifs de DNIKKEI$_t$ sur la sous-période du 1er janvier 2010 au 31 octobre 2011

- La relation de long terme

Dependent Variable: NIKKEI
Method: Least Squares
Date: 03/24/13 Time: 18:07
Sample: 1 430
Included observations: 430

Variable	Coefficient	Std. Error	t-Statistic	Prob.
C	9537.733	450.8149	21.15665	0.0000
DJI	0.025159	0.040000	0.628976	0.5297

R-squared	0.000923	Mean dependent var	9820.558
Adjusted R-squared	-0.001411	S.D. dependent var	668.4691
S.E. of regression	668.9405	Akaike info criterion	15.85391
Sum squared resid	1.92E+08	Schwarz criterion	15.87281
Log likelihood	-3406.590	F-statistic	0.395611
Durbin-Watson stat	0.043160	Prob(F-statistic)	0.529700

- L'ECM linéaire

Dependent Variable: DNIKKEI
Method: ML - ARCH (Marquardt) - Normal distribution
Date: 03/24/13 Time: 18:18
Sample (adjusted): 2 430
Included observations: 429 after adjustments
Convergence achieved after 68 iterations
Variance backcast: ON
GARCH = C(3) + C(4)*RESID(-1)^2 + C(5)*RESID(-2)^2 + C(6)*RESID(-3)^2 + C(7)*GARCH(-1) + C(8)*GARCH(-2) + C(9)*GARCH(-3)

	Coefficient	Std. Error	z-Statistic	Prob.
DDJI	0.261469	0.049537	5.278283	0.0000
RESID06(-1)	-0.005947	0.007905	-0.752214	0.4519
Variance Equation				
C	2986.262	3106.110	0.961415	0.3363
RESID(-1)^2	0.204423	0.043276	4.723673	0.0000
RESID(-2)^2	0.100609	0.133492	0.753672	0.4510
RESID(-3)^2	-0.100964	0.128032	-0.788588	0.4304
GARCH(-1)	0.318702	0.546672	0.582986	0.5599
GARCH(-2)	0.128700	0.381933	0.336970	0.7361
GARCH(-3)	0.177687	0.322537	0.550906	0.5817

R-squared	0.054012	Mean dependent var	-3.884382
Adjusted R-squared	0.035993	S.D. dependent var	139.6312
S.E. of regression	137.0953	Akaike info criterion	12.53405
Sum squared resid	7893954.	Schwarz criterion	12.61925
Log likelihood	-2679.553	Durbin-Watson stat	2.217248

- L'ECM non linéaire

Dependent Variable: DNIKKEI
Method: ML - ARCH
Date: 12/29/11 Time: 20:28
Sample (adjusted): 3 430
Included observations: 428 after adjustments
Convergence achieved after 18 iterations
Variance backcast: ON
GARCH = C(4) + C(5)*RESID(-1)^2 + C(6)*GARCH(-1)

	Coefficient	Std. Error	z-Statistic	Prob.
DDJI	0.264477	0.049092	5.387318	0.0000
Z12(-1)	-0.016287	0.012385	-1.315048	0.1885
Z12_(-1)	0.010495	0.011332	0.926140	0.3544
Variance Equation				
C	2495.361	1250.570	1.995378	0.0460
RESID(-1)^2	0.193448	0.037329	5.182274	0.0000
GARCH(-1)	0.667205	0.084804	7.867617	0.0000

R-squared	0.052236	Mean dependent var	-3.956636
Adjusted R-squared	0.041006	S.D. dependent var	139.7866
S.E. of regression	136.8906	Akaike info criterion	12.52446
Sum squared resid	7907869.	Schwarz criterion	12.58137
Log likelihood	-2674.235	Durbin-Watson stat	2.236614

Tableaux A4.12 L'ECM linéaire et celui non linéaire explicatifs de DMASI$_t$ sur la sous-période du 1er janvier 2010 au 31 octobre 2011

- La relation de long terme

Dependent Variable: MASI
Method: Least Squares
Date: 11/09/12 Time: 20:37
Sample: 1 421
Included observations: 421

Variable	Coefficient	Std. Error	t-Statistic	Prob.
C	9040.886	376.1966	24.03235	0.0000
DJI	0.249439	0.033376	7.473545	0.0000

R-squared	0.117623	Mean dependent var	11845.17
Adjusted R-squared	0.115517	S.D. dependent var	588.5385
S.E. of regression	553.5024	Akaike info criterion	15.47515
Sum squared resid	1.28E+08	Schwarz criterion	15.49435
Log likelihood	-3255.519	F-statistic	55.85387
Durbin-Watson stat	0.027407	Prob(F-statistic)	0.000000

- L'ECM linéaire

Dependent Variable: DMASI
Method: ML - ARCH
Date: 11/10/12 Time: 09:14
Sample (adjusted): 2 421
Included observations: 420 after adjustments
Convergence achieved after 21 iterations
Variance backcast: ON
GARCH = C(3) + C(4)*RESID(-1)^2 + C(5)*GARCH(-1)

	Coefficient	Std. Error	z-Statistic	Prob.
DDJI	0.044820	0.019530	2.294933	0.0217
RESID01(-1)	-0.018281	0.006294	-2.904645	0.0037
	Variance Equation			
C	390.2655	122.3880	3.188757	0.0014
RESID(-1)^2	0.126977	0.029515	4.302176	0.0000
GARCH(-1)	0.823646	0.029741	27.69399	0.0000

R-squared	0.016285	Mean dependent var	2.475810
Adjusted R-squared	0.006803	S.D. dependent var	87.74172
S.E. of regression	87.44275	Akaike info criterion	11.66134
Sum squared resid	3173187.	Schwarz criterion	11.70944
Log likelihood	-2443.881	Durbin-Watson stat	1.563783

- L'ECM non linéaire

Dependent Variable: DMASI
Method: ML - ARCH
Date: 11/10/12 Time: 09:15
Sample (adjusted): 3 421
Included observations: 419 after adjustments
Convergence achieved after 25 iterations
Variance backcast: ON
GARCH = C(4) + C(5)*RESID(-1)^2 + C(6)*GARCH(-1)

	Coefficient	Std. Error	z-Statistic	Prob.
DDJI	0.045808	0.020174	2.270602	0.0232
ZPL(-1)	-0.002154	0.008523	-0.252708	0.8005
ZMOINS(-1)	-0.034115	0.009544	-3.574564	0.0004
	Variance Equation			
C	432.3819	153.1458	2.823334	0.0048
RESID(-1)^2	0.124429	0.029976	4.150988	0.0000
GARCH(-1)	0.818274	0.032384	25.26787	0.0000

R-squared	0.039122	Mean dependent var	2.530883
Adjusted R-squared	0.027489	S.D. dependent var	87.83934
S.E. of regression	86.62363	Akaike info criterion	11.65660
Sum squared resid	3099009.	Schwarz criterion	11.71442
Log likelihood	-2436.058	Durbin-Watson stat	1.574166

- Les VECM

Tableau A4.13 L'estimation du VECM linéaire

Vector Error Correction Estimates
Date: 12/21/11 Time: 15:48
Sample (adjusted): 3 580
Included observations: 578 after adjustments
Standard errors in ( ) & t-statistics in [ ]

Cointegration Restrictions:
B(1, 5)=1
Convergence achieved after 1 iterations.
Restrictions identify all cointegrating vectors
Restrictions are not binding (LR test not available)

Cointegrating Eq:	CointEq1
DJI(-1)	-9.769229 (2.31015) [-4.22883]
CAC(-1)	16.53371 (4.65232) [3.55387]
DAX(-1)	-11.07711 (5.03480) [-2.20011]
FTSE(-1)	17.32769 (4.15735) [4.16796]
NIKKEI(-1)	1.000000

Error Correction:	D(DJI)	D(CAC)	D(DAX)	D(FTSE)	D(NIKKEI)
CointEq1	-0.000479 (0.00236) [-0.20296]	-0.003118 (0.00095) [-3.29750]	-0.002679 (0.00134) [-2.00085]	-0.003738 (0.00111) [-3.37545]	-0.006396 (0.00263) [-2.43107]
D(DJI(-1))	-0.122445 (0.05537) [-2.21147]	0.195533 (0.02217) [8.81898]	0.209878 (0.03140) [6.68474]	0.228398 (0.02596) [8.79722]	0.566589 (0.06169) [9.18458]
D(CAC(-1))	-1.242455 (0.35787) [-3.47178]	-0.615323 (0.14331) [-4.29370]	-0.651994 (0.20293) [-3.21285]	-0.651542 (0.16781) [-3.88263]	0.518443 (0.39873) [1.30023]
D(DAX(-1))	0.317973 (0.18716) [1.69893]	0.090053 (0.07495) [1.20155]	0.081185 (0.10613) [0.76496]	0.063065 (0.08776) [0.71860]	0.126649 (0.20853) [0.60735]
D(FTSE(-1))	0.615789 (0.25117) [2.45172]	0.079006 (0.10058) [0.78551]	0.089700 (0.14242) [0.62981]	0.071895 (0.11777) [0.61045]	-0.086592 (0.27984) [-0.30943]
D(NIKKEI(-1))	-0.024364 (0.03532) [-0.68984]	0.022085 (0.01414) [1.56157]	0.016470 (0.02003) [0.82239]	0.015739 (0.01656) [0.95035]	-0.238199 (0.03935) [-6.05323]
R-squared	0.045349	0.193463	0.116004	0.194390	0.321791
Adj. R-squared	0.037004	0.186413	0.108277	0.187348	0.315863
Sum sq. resids	19129515	3067541.	6151079.	4206096.	23746758
S.E. equation	182.8748	73.23138	103.6997	85.75147	203.7531
F-statistic	5.434328	27.44105	15.01236	27.60417	54.27958
Log likelihood	-3827.818	-3298.845	-3499.918	-3390.071	-3890.304
Akaike AIC	13.26581	11.43545	12.13120	11.75111	13.48202
Schwarz SC	13.31106	11.48071	12.17646	11.79636	13.52728
Mean dependent	-5.240121	-3.692630	-3.621540	-2.148616	-13.15478
S.D. dependent	186.3553	81.18864	109.8152	95.12381	246.3386

Determinant resid covariance (dof adj.)	4.56E+18
Determinant resid covariance	4.33E+18
Log likelihood	-16502.41
Akaike information criterion	57.22287
Schwarz criterion	57.48686

Tableau A4.14 L'estimation du VECM partiel linéaire

Vector Error Correction Estimates
Date: 12/19/11 Time: 01:15
Sample (adjusted): 3 580
Included observations: 578 after adjustments
Standard errors in ( ) & t-statistics in [ ]

Cointegration Restrictions:
A(1, 1)=0, A(3,1)=0, A(5,1)=0
B(1, 5)=1
Convergence achieved after 27 iterations.
Restrictions identify all cointegrating vectors
LR test for binding restrictions (rank = 1):

Chi-square(3)	3.881960
Probability	0.274496

Cointegrating Eq:	CointEq1
DJI(-1)	-7.014680
	(2.89105)
	[-2.42634]
CAC(-1)	22.16464
	(5.82217)
	[3.80694]
DAX(-1)	-24.65062
	(6.30083)
	[-3.91228]
FTSE(-1)	22.73524
	(5.20274)
	[4.36986]
NIKKEI(-1)	1.000000

Error Correction:	D(DJI)	D(CAC)	D(DAX)	D(FTSE)	D(NIK
CointEq1	0.000000	-0.001375	0.000000	-0.001953	0.00(
	(0.00000)	(0.00032)	(0.00000)	(0.00046)	(0.00
	[NA]	[-4.34501]	[NA]	[-4.25766]	[N.
D(DJI(-1))	-0.119388	0.206908	0.224093	0.240805	0.594
	(0.05423)	(0.02184)	(0.03085)	(0.02555)	(0.06
	[-2.20148]	[9.47465]	[7.26323]	[9.42491]	[9.79
D(CAC(-1))	-1.243026	-0.609751	-0.652052	-0.643525	0.524
	(0.35802)	(0.14417)	(0.20369)	(0.16868)	(0.40
	[-3.47193]	[-4.22937]	[-3.20125]	[-3.81516]	[1.31
D(DAX(-1))	0.319541	0.081437	0.083600	0.050026	0.119
	(0.18817)	(0.07578)	(0.10706)	(0.08866)	(0.21
	[1.69811]	[1.07472]	[0.78090]	[0.56428]	[0.56
D(FTSE(-1))	0.610448	0.068407	0.067987	0.062672	-0.121
	(0.25133)	(0.10121)	(0.14299)	(0.11841)	(0.28
	[2.42885]	[0.67590]	[0.47547]	[0.52928]	[-0.43
D(NIKKEI(-1))	-0.024322	0.022944	0.016904	0.016852	-0.236
	(0.03532)	(0.01422)	(0.02010)	(0.01664)	(0.03
	[-0.68852]	[1.61295]	[0.84113]	[1.01256]	[-5.99
R-squared	0.045280	0.184350	0.110103	0.186670	0.316
Adj. R-squared	0.036935	0.177220	0.102324	0.179561	0.310
Sum sq. resids	19130888	3102202.	6192139.	4246400.	23941
S.E. equation	182.8814	73.64394	104.0453	86.16134	204.5
F-statistic	5.425727	25.85629	14.15424	26.25638	52.91
Log likelihood	-3827.839	-3302.093	-3501.840	-3392.827	-3892.
Akaike AIC	13.26588	11.44669	12.13786	11.76065	13.49
Schwarz SC	13.31113	11.49194	12.18311	11.80590	13.53
Mean dependent	-5.240121	-3.692630	-3.621540	-2.148616	-13.15
S.D. dependent	186.3553	81.18864	109.8152	95.12381	246.3

Determinant resid covariance (dof adj.)	4.58E+18
Determinant resid covariance	4.35E+18
Log likelihood	-16504.35
Akaike information criterion	57.22959
Schwarz criterion	57.49358

Tableaux A4.15 L'estimation du VECM partiel non linéaire

- Pour $DCAC_t$

Dependent Variable: DCAC
Method: ML - ARCH
Date: 12/29/11 Time: 15:04
Sample (adjusted): 4 580
Included observations: 577 after adjustments
Convergence achieved after 39 iterations
Variance backcast: ON
GARCH = C(8) + C(9)*RESID(-1)^2 + C(10)*GARCH(-1)

	Coefficient	Std. Error	z-Statistic	Prob.
DDJI(-1)	0.172976	0.022615	7.648686	0.0000
DCAC(-1)	-0.417346	0.141710	-2.945073	0.0032
DDAX(-1)	0.059400	0.077174	0.769684	0.4415
DFTSE(-1)	0.003387	0.088353	0.038329	0.9694
DNIKKEI(-1)	0.026384	0.013846	1.905471	0.0567
COINTEQ02	-0.001114	0.001008	-1.105210	0.2691
COINTEQ03	-0.002549	0.000990	-2.574313	0.0100
	Variance Equation			
C	106.9608	78.64694	1.360013	0.1738
RESID(-1)^2	0.076134	0.021930	3.471746	0.0005
GARCH(-1)	0.903081	0.032657	27.65349	0.0000

R-squared	0.178764	Mean dependent var	-3.681161
Adjusted R-squared	0.165728	S.D. dependent var	81.25862
S.E. of regression	74.22038	Akaike info criterion	11.30288
Sum squared resid	3123413.	Schwarz criterion	11.37840
Log likelihood	-3250.881	Durbin-Watson stat	2.133790

- Pour $DFTSE_t$

Dependent Variable: DFTSE
Method: ML - ARCH
Date: 12/29/11 Time: 15:10
Sample (adjusted): 4 580
Included observations: 577 after adjustments
Convergence achieved after 21 iterations
Variance backcast: ON
GARCH = C(8) + C(9)*RESID(-1)^2 + C(10)*GARCH(-1)

	Coefficient	Std. Error	z-Statistic	Prob.
DDJI(-1)	0.210217	0.027059	7.768890	0.0000
DCAC(-1)	-0.548388	0.169150	-3.242030	0.0012
DDAX(-1)	0.063205	0.087118	0.725517	0.4681
DFTSE(-1)	0.027498	0.108605	0.253196	0.8001
DNIKKEI(-1)	0.027758	0.016225	1.710815	0.0871
COINTEQ02	-0.001872	0.001039	-1.801884	0.0716
COINTEQ03	-0.002721	0.001217	-2.236100	0.0253
	Variance Equation			
C	163.3553	101.6934	1.606351	0.1082
RESID(-1)^2	0.070755	0.019444	3.638883	0.0003
GARCH(-1)	0.905877	0.027602	32.81980	0.0000

R-squared	0.183223	Mean dependent var	-2.144367
Adjusted R-squared	0.170258	S.D. dependent var	95.20629
S.E. of regression	86.72358	Akaike info criterion	11.62448
Sum squared resid	4264396.	Schwarz criterion	11.70001
Log likelihood	-3343.663	Durbin-Watson stat	2.124710

La crise mexicaine de 1994-1995

- **Les ECM**

Tableaux A4.16 L'ECM linéaire et celui non linéaire explicatifs de $DAUTR_t$

- La relation de long terme

Dependent Variable: AUTR
Method: Least Squares
Date: 07/29/12 Time: 16:26
Sample: 1991M06 1998M03
Included observations: 82

Variable	Coefficient	Std. Error	t-Statistic	Prob.
C	34.91879	1.208804	28.88705	0.0000
MEX	0.213153	0.061493	3.466269	0.0009

R-squared	0.130577	Mean dependent var	38.78344
Adjusted R-squared	0.119709	S.D. dependent var	4.507739
S.E. of regression	4.229334	Akaike info criterion	5.746054
Sum squared resid	1430.981	Schwarz criterion	5.804754
Log likelihood	-233.5882	F-statistic	12.01502
Durbin-Watson stat	0.198722	Prob(F-statistic)	0.000852

- L'ECM linéaire

Dependent Variable: DAUTR
Method: Least Squares
Date: 07/29/12 Time: 16:34
Sample (adjusted): 1991M07 1998M03
Included observations: 81 after adjustments

Variable	Coefficient	Std. Error	t-Statistic	Prob.
DMEX	0.634598	0.144383	4.395250	0.0000
E2(-1)	-0.157410	0.045419	-3.465759	0.0009

R-squared	0.291371	Mean dependent var	-0.020789
Adjusted R-squared	0.282401	S.D. dependent var	1.987635
S.E. of regression	1.683751	Akaike info criterion	3.904306
Sum squared resid	223.9663	Schwarz criterion	3.963428
Log likelihood	-156.1244	Durbin-Watson stat	1.869900

- L'ECM non linéaire

Dependent Variable: DAUTR
Method: Least Squares
Date: 08/04/12 Time: 14:35
Sample (adjusted): 1991M08 1998M03
Included observations: 80 after adjustments

Variable	Coefficient	Std. Error	t-Statistic	Prob.
DMEX	0.640981	0.146593	4.372520	0.0000
E_2(-1)	-0.166923	0.058838	-2.837000	0.0058
EPL2(-1)	-0.115699	0.095299	-1.214060	0.2284

R-squared	0.281337	Mean dependent var	0.008268
Adjusted R-squared	0.262670	S.D. dependent var	1.982787
S.E. of regression	1.702578	Akaike info criterion	3.938943
Sum squared resid	223.2054	Schwarz criterion	4.028269
Log likelihood	-154.5577	Durbin-Watson stat	1.891484

Tableaux A4.17 L'ECM linéaire et celui non linéaire explicatifs de $DBRES_t$

- La relation de long terme

Dependent Variable: BRES
Method: Least Squares
Date: 07/29/12 Time: 16:36
Sample: 1991M06 1998M03
Included observations: 82

Variable	Coefficient	Std. Error	t-Statistic	Prob.
C	-17.72463	1.341487	-13.21268	0.0000
MEX	1.737872	0.068243	25.46587	0.0000

R-squared	0.890187	Mean dependent var	13.78453
Adjusted R-squared	0.888814	S.D. dependent var	14.07595
S.E. of regression	4.693558	Akaike info criterion	5.954347
Sum squared resid	1762.359	Schwarz criterion	6.013047
Log likelihood	-242.1282	F-statistic	648.5106
Durbin-Watson stat	0.208619	Prob(F-statistic)	0.000000

- L'ECM linéaire

Dependent Variable: DBRES
Method: Least Squares
Date: 07/29/12 Time: 16:39
Sample (adjusted): 1991M07 1998M03
Included observations: 81 after adjustments

Variable	Coefficient	Std. Error	t-Statistic	Prob.
DMEX	0.807632	0.150864	5.353367	0.0000
E3(-1)	-0.055061	0.041938	-1.312910	0.1930

R-squared	0.213013	Mean dependent var	0.516767
Adjusted R-squared	0.203051	S.D. dependent var	1.927148
S.E. of regression	1.720403	Akaike info criterion	3.947376
Sum squared resid	233.8232	Schwarz criterion	4.006498
Log likelihood	-157.8687	Durbin-Watson stat	1.352958

- L'ECM non linéaire

Dependent Variable: DBRES
Method: Least Squares
Date: 08/04/12 Time: 15:21
Sample (adjusted): 1991M08 1998M03
Included observations: 80 after adjustments

Variable	Coefficient	Std. Error	t-Statistic	Prob.
DMEX	0.780448	0.153491	5.084660	0.0000
E_3(-1)	-0.094483	0.054734	-1.726217	0.0883
EPL3(-1)	0.002951	0.065564	0.045014	0.9642

R-squared	0.225671	Mean dependent var	0.523226
Adjusted R-squared	0.205559	S.D. dependent var	1.938424
S.E. of regression	1.727745	Akaike info criterion	3.968290
Sum squared resid	229.8530	Schwarz criterion	4.057616
Log likelihood	-155.7316	Durbin-Watson stat	1.350286

Tableau A4.18 L'estimation du VECM linéaire

Vector Error Correction Estimates
Date: 08/23/12 Time: 10:52
Sample (adjusted): 1991M08 1998M03
Included observations: 80 after adjustments
Standard errors in ( ) & t-statistics in [ ]

Cointegration Restrictions:
B(1,2)=1
Convergence achieved after 1 iterations.
Restrictions identify all cointegrating vectors
Restrictions are not binding (LR test not available)

Cointegrating Eq:	CointEq1
MEX(-1)	0.983364
	(0.26172)
	[3.75733]
AUTR(-1)	1.000000
BRES(-1)	-0.901143
	(0.16889)
	[-5.33571]
CHIL(-1)	0.654647
	(0.09380)
	[6.97889]
HONG(-1)	1.683653
	(0.26623)
	[6.32403]
ALL(-1)	-1.058798
	(0.12809)
	[-8.26619]
POL(-1)	-0.291437
	(0.04977)
	[-5.85562]
C	-18.79130
	(6.24655)
	[-3.00827]

Error Correction:	D(MEX)	D(AUTR)	D(BRES)	D(CHIL)	D(HONG)	D(ALL)	D(POL)
CointEq1	-0.205202	-0.278104	-0.177243	-0.344989	-0.172787	-0.187342	-0.307053
	(0.04703)	(0.07225)	(0.07713)	(0.07954)	(0.05317)	(0.09569)	(0.17351)
	[-4.36279]	[-3.84927]	[-2.29793]	[-4.33752]	[-3.24968]	[-1.95782]	[-1.76962]
D(MEX(-1))	0.306298	0.075782	-0.000204	0.365924	0.125853	-0.284647	0.454046
	(0.13457)	(0.20671)	(0.22069)	(0.22757)	(0.15213)	(0.27378)	(0.49645)
	[2.27607]	[0.36660]	[-0.00092]	[1.60799]	[0.82728]	[-1.03969]	[0.91458]
D(AUTR(-1))	-0.110026	-0.146293	-0.295459	0.127699	-0.150418	-0.351722	0.412368
	(0.09608)	(0.14759)	(0.15756)	(0.16247)	(0.10861)	(0.19547)	(0.35445)
	[-1.14515]	[-0.99124]	[-1.87621]	[0.78597]	[-1.38488]	[-1.79937]	[1.16341]
D(BRES(-1))	-0.210081	-0.434400	0.153362	-0.195678	-0.183722	-0.177949	-0.861847
	(0.09609)	(0.14760)	(0.15757)	(0.16248)	(0.10862)	(0.19548)	(0.35447)
	[-2.18636]	[-2.94314]	[0.97328]	[-1.20428]	[-1.69138]	[-0.91030]	[-2.43135]
D(CHIL(-1))	0.096308	0.117077	0.089293	0.441319	0.048671	0.104734	0.363969
	(0.06369)	(0.09783)	(0.10445)	(0.10770)	(0.07200)	(0.12957)	(0.23496)
	[1.51212]	[1.19670]	[0.85493]	[4.09760]	[0.67599]	[0.80829]	[1.54907]
D(HONG(-1))	0.212906	0.343878	0.241491	-0.020771	0.489184	0.604425	1.420497
	(0.14791)	(0.22719)	(0.24255)	(0.25011)	(0.16720)	(0.30091)	(0.54564)
	[1.43947]	[1.51358]	[0.99564]	[-0.08305]	[2.92571]	[2.00868]	[2.60337]
D(ALL(-1))	0.015745	0.134936	0.030767	-0.062063	0.097862	0.437074	-0.274481
	(0.09151)	(0.14056)	(0.15006)	(0.15474)	(0.10345)	(0.18617)	(0.33758)
	[0.17205]	[0.95996]	[0.20503]	[-0.40107]	[0.94602]	[2.34772]	[-0.81308]
D(POL(-1))	-0.018768	0.052135	0.051025	0.019485	-0.017850	0.029481	0.062806
	(0.03325)	(0.05108)	(0.05453)	(0.05623)	(0.03759)	(0.06765)	(0.12268)
	[-0.56438]	[1.02061]	[0.93565]	[0.34649]	[-0.47483]	[0.43576]	[0.51195]
R-squared	0.253120	0.276716	0.137484	0.359402	0.222251	0.203551	0.208529
Adj. R-squared	0.180506	0.206397	0.053628	0.297122	0.146637	0.126118	0.131580
Sum sq. resids	95.20558	224.6405	256.0306	272.2442	121.6671	394.0522	1295.682
S.E. equation	1.149913	1.766354	1.885731	1.944523	1.299931	2.339433	4.242120
F-statistic	3.485856	3.935141	1.639530	5.770714	2.939270	2.628753	2.709973
Log likelihood	-120.4756	-154.8141	-160.0459	-162.5020	-130.2856	-177.2934	-224.9057
Akaike AIC	3.211889	4.070352	4.201147	4.262550	3.457139	4.632334	5.822643
Schwarz SC	3.450092	4.308555	4.439350	4.500752	3.695342	4.870536	6.060845
Mean dependent	0.324687	0.008268	0.523226	0.350743	0.493946	0.794675	0.713571
S.D. dependent	1.270259	1.982787	1.938424	2.319386	1.407192	2.502559	4.552165

Determinant resid covariance (dof adj.)	981.0136
Determinant resid covariance	469.2158
Log likelihood	-1040.648
Akaike information criterion	27.61620
Schwarz criterion	29.52182

Tableau A4.19 L'estimation du VECM partiel linéaire

Vector Error Correction Estimates
Date: 08/23/12 Time: 10:36
Sample (adjusted): 1991M08 1998M03
Included observations: 80 after adjustments
Standard errors in ( ) & t-statistics in [ ]

Cointegration Restrictions:
A(6,1)=0, A(7,1)=0, B(1,2)=1
Convergence achieved after 67 iterations.
Restrictions identify all cointegrating vectors
LR test for binding restrictions (rank = 1):

Chi-square(2)	4.093103
Probability	0.129180

Cointegrating Eq:	CointEq1
MEX(-1)	1.581509
	(0.38629)
	[4.09415]
AUTR(-1)	1.000000
BRES(-1)	-1.487876
	(0.24927)
	[-5.96888]
CHIL(-1)	0.935867
	(0.13845)
	[6.75960]
HONG(-1)	2.280518
	(0.39294)
	[5.80367]
ALL(-1)	-1.234649
	(0.18905)
	[-6.53075]
POL(-1)	-0.439435
	(0.07346)
	[-5.98205]
C	-26.67764
	(9.21961)
	[-2.89358]

Error Correction:	D(MEX)	D(AUTR)	D(BRES)	D(CHIL)	D(HONG)	D(ALL)	D(POL)
CointEq1	-0.116023	-0.075618	-0.056268	-0.259630	-0.066059	0.000000	0.000000
	(0.02755)	(0.03823)	(0.04626)	(0.05374)	(0.02989)	(0.00000)	(0.00000)
	[-4.21150]	[-1.97783]	[-1.21646]	[-4.83124]	[-2.20984]	[NA]	[NA]
D(MEX(-1))	0.307001	0.039817	-0.014372	0.383495	0.115546	-0.310597	0.404302
	(0.13509)	(0.21878)	(0.22399)	(0.22077)	(0.15569)	(0.27830)	(0.50395)
	[2.27264]	[0.18199]	[-0.06416]	[1.73709]	[0.74213]	[-1.11605]	[0.80227]
D(AUTR(-1))	-0.105266	-0.176324	-0.305948	0.151898	-0.157181	-0.373655	0.369294
	(0.09665)	(0.15653)	(0.16026)	(0.15795)	(0.11140)	(0.19912)	(0.36056)
	[-1.08914]	[-1.12643]	[-1.90907]	[0.96166]	[-1.41101]	[-1.87657]	[1.02422]
D(BRES(-1))	-0.257330	-0.407069	0.149117	-0.315674	-0.196534	-0.155274	-0.806836
	(0.10106)	(0.16368)	(0.16758)	(0.16517)	(0.11648)	(0.20821)	(0.37703)
	[-2.54621]	[-2.48695]	[0.88983]	[-1.91124]	[-1.68724]	[-0.74576]	[-2.13998]
D(CHIL(-1))	0.068241	0.065177	0.059503	0.400288	0.020945	0.069125	0.302898
	(0.06289)	(0.10186)	(0.10428)	(0.10278)	(0.07248)	(0.12956)	(0.23462)
	[1.08508]	[0.63989]	[0.57060]	[3.89458]	[0.28896]	[0.53351]	[1.29103]
D(HONG(-1))	0.215080	0.228429	0.195985	0.035446	0.456061	0.521130	1.260847
	(0.14891)	(0.24117)	(0.24692)	(0.24336)	(0.17163)	(0.30678)	(0.55553)
	[1.44436]	[0.94715]	[0.79373]	[0.14565]	[2.65725]	[1.69870]	[2.26964]
D(ALL(-1))	0.046602	0.235803	0.081052	-0.036397	0.141278	0.507777	-0.147064
	(0.08938)	(0.14476)	(0.14820)	(0.14607)	(0.10301)	(0.18414)	(0.33344)
	[0.52140]	[1.62896]	[0.54690]	[-0.24917]	[1.37143]	[2.75763]	[-0.44106]
D(POL(-1))	-0.014677	0.065226	0.057579	0.023013	-0.012177	0.038652	0.079311
	(0.03325)	(0.05386)	(0.05514)	(0.05435)	(0.03833)	(0.06851)	(0.12406)
	[-0.44135]	[1.21105]	[1.04420]	[0.42344]	[-0.31771]	[0.56418]	[0.63930]
R-squared	0.248027	0.190451	0.112160	0.397584	0.186030	0.177711	0.185095
Adj. R-squared	0.174918	0.111745	0.025842	0.339016	0.106894	0.097766	0.105868
Sum sq. resids	95.85478	251.4332	263.5477	256.0175	127.3334	406.8370	1334.043
S.E. equation	1.153827	1.868724	1.913213	1.885683	1.329857	2.377081	4.304460
F-statistic	3.392586	2.419770	1.299388	6.788390	2.350762	2.222917	2.336270
Log likelihood	-120.7474	-159.3211	-161.2034	-160.0438	-132.1064	-178.5705	-226.0728
Akaike AIC	3.218685	4.183028	4.230085	4.201096	3.502659	4.664263	5.851820
Schwarz SC	3.456887	4.421230	4.468288	4.439299	3.740862	4.902466	6.090023
Mean dependent	0.324687	0.008268	0.523226	0.350743	0.493946	0.794675	0.713571
S.D. dependent	1.270259	1.982787	1.938424	2.319386	1.407192	2.502559	4.552165

Determinant resid covariance (dof adj.)	1003.092
Determinant resid covariance	479.7759
Log likelihood	-1042.695
Akaike information criterion	27.66737
Schwarz criterion	29.57299

Tableaux A4.20 L'estimation du VECM partiel non linéaire

- Pour $DAUTR_t$

Dependent Variable: DAUTR
Method: ML - ARCH
Date: 08/23/12 Time: 14:33
Sample (adjusted): 1991M08 1998M03
Included observations: 80 after adjustments
Convergence achieved after 22 iterations
Variance backcast: ON
GARCH = C(10) + C(11)*RESID(-1)^2 + C(12)*GARCH(-1)

	Coefficient	Std. Error	z-Statistic	Prob.
DMEX(-1)	0.386252	0.191392	2.018122	0.0436
DAUTR(-1)	-0.142353	0.176907	-0.804674	0.4210
DBRES(-1)	-0.407513	0.101011	-4.034347	0.0001
DCHIL(-1)	0.102407	0.091161	1.123364	0.2613
DHONG(-1)	0.229072	0.142199	1.610927	0.1072
DALL(-1)	0.144105	0.093193	1.546315	0.1220
DPOL(-1)	0.017051	0.044277	0.385095	0.7002
COINTEQ04_	-0.096300	0.043497	-2.213952	0.0268
COINTEQ04PL	-0.113419	0.060588	-1.871957	0.0612
Variance Equation				
C	0.200785	0.238745	0.841001	0.4003
RESID(-1)^2	0.268027	0.131295	2.041421	0.0412
GARCH(-1)	0.670544	0.136044	4.928866	0.0000

R-squared	0.143420	Mean dependent var	0.008268
Adjusted R-squared	0.004856	S.D. dependent var	1.982787
S.E. of regression	1.977968	Akaike info criterion	4.025384
Sum squared resid	266.0402	Schwarz criterion	4.382688
Log likelihood	-149.0153	Durbin-Watson stat	2.019890

- Pour $DCHIL_t$

Dependent Variable: DCHIL
Method: Least Squares
Date: 08/23/12 Time: 14:34
Sample (adjusted): 1991M08 1998M03
Included observations: 80 after adjustments

Variable	Coefficient	Std. Error	t-Statistic	Prob.
DMEX(-1)	0.383746	0.222394	1.725525	0.0888
DAUTR(-1)	0.151256	0.159778	0.946663	0.3470
DBRES(-1)	-0.315385	0.166463	-1.894623	0.0622
DCHIL(-1)	0.400350	0.103511	3.867703	0.0002
DHONG(-1)	0.035507	0.245072	0.144886	0.8852
DALL(-1)	-0.035256	0.149534	-0.235771	0.8143
DPOL(-1)	0.023289	0.055113	0.422567	0.6739
COINTEQ04_	-0.268654	0.071973	-3.732736	0.0004
COINTEQ04PL	-0.272770	0.074695	-3.651780	0.0005

R-squared	0.397599	Mean dependent var	0.350743
Adjusted R-squared	0.329723	S.D. dependent var	2.319386
S.E. of regression	1.898891	Akaike info criterion	4.226071
Sum squared resid	256.0110	Schwarz criterion	4.494049
Log likelihood	-160.0428	Durbin-Watson stat	1.702612

- Pour $DHONG_t$

Dependent Variable: DHONG
Method: Least Squares
Date: 08/23/12 Time: 14:34
Sample (adjusted): 1991M08 1998M03
Included observations: 80 after adjustments

Variable	Coefficient	Std. Error	t-Statistic	Prob.
DMEX(-1)	0.113280	0.156517	0.723757	0.4716
DAUTR(-1)	-0.151388	0.112449	-1.346277	0.1825
DBRES(-1)	-0.199138	0.117154	-1.699793	0.0935
DCHIL(-1)	0.020385	0.072849	0.279818	0.7804
DHONG(-1)	0.455502	0.172478	2.640936	0.0102
DALL(-1)	0.130977	0.105239	1.244566	0.2174
DPOL(-1)	-0.014666	0.038787	-0.378105	0.7065
COINTEQ04_	-0.118827	0.050653	-2.345893	0.0218
COINTEQ04PL	-0.081681	0.052569	-1.553783	0.1247

R-squared	0.189409	Mean dependent var	0.493946
Adjusted R-squared	0.098075	S.D. dependent var	1.407192
S.E. of regression	1.336407	Akaike info criterion	3.523499
Sum squared resid	126.8048	Schwarz criterion	3.791477
Log likelihood	-131.9400	Durbin-Watson stat	2.013473

Références bibliographiques

*** Ouvrages**

Aglietta (Michel), *La crise : Pourquoi on en est arrivé là ? Comment en sortir ?* Éditions Michalon, 2008.

Aglietta (Michel) et Rigot (Sandra), *Crise et rénovation de la finance*, Odile Jacob, mars 2009.

Artus (Patrick), Betbèze (Jean-Paul), De Boissieu (Christian), Capelle-Blancard (Gunther), *De la crise des subprimes à la crise mondiale*, La Documentation française, 2010.

Ben Hammouda (Hakim), Oulmane (Nassim), Sadni Jallab (Mustapha), *Crise... Naufrage des économistes ? Enquête sur une discipline en plein questionnement,* Groupe De Boeck s.a., 2010

Bourbonnais (Régis) et Terraza (Michel), *Analyse des séries temporelles*, Dunod, Paris, 2004.

Bourbonnais (Régis), *Économétrie*, 7e édition Dunod, janvier 2009.

Boucher (Christophe) et Raymond (Hélène), « Les crises bancaires et financières ». Sous la direction de Christian De Boissieu, *Les Systèmes financiers : mutations, crises et régulation*, 3e édition Economica, 2009.

Cohen (Élie), *Penser la crise ; Défaillances de la théorie, du marché, de la régulation*, Fayard, 2010.

Dor (Éric), *Économétrie*, 2004, Pearson Éducation France.

Jacquillat (Bertrand) et Levy-Garboua (Vivien), *Les 100 mots de la crise financière*, Que sais-je ? 2011.

Krugman (Paul), *Pourquoi les crises reviennent toujours ?* Paris, Le Seuil, 2000.

Krugman (Paul) et Obstfeld (Maurice), *Économie internationale*, 8e édition Nouveaux Horizons, 2009.

Lacoste (Olivier), *Comprendre les crises financières*, © Groupe Eyrolles, 2009.

Lahrèche-Revil (Amina), *Les régimes de change*, © Éditions La Découverte, Collection « Repères », Paris, 1999.

Lardic (Sardine) et Mignon (Valérie), *Économétrie des séries temporelles macroéconomiques et financières*, Economica, Paris, 2002.

Le Page (Jean-Marie), *Crises financières internationales et risques systémiques*, De Boeck & Larcier s.a., 2003.

Lemoine (Mathilde), Madiès (Philippe) et Madiès (Thierry), *Les grandes questions d'économie et finance internationales, décoder l'actualité*, © Groupe De Boeck s.a., 2007.

Migaud (Didier), *La crise financière : Quelle analyse, quelles propositions ?* Édition Jean-Jaurès Fondation, 2008.

Mignon (Valérie), *Marchés financiers et modélisation des rentabilités boursières*, Paris, Édition Economica 1998.

Sousi-Roubi (Blanche), avec la collaboration de Dussart (Sébastien) et Marmoz (Frank), *Lexique de la banque et des marchés financiers*, 6e édition Dunod, 2009.

***Articles**

Ambapour (Samuel) et Massamba (Christophe), « Croissance économique et consommation d'énergie au Congo : une analyse en termes de causalité », *Bureau d'Application des méthodes statistiques et informatiques*, BAMSI B.P. 1373 Brazzaville. DT 12/2005.

Avouyi-Dovi (Sanvi) et Neto, NETO, « Interdépendance des marchés d'actions : analyse de la relation entre les indices boursiers américain et européen », Direction générale des Études et des Relations internationales, Direction des Études économiques et de la Recherche, Centre de Recherche, Banque de France, *Revue de la stabilité financière*, n° 4, juin 2004.

Baig (Taimur) et Goldfajn (Ilan), "Financial market contagion in the Asian crisis", *IMF Working Papers*, 155, 1998.

Baig (Taimur), et Goldfajn (Ilan), "The Russian default and the contagion to Brazil". In Claessens J. & Fobes K. *International Financial Contagion.* Boston MA : Kluwer Academic Publishers, 2000.

Bernard (André) et Roy (Gérald), « Étude des distorsions de niveau des tests de Johansen pour la cointégration », *Cahiers de Recherche 03-08*, Université de Sherbrooke, département d'économique, nov. 2003.

Billio (Monica) et Pelizzon (Loriana), "Contagion and Interdependence in Stock Markets: Have they been misdiagnosed?", *Journal of Economics and Business,* vol. 55, n° 5/6, 2003, p. 405-426.

Blanchard (Olivier) et Watson (Mark), « Bulles, anticipations rationnelles et marchés financiers », *Annales de l'INSEE* n° 54, avril-juin 1984.

Borio (Claudio) et Lowe (Philip), "Asset Prices, Financial and Monetary Stability: Exploring the Nexus", *BIS Working Paper* n° 114*, Bank for International Settlements*, July 2002. Disponible sur : http://www.bis.org/publ/work114.htm

Brana (Sophie) et Lahet (Delphine), « Les facteurs de propagation des crises financières : La crise asiatique a-t-elle été discriminante ? », *LAREFI*, Université Montesquieu Bordeaux IV, version d'étape, mars 2004.

Burkart (Olivier) et Coudert (Virginie), "Leading, Indicators of Currency Crises in Emerging Economies", *Notes d'Études et de Recherche* n° 74, Direction générale des Études, Banque de la France, 2000.

Calvo (Guillermo A.) et Mendoza (Enrique G.), "Regional Contagion and the Globalization of Securities Markets," *NBER Working Paper* No. w7153, 1999. Disponible sur SSRN: https://ssrn.com/abstract=171567

Caramazza (Francesco), Ricci (Luca) et Salgado (Ranil), “International contagion in currency crises”, *Journal of International Money and finance*, vol. 23, p. 51-70, 2004.

Cartapanis (André), Dropsy (Vincent) et Mametz (Sophie), “The Asian Currency Crises: Vulnerability, Contagion, or Unsustainability,” *Review of International Economics*, vol. 10, n° 1, p. 79-91, 2002.

Caballero (Ricardo J.) et Krishnamurthy (Arvind), “Collective Risk Management in a Flight to Quality Episode”, *The Journal of Finance*, vol. 62, n° 5, p. 2195-2230, 2008.

Dehove (Mario), « Crises financières : deux ou trois choses que nous savons d'elles », *Conseil d'Analyse économique*, 2003.

Demirgüç-Kunt (Alsi) et Detragiache (Enrica), “The Determinants of Banking Crises in Developing and Developed Countries”, *IMF staff papers,* vol. 45, n° 1, Washington DC, International Monetary Fund, March 1998. Disponible sur : http://www.imf.org/external/pubs/ft/staffp/1998/03-98/pdf/demirguc.pdf.

Edwards (Sebastian), “Interest Rate Volatility, Contagion and Convergence: An Empirical Investigation of the Cases of Argentina, Chile and Mexico,” *Journal of Applied Economics*, vol. 1, n° 1, p. 55-86, 1998.

Eichengreen (Barry), Hausmann (Ricardo) et Panizza (Ugo), « Le péché originel : le calvaire, le mystère et le chemin de la rédemption ». *L'Actualité économique*, vol. 79, n° 4, p. 419-455, 2003.

Engel (Robert F.) et Granger (Clive W.), “Cointegration and error correction representation, estimation and testing”, *Econometrica*, vol. 55, p. 251-276, 1987.

Engel (Robert F.), “Dynamic Conditional Correlation: A Simple Class of Multivariate Generalized Autoregressive Conditional Heteroskedasticity Models,” *Journal of*

Business & Economic Statistics, vol. 20, n° 3, July 2002, p. 339-350.

Escribano (Alvaro) et Pfann (Gerard A.), "Non-linear error correction, asymetric adjustment and contagion", *Economic Modelling*, vol. 15, 1998.

Evans (George), "Pitfalls in testing for Explosive Bubbles in Asset Prices", *American Economic Review*, September 1991, p. 922-930.

Fisher (Irving), "Debt Deflation Theory of Great Depressions", *Econometrica*, 1933.

Forbes (Kristin J.) et Rigobon (Roberto), "Measuring contagion: Conceptual and Empirical Issues", *Mit-Sloan school of management and NBER*, 10 september 2000.

Forbes (Kristin J.), Massachusetts Institute of Technology and NBER and Rigobon (Roberto), Massachusetts Institute of Technology and NBER, "Chapter 3: Measuring Contagion: Conceptual and Empirical Issues". Disponible sur : http://web.mit.edu/kjforbes/www/Papers/MesuringContagion.pdf.

Forbes (Kristin J.) et Rigobon (Roberto), "Contagion in Latin America: Definition, Measur, and Policy Implication", *Mit-Sloan school of management and NBER*, 17 january 2001.

Forbes (Kristin J.) et Rigobon (Roberto), "No contagion, only interdependence: Measuring stock markets comovement", *The Journal of finance*, vol. 57, n° 5, octobre 2002.

Froot (Kenneth A.) et Obstfeld (Maurice), "Intrinsic Bubbles: The Case of Stock Prices", *The American Economic Review*, vol. 81, n° 5, décembre 1991, p. 1189-1214.

Granger (Clive W.) "Some properties of time series data and their use in econometric model specification", *Journal of Econometrics*, vol. 16, n° 1, p. 121-130, 1981.

Granger (Clive W.), "Developments in the Study of Cointegrated Economic Variables", *Oxford Bulletin of Economics and Statistics*, vol. 48, p. 213-228, 1986.

Granger (Clive W.) et Lee (Tae-Hwy), "Investgation of production, sales and non-symetric error correction models", *Journal of applied Econometrics*, vol. 4, 1989.

Jacquillat (Bertrand), « Pour de nouvelles règles de gouvernance des institutions financières », *Revue d'économie financière*, Hors-série 2008. Association d'économie financière. *Problèmes économiques* n° 2958, 12 novembre 2008.

Jeanne (Olivier), "Are currency crises self-fulfilling?: A test", *Journal of International Economics*, vol. 43, n° 3-4, 1997, p. 263-286.

Johansen (Søren), "Estimation of hypothesis testing of cointegration vectors in Gaussian Vector Autoregressive Models", *Econometrica*, vol. 59, 1991.

Kaminsky (Graciela L.), Lizondo (Saul) et Reinhart (Carmen M.), "Leading Indicators of Currency Crises", *International Monetary Fund Staff Papers*, vol. 45, n° 1, Washington DC, 1998.

Kaminsky (Graciela L.) et Reinhart (Carmen M.), "The Twin Crises: The Causes of Banking and Balance of Payments problems", *American Economic Review*, n° 89, p. 473-500, 1999.
Disponible sur http://www.puaf.umd.edu/faculty/papers /reinhart/bank3.pdf

Kaminsky (Graciela L.) et Reinhart (Carmen M.), "On crises, contagion and confusion", *Journal of International Economics*, vol. 51, p. 145-168, 2000.

Kaminsky (Graciela L.), "Currency crises: Are they all the same?", *Journal of International Money and Finance*, vol. 25, n° 3, p. 503-527, 2006.

Kindleberger (Charles Poor), *Manias, Panics and Crashes: A History of Financial Crises*. Macmillan. 1996, 263 pages.

Lagadec (Patrick), « Enseigner la question des crises : Enjeux, obstacles, Initiatives », janvier 2007, École polytechnique (Centre national de la recherche scientifique), Laboratoire d'économétrie, 1 rue Descartes F. – 75005 Paris, (33) 155558215, http://ceco.poly.polytechnique.fr, mailto: lyza.racon@shs. polytechnique fr

Lardic (Sardine), « Non-stationnarité, mémoire des séries et hystérésis », Université Paris-Nanterre (Paris X), *Rev. éco.pol.* 106 (3), mai-juin 1996.

Marais (Elise), « Chocs communs, interdépendance et contagion lors de la crise asiatique », version : septembre 2004, *CEFI FRE 2778 CNRS*, Université de la Méditerranée, Château La Farge, route des Milles, 13290, Les Milles. ATER Université du Sud Toulon Var. maraiselise@yahoo.fr.

Masih (Abul. M. M.) et Masih (Rumi), "Are Asian stock market fluctuations due mainly to intra-regional contagion effects? Evidence based on Asian emerging stock markets", *Pacific-Basin Finance Journal*, vol. 7, 1999, p. 251-282.

Masson (Paul), "Contagion: Monsoonal Effects, Spillovers, and Jumps between Multiple Equilibria", *IMF Working paper* WP/98/142, 1998.

Masson (Paul), "Contagion: Macroeconomic models with multiple equilibria", *Journal of International Money and Finance*, vol. 18, 1999, p. 587-602.

OCDE, « Une croissance affaiblie dans la plupart des pays de l'OCDE », Perspectives économiques de l'OCDE, *Problèmes économiques* n° 2959, 26 novembre 2008.

OCDE, « La croissance de l'emploi a perdu de la vigueur en 2007 », Perspectives de l'emploi de l'OCDE, *Problèmes économiques* n° 2959, 26 novembre 2008.

Orléan (André), « Pour une approche cognitive des conventions économiques », *Revue économique*, p. 241-272, 1989.

Reinhart (Carmen M.) et Rogoff (Kenneth S.), "The time is different: a panoramic view of eight centuries of financial crises", *NBER Working Paper,* n° 1382, *draft*, mars 2008.

Rigobon (Roberto), "On the measurement of the international propagation of shocks: is the transmission stable?", *Journal of International Economics*, 61, 2003, p. 261-283.

Roubah (Abdelaziz), « Co-variation des taux de croissance sectoriels au Luxembourg: l'apport des corrélations conditionnelles dynamiques », *Cahier d'études* n° 25, banque centrale du Luxembourg, avril 2007.

Sachs (Jeffrey D.), Tornell (Aaron) et Velasco (Andrés), "Financial Crises in Emerging Markets: The Lessons from 1995", *Brooking papers on Economic Activity, n° 1*, 1996, p. 147-198.

Sims (Cristopher Albert), "Macroeconomics and reality", *Econometrica*, vol. 48, n° 1, janvier 1980.

Stone (Mark R.) et Weeks (Melvyn J.), "Systemic Financial Crises, Balance Sheets, and Model Uncertainty", *IMF Working Paper* 162, Washington DC, International Monetary Fund, October 2001. Disponible sur : http://www.imf.org/external/pubs/ft/wp/2001/wp01162.pdf

***Thèses et mémoires**

Ait Oudra (Mohamed), « Les modèles VAR cointégrés : Applications à quelques variables macroéconomiques marocaines », *mémoire de DES en sciences économiques*, septembre 1997. Faculté des sciences juridiques, économiques et sociales, Fès (FSJES Fès), USMBA Fès-Maroc.

Khallouli (Wajih), « La contagion des crises financières internationales : essais empiriques d'identification de la crise asiatique », thèse de doctorat (NR) en sciences économiques, spécialité : monnaie, finance et économie internationale, Université Lumière Lyon 2 – CNRS – École normale supérieure LSH, présentée et soutenue publiquement le 2 mai 2007.

Ouchen (Abdessamad), « L'analyse de la causalité au sens de Granger : une étude empirique des relations causales entre l'IDE et le commerce extérieur au Maroc », mémoire du master en sciences économiques, septembre 2008. Faculté des sciences juridiques, économiques et sociales, Fès (FSJES Fès), USMBA Fès-Maroc.

Ouchen (Abdessamad), « L'analyse économétrique des crises financières : détection, identification et contagion », thèse de doctorat en sciences économiques, novembre 2013. Faculté des sciences juridiques, économiques et sociales, Fès (FSJES Fès), USMBA Fès-Maroc.

Table des illustrations

Table des matières

Revue « Marché et Organisations »

Promouvoir la recherche originale sur les relations de plus en plus étroites entre le marché et les organisations. Les acteurs économiques de taille, de puissance et de pouvoir différents dont les intérêts peuvent être convergents, complémentaires ou, le plus souvent, antagoniques, ont tendance à organiser les marchés. La raison du marché, pourtant, est la référence stratégique pour l'entreprise ainsi que pour les institutions publiques de décision économique.

N°6 : Entrepreneuriat et accompagnement. Outils, actions et paradigmes nouveaux, 2008
N°7 : Développement durable des territoires. Economie sociale, environnement et innovations, 2008
N°8 : Développement durable et responsabilité sociale des acteurs, 2009
N°9 : Gouvernance : exercices de pouvoir, 2009
N°10 : Le travail collaboratif. Une innovation générique, 2009
N°11 : Economie sociale et solidaire. Nouvelles trajectoires d'innovations, 2010
N°12 : Relations à la marque et marques de la relation. Regards croisés sur le management relationnel de la marque, 2010
N°13 : Les contrats au service de la recherche ?, 2011
N°14 : Le potentiel économique de l'Afrique subsaharienne, 2011
N°15 : Management de la distribution, 2012
N°16 : Territoire Vert. Entreprises, Institutions, Innovations, 2012
N°17 : Eco-conception, conception et innovation. Les nouveaux défis de l'entreprise, 2013
N°18 : Intelligence économique : entreprises et territoires, 2013
N°19 : La finance globale. Un monde fini, 2013
N°20 : La crise du « développement », 2014
N°21 : La Chine innove. Politiques publiques et stratégies d'entreprise, 2014
N°22 : Go East! Nouvelles Economies de Marché, 2015
N°23 : L'économie du changement, 2015
N°24 : Le temps des artisans. Permanences et mutations, 2015
N°25 : Innovations de proximité et esprit d'entreprise, 2016
N°26 : L'avenir des économies du Maghreb : entre inertie structurelle et envie de rupture, 2016/3 (n° 27)
N°27 : Le sport aux frontières du marché du travail, 2016
N°28 : Dynamiques internationales des entreprises, 2017
N°29 : L'univers du risque, 2017
N°30 : Les petites entreprises dans l'histoire industrielle, 2017
N°31 : Economie sociale et *social business* ? Au défi d'entreprendre et se financer, 2018
N°32 : Éducation et fertilisation des économies africaines, 2018
N°33 : L'entrepreneuriat innovant dans les pays du Maghreb, 2018
N°34 : L'entrepreneuriat scientifique : institutions et innovation, 2019
N°35 : Le champ économique de la culture, 2019
N°36 : Economie sociale et solidaire ? Modèles d'innovation et modes de gouvernance, 2019
N°37 : Rethinking Luxury Business, 2020
N°38 : La santé connectée. Nouvelles technologies et réorganisation des soins, 2020
N°39 : Options stratégiques et systèmes complexes d'innovation, 2020
N°40 : Les services : intégration des systèmes productifs et lien social, 2021
N°41 : Crise pandémique, crise globale. Réalité et controverses théoriques, 2021
N°42 : La crise de la covid-19. Le marché et les organisations en perspective, 2021
N°43 : (Re)faire système. *Bug & reset*, 2022
N°44 : Aléas du marché et management du risque, 2022
N°45 : Le renouveau du transport et de la logistique : les systèmes d'information, 2022
N°46 : Entrepreneuriat et innovation dans l'enseignement supérieur, 2023
N°47 : Le tourisme créatif. Culture, créativité, patrimoine, management, 2023
N°48 : L'Afrique : questions de performances, 2023
N°49 : *Fintech* en sciences du management, 2024

https://www.cairn.info/revue-marche-et-organisations.htm

Collection « L'esprit économique »

fondée par Sophie Boutillier et Dimitri Uzunidis en 1996

Dernières parutions

► ***Série Economie et Innovation***

J.-P. SCHMITT, N. RAVIDAT, *Management conjoint de la technologie et de la personne. Pour performer et croitre*, 2020.

Y. EL YAHYAOUI, *Economie des plateformes numériques. Captation de la valeur, pouvoir de marché et communs collaboratifs*, 2021.

G. DUTHIL, *Handicap et insertion professionnelle*, 2022.

T. MICHAUD, *La science-fiction institutionnelle*, 2023.

► ***Série Le Monde en Question***

C. SARI, *Valeur relative de la monnaie et taux de change. Vers la fin de l'étalon dollar ?*, 2023.

G. DUTHIL, N. POLINI, *La Défense nationale*, 2023.

A. DAGHER, *La crise financière du Liban : taux de change, FMI, politique monétaire*, 2023.

G. BAYOH, *Ecosystème des transferts internationaux d'argent et développement durable : Contraintes et solutions*, 2024.

S. BENBACHIR, *Performances bancaires des pays du Moyen-Orient et de l'Afrique du nord. Modélisation de l'efficience et de la productivité des banques*, 2024.

O. MUMBERE MUHONGYA, *Efficacité de l'aide publique au développement. Question de la qualité des données*, 2024.

M. CAMARA, *Être ministre de l'Économie et des Finances de la République de Guinée*, 2024.

R. A. OBAM NLONG, *Du franc CFA à l'Afrix : la nécessaire refonte du Fonds Monétaire Africain*, 2024.

► ***Série Krisis***

M. WIELEZYNSKI, *La loi du marché post-esclavagiste. Une approche critique*, 2023.

G. MINART, *Condorcet économiste : un libéralisme économique au service du bien public*, 2023.

A. MANRAY, *Petit traité de gouvernance à l'usage des despotes éclairés*, 2024.

B. LANDAIS, *Théorie générale de la croissance économique et du développement*, 2024.

V. SOYER, *Critique de la théorie contemporaine de la valeur*, 2024.

► ***Série Clichés***

S. BOUTILLIER, D. UZUNIDIS (dir.), *La Russie européenne. Du passé composé au futur antérieur*, 2008.

R. VOLPI, *La négociation. Pain, paix, liberté*, 2009.

B. S. BONBON, *Géométrie parabolique tridimensionnelle ou perspective parabolique*, 2023.

S. BOUTILLIER, B. LAPERCHE, S. T. K. LE, *Ports industriels en transition : De l'économie circulaire à la décarbonation*, 2024.

► ***Série Cours Principaux***

M. EL KARRIM, *Introduction à l'économétrie appliquée*, 2022.

Z. FIRANO, *Fondements de la finance de marché. Théories et applications*, 2022.

Y. KEHO, *Introduction à l'économétrie appliquée sous EVIEWS, Rappels de cours et illustrations pratiques*, 2023.

K. AMZILE, *Intelligence artificielle et modélisation du risque de crédit*, 2023.

B. LANDAIS, *Macroéconomie. Les fondamentaux*, 2024.

A. KATFI, O. EL MNOUER (dir.), *Mathématiques financières. Cours d'initiation et exercices corrigés*, 2024.

J. NGONGO NGOY, *Manuel d'analyse financière*, 2024.

► ***Série L'économie formelle***

M. FOUQUIN, *Dettes publiques à long terme et souveraineté nationale : enseignements des crises du XIIe au XXIe siècle*, 2023.

J.-P. ROSELLO, *Marchés financiers, capital financier et crises systémiques*, 2024.

J.-L. VILLOUTREIX, *L'eau coule à Aguad : un conte économique*, 2024.

B. MEUNIER, *L'insoutenable dette publique de la France*, 2024.

J. LATREILLE, *Le PIB, ou la mesure de notre démesure*, 2024.

C. MEIDINGER, *Controverses macroéconomiques contemporaines*, 2024.

Structures éditoriales du groupe L'Harmattan

L'Harmattan Italie
Via degli Artisti, 15
10124 Torino
harmattan.italia@gmail.com

L'Harmattan Hongrie
Kossuth l. u. 14-16.
1053 Budapest
harmattan@harmattan.hu

L'Harmattan Sénégal
10 VDN SICAP AMITIE 3
BP 45034 Dakar-Fann
direction@senharmattan.com

L'Harmattan Cameroun
Tsinga/Derrière polyclinique FECAFOOT
BP 11486 Yaoundé
Jacques.koukam@harmattan.fr

L'Harmattan Burkina Faso
Villa 281, secteur 23 623, rue 14.32
Ouagadougou
zagbie@outlook.fr

L'Harmattan Guinée
Almamya, rue KA 028 OKB Agency
BP 3470 Conakry
harmattanguinee@yahoo.fr

L'Harmattan RDC
185, avenue Nyangwe
Commune de Lingwala – Kinshasa
matangilamusadila@yahoo.fr

L'Harmattan Congo
219, avenue Nelson Mandela
BP 2874 Brazzaville
deunovmikhael@gmail.com

L'Harmattan Mali
Immeuble Mgr Jean Marie Cissé
Aci Hamadallaye
BP 145 Bamako
syllaka@yahoo.fr

L'Harmattan Togo
Djidjole – Maison Amela
face EPP BATOME
02 BP 20680 Lomé
didieramela11@gmail.com

L'Harmattan Côte d'Ivoire
Résidence Karl – Cité des Arts
Abidjan-Cocody
03 BP 1588 Abidjan
harmattan.ivoire@gmail.com

L'Harmattan Bénin
Rue 604, (Immeuble à l'entrée
de la rue UCAO- Cite de Saint-Jean)
Cotonou
stepcorpus@gmail.com

Nos librairies en France

Librairie internationale
16, rue des Écoles
75005 Paris
librairie.internationale@harmattan.fr
01 40 46 79 11
www.librairieharmattan.com

Librairie des savoirs
21, rue des Écoles
75005 Paris
librairie.sh@harmattan.fr
01 46 34 13 71
www.librairieharmattansh.com

www.ingramcontent.com/pod-product-compliance
Lightning Source LLC
LaVergne TN
LVHW011009061026
849535LV00006B/1796
* 9 7 8 2 3 3 6 5 3 8 3 5 8 *